ALMA BRASILEIRA

Wesley Aragão de Moraes

ALMA BRASILEIRA:
Alma Sul Americana

Antropogeografia Oculta

1ª edição
São Paulo / 2014

Barany

Copyright © Wesley Aragão de Moraes, 2014

Todos os direitos reservados. Nenhuma parte deste livro poderá ser reproduzida, de forma alguma, sem a permissão escrita do autor, exceto as citações incorporadas em artigos de crítica ou resenhas.

Diretora editorial: Júlia Bárány
Preparação de texto e revisão: Barany Editora
Diagramação: Antonieta Canelas
Capa: Rafaela Crivellaro

Dados Internacionais de Catalogação na Publicação (CIP)
(Elaboração: Aglaé de Lima Fierli, CRB-9/412)

M824a Moraes, Wesley Aragão de, 1957-
Alma brasileira: alma sul americana/Wesley Aragão de Moraes.
-- 1. ed.– São Paulo: Barany, 2014.
264p. 16x32cm.

ISBN: 978-85-61080-45-7

1. Antropologia – Brasil. 2. Etnologia – Brasil – História. 3. Cultura – Brasil. 4. Antropogeografia – Brasil. I. Título.

CDD–306.0981

Índice para catálogo sistemático:

Antropologia : Brasil 306.0981 ; Etnologia : Brasil: História 306.08 ; Cultura : Brasil 981 ; Geografia Humana : Brasil 918.1 ; Civilização : Brasil 981 ; Antropogeografia : Brasil 918.1

Todos os direitos desta edição são reservados à
Barany Editora © 2014
São Paulo - SP - Brasil

contato@baranyeditora.com.br
www.baranyeditora.com.br

Livro para ser Livre

Índice

Apresentação, 7

Introdução, 9

1. Da Lemúria, da Atlântida e do chão do Brasil: Paleogeologia, 11

2. Contatos pré-colombianos, 45

3. Os Índios das Américas, 75

4. Mitologia Kamayurá, 113

5. A Mama África, 157

6. O português e o imigrante europeu, 211

7. Conclusão: afinal, a Alma Brasileira, 241

Notas, 259

Bibliografia, 261

Apresentação

Raízes da Alma dos Brasis

O livro que aqui se abre é uma tessitura maravilhosa de conexões com a nossa origem em comum. Ele fala não somente da alma brasileira, como propõe o título, mas da alma do ser humano por entre estas paragens do tempo-espaço chamado mundo terreno e o misterioso mundo espiritual.

Wesley é cuidadoso e meticuloso artífice ao organizar, a partir de diversos fios de saberes sagrados, esotéricos, científicos e antroposóficos a questão da noção de "alma" e "espírito" e seus desdobramentos através das diversas culturas e "raças" que formam a complexa entidade chamada "ser humano".

Mas o que ressalvo é a riqueza de exemplos dos saberes ancestrais do Brasil mencionados e analisados aqui, sob sua instigante reflexão e apontamentos. Neste sentido, ele tira as cosmovisões indígenas da dimensão "menor" de folclorismo em que foi colocada por percepções distorcidas do passado histórico brasileiro e põe sob a luz de uma profunda e complexa sabedoria espiritual, esotérica e merecedora de respeito tanto quanto a mitologia grega ou nórdica.

Com Wesley viajamos para o Xingú, a Lemúria, a Atlântida, percorremos os mistérios hindus e pré-diluvianos tecendo pontes e reavivando buscas milenares a respeito da Unidade universal, da natureza dos opostos complementares, da luz e da sombra, do duplo, dos temperamentos, da medicina alquímica, do propósito do ser. Encontramos pistas entre os pajés kamaiurás, entre os xamãs siberianos, entre os sacerdotes e sábios da velha Europa ou Ásia.

Deuses e demônios, os encantados, os elementais, se entrelaçam com dados paleontológicos, arqueológicos, geográficos e históricos – mas com sentido e coerência. Assim, as raízes que germinaram as Américas vão ficando mais nítidas, a missão dos povos e das culturas vão ficando mais claras, e a leitura vai nos impulsionando a conhecer melhor a alma ancestral que deságua na formação dessa alma brasileira.

Kaká Werá

Terapeuta, especialista em naturoterapia e psicoterapia.
Empreendedor Social membro da Ashoka empreendedores sociais.
Focalizador da UNIPAZ (Universidade Holística da Paz) especialista em tradições indígenas no Brasil.
Conferencista internacional com abordagem nos temas relacionados a valores humanos, culturas indígenas, empreendedorismo e sustentabilidade.
Conselheiro da Bovespa Social, membro do Colégio Internacional dos Terapeutas, membro-fundador da URI (United Religions Initiative).
Jurado em temas relacionados a ecologia e sustentabilidade como o Prêmio Eco e o Prêmio Ford de Ecologia.
Escritor
Consultor em empresas como: Natura, Suzano, Nívea, Johnson & Johnson, Sadia.

Introdução

> *Os membros de um povo só poderão dar sua contribuição livre e concreta à missão comum de toda a humanidade se, antes de tudo, tiverem a compreensão de sua índole étnica, a compreensão do que poderíamos chamar de "autocognição da etnia".*
>
> Rudolf Steiner (1986)

Não pretendo que este seja um livro científico, acadêmico. Pensei num texto que reunisse história, geografia humana, antropologia e etnologia, arqueologia e, principalmente, ocultismo. Pretendo demonstrar também que ocultismo não é o que a maioria das pessoas imagina – um conjunto de rituais e de práticas misteriosas e de fórmulas secretas, etc. Ocultismo é mais outra forma de conhecimento, sintético, livre, sem as exigências rígidas do academicismo e sem a igual rigidez do dogma religioso. Ocultismo é mais um modo imagético de se entender o mundo. Atrelado a uma abordagem assim, lanço mão de um ramo meio esquecido das ciências, um ramo interdisciplinar, que abarca tanto as ciências humanas e sociais quanto as ciências naturais – a chamada antropogeografia. Esta é uma disciplina idealizada no início do século XIX por geógrafos apaixonados pela *Naturphilosophie* romântica alemã, tais como Ratzel e Von Humboldt.

A antropogeografia parte do pressuposto de que o meio humano é influenciado pelo meio ambiente, e vice-versa. Busquei então ampliar esta abordagem antropogeográfica, acoplando a visão espiritualizada do ocultismo. Este considera a possibilidade de que o "meio", seja humano ou ambiental, não se reduz apenas à dimensão física das coisas, mas se estende rumo às dimensões psíquicas e espirituais. Também considero a possível historicidade de afirmações que pertencem a uma tradição esotérica, tanto da Europa, quanto da Índia, quanto das tradições e lendas indígenas, tais como a Atlântida, a Lemúria e algo que podemos denominar por "alma de um povo". Passo assim, sem aviso, da postura historicista, ou etnológica, ou de uma psicologia social, à postura mítica. O ocultismo explica o mundo através de mitos. E, aqui, o *mithos* tem o sentido de "imagem que explica", "que dá um significado", e assim se aproxima da arte, da poesia e da religiosidade. Daí o sentido do subtítulo desta obra, "uma antropogeografia oculta". O tema focaliza-se, assim, na questão da alma brasileira, da formação e das características, em comparação com outros povos. A própria noção de uma "alma brasileira", ou de almas dos povos, almas coletivas, é própria do ocultismo.

Do ponto de vista do ocultismo, a cultura é a alma de um povo. Mas, diferente do pensamento acadêmico, para o ocultismo a alma de um povo é mais do que a sua cultura. A alma de um povo, para o pensar oculto, não é apenas, como vê o pensamento acadêmico sociológico, um produto social. A alma de um povo seria, além de algo sociológico, também algo entre o inconsciente coletivo junguiano e o efeito de inteligências supra-humanas que atuam por trás dos acontecimentos sociais e da cultura. Segundo o ocultismo ocidental, estas inteligências, ditas *angélicas*, que inspiram o inconsciente coletivo de um povo, recebem nomes tradicionais tais como *anjos, arcanjos, arqueus, exusiai*, etc. Estes nomes pertencem à tradição esotérica do cristianismo, mas, sob outros nomes, estão presentes nas sagas e mitos de outros povos – são os diversos deuses e deusas étnicos.

Para o ocultismo, um povo é como um organismo coletivo dotado de uma alma que insere neste mesmo povo determinadas características. Estas características de cada povo podem ser lidas e nomeadas por categorias ocultas, tais como "temperamento do povo" ou "qualidade planetária do povo". Como seria e qual seriam a origem e a natureza da alma do povo brasileiro?

Espero poder suscitar o interesse e a curiosidade do leitor a respeito de um tema tão apaixonante, quanto o que pode ser assim colocado: "quem somos nós?"

O autor

1. Da Lemúria, da Atlântida e do chão do Brasil: Paleogeologia

A Terra não é apenas uma esfera de matéria inerte, sobre a qual vivemos. Ela é um ente vivo, um imenso organismo, dotada inclusive de psiquismo (a "alma do mundo" dos alquimistas) e de uma individualidade (o "espírito do mundo"). Este é o ponto de partida da tradição do ocultismo. E é o nosso ponto de partida. Os povos que viveram ou vivem sobre a Terra interagem com ela enquanto entidade viva, e são influenciados por sua dinâmica ao mesmo tempo em que a influenciam.

Há muito e muito tempo, a Terra teria sido muito diferente do que hoje é assim como os seres que nela habitam. A Terra veio de uma forma planetária embrionária e, junto com ela, as diversas formas de vida, incluindo o homem – ou *Anthropos* –, também foram evoluindo. Na Torá hebraica, o Adão foi criado do "limo da terra", ou seja, da matéria da Mãe Terra, junto com os demais entes naturais. A criação de Adão completou-se quando Deus soprou sua essência para dentro dele. Assim, o homem, na metáfora bíblica, é em parte um ser da Terra e em parte um ser divino. Para as diversas tradições esotéricas, a Terra e o homem vieram juntos, unidos, evoluindo a partir de uma forma espiritual ainda imaterial, densificando-se ambos, passo a passo. Para as ciências modernas, materialistas, primeiro teria surgido a matéria e depois a vida, e só depois algo dotado de psiquismo. Para o ocultismo, primeiro surgiu o ser anímico-espiritual que, se densificando, adquiriu vida e, por último, matéria. E matéria nada mais é do que ser anímico-espiritual densificado. Este ser anímico-espiritual global, que originou as várias espécies e a própria matéria planetária é denominado, na tradição oculta ocidental, pelo nome de *Anthropos* – ou, cabalisticamente –, *Adão Kadmon* (Adão Primordial). Junto com o Planeta, desde o início, este *Anthropos* foi se materializando e passando por estágios evolutivos, inclusive originando variações evolutivas que se tornariam os demais reinos naturais – o mineral, o vegetal e o animal.

Para os cientistas naturais, o homem como o conhecemos – ou seja, o *Homo sapiens* – não teria existido no passado distante da Terra e só apareceria bem mais tarde. E isto é verdade, perante a visão esotérica. Existia antes somente o *Anthropos* (diferente do *Homo sapiens*), que acompanhou a evolução do Planeta através das suas etapas. O *Anthropos* é uma entidade mais ampla, mais cósmica, enquanto o *Homo sapiens* é a sua variação principal, o homem atual. Todas as espécies viventes e até mesmo a matéria do Planeta descendem do *Anthropos*, mas não do *Homo sapiens*. As variações evolutivas do *Anthropos* deram-se através de Eras, ou "dias da Criação". Estas, conforme a nomenclatura esotérica, configuram um conjunto de sete, com as seguintes Eras: "Polar", "Hiperbórea", "Lemúria", "Atlante" e "Atual". Estamos na "Era Atual", a quinta, faltando ainda duas para completar o setenário. No momento, o *Anthropos* encontra-se no estágio de *Homo sapiens*, e o que denominamos por "natureza" seriam as linhas coevolutivas do mesmo. *Anthropos* é uma noção gnóstica ampla. *Anthropos* inclui as formas arcaicas, a forma presente e as formas futuras do ser humano em evolução.

A teoria de um continente chamado *Lemúria* já foi vista como acadêmica no século XIX e este nome provém da hipótese do zoólogo e viajante inglês Phillip Schlater, que especulava sobre o antes mais vasto território dos atuais primatas chamados lêmures. O antigo *habitat* destes animais seria indício de uma ligação entre Madagascar, Índia e Malásia, através de alguma desaparecida ilha então submersa. A Lemúria também existe como lenda em escritos sagrados do sul da Índia, entre o povo de etnia tâmil, que dão ao continente submerso o nome de *Kumari Kandan*. A Teosofia de Helena Blavatsky adotou o nome Lemúria, desde então. Rudolf Steiner o manteve em suas conferências e seus escritos.

Neste tempo mágico e misterioso em que as lendas da tradição dos iniciados denominam por "Lemúria" ou, em tâmil, *Kumari Kandan*, e que englobaria o que os geólogos denominam de Era Paleozóica e Mesozóica, a Mãe Terra ainda era bem diferente do que hoje é. Para os ocultistas, a Terra na Era Lemuriana ainda era instável, não totalmente solidificada e a sua atmosfera era muito mais densa do que a atual. O *Anthropos* inicialmente flutuava ou nadava no seio da densa atmosfera-oceano de natureza fluida proteica. Enquanto isto, formas proto-anthrópicas mais densas iam se condensando rapidamente e assim formando o que viria a ser o reino animal e o reino vegetal. Toda a natureza se condensou, somente o ramo humanóide do *Anthropos* permanecendo em estado arcaico, isto é, semidensificado, fluido. Aos poucos, a massa planetária como um todo foi enrijecendo e permitindo formas de vida igualmente mais densas, mais sólidas, e menos "oceânicas" em sua superfície, até que se tornaram viáveis os grandes répteis. O solo poderia sustentar o peso de tão imensas criaturas, enquanto, no ar voariam pterodátilos e no mar nadariam imensos ictiossauros. O *Anthropos* humanóide, imaterial, ainda vivia inconsciente, ou seja, "no Jardim do Éden". Rudolf Steiner, pai da antroposofia, dedica muitas páginas de seus textos à descrição destes fatos – em concordância com tradições míticas de outras culturas. Além das tradições, a fonte de tais informações estaria naquilo que o ocultismo denomina por "memória akáshica". Esta noção remete ao fato, mais uma vez, de que a Terra é uma criatura sensciente e, como tal, tem a sua própria memória.

A memória da Terra está em sua alma, a "Alma do mundo". E esta memória do Planeta se chama, conforme nomenclatura oriental, "memória akáshica". Um homem iniciado, por via meditativa, conecta-se com esta memória e, assim, obtém as informações, sob forma de visões, de audições, de imagens, de lembranças, de sensações. Evidentemente, isto soa fantástico demais para o pensamento acadêmico comum. As descobertas científicas, entretanto, ajudam o iniciado a completar a sua compreensão.

Certamente, a localização da Lemúria, no hemisfério sul, corresponderia, em grande parte, à massa continental que hoje os geólogos denominam de Gondwana, os continentes então unidos que hoje englobam América do Sul, África, Índia, Antártida e Austrália, além de outras massas continentais que teriam se perdido no oceano em períodos mais antigos. Por outro lado, em termos mais amplos, todo o período de evolução do Planeta compreendido entre as eras geológicas paleozóica e mesozóica também pode ser denominado, simplesmente, por "Lemúria" ou "Era Lemuriana" – se incluirmos nisto a massa continental do então hemisfério norte da Terra, que hoje os geólogos denominam por "Laurásia". Seria aquela fase da evolução planetária atualmente denominada *Pangeia*.

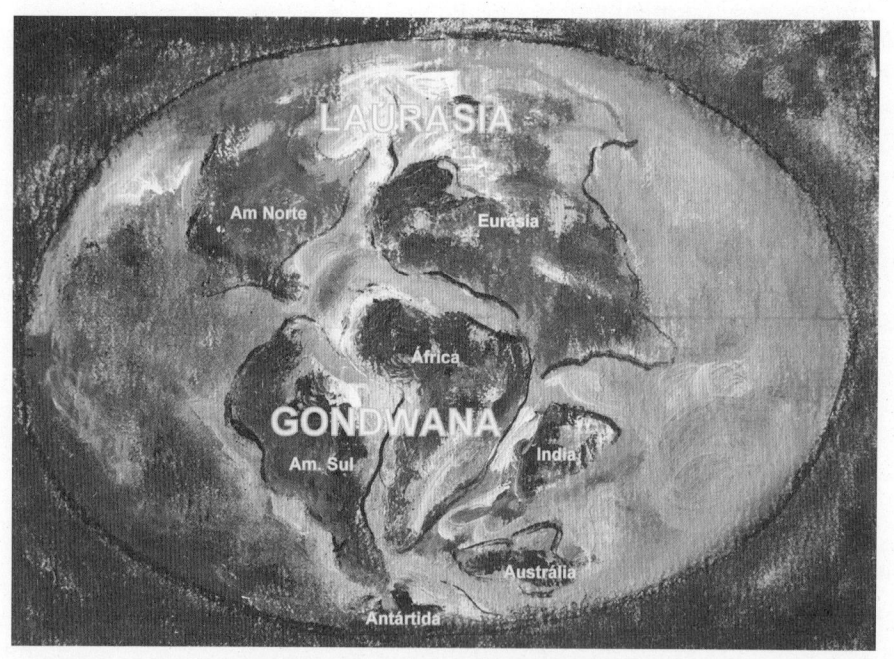

Pangeia-Lemúria (desenho do autor).

Na Era Lemuriana (ou, no sentido mais amplo, na Pangeia), os continentes estavam juntos, num determinado período, mas formando dois blocos: um bloco ao norte do Equador, chamado Laurásia, e outro bloco ao sul do Equador, chamado Gondwana[1]. Neste momento da jovem Terra viviam sobre a sua superfície grandes dinossauros. Segundo as tradições esotéricas, o homem também viveria ali, como já mencionamos, desde um período ainda mais antigo, porém não como o homem atual. Ele existiria ali, entre animais e plantas primitivas e gigantescas, mas ainda diáfano, não totalmente sólido, diferente na forma e na consistência do que somos hoje. Este "homem" seria o arquetípico *Anthropos*, o projeto ainda sutil em evolução do homem, como tipo idealizado e, de início, imaterial. Os dinossauros, os futuros mamíferos e outras formas de vida passadas e atuais também descendem do *Anthropos*. Podemos imaginar que a evolução do *Anthropos* não terminou ainda. E que formas futuras deste surgirão, não mais como o *Homo sapiens* atual, mas outras formas mais aperfeiçoadas e sublimes de criatura humana. Na Lemúria vivia o *Anthropos humanóide*, o mítico Adão das tradições esotéricas, o tipo ancestral dos humanos. Mas não vivia lá o *Homo sapiens*, que seria o descendente atual de Adão e só apareceria sobre a Terra em períodos mais recentes. Por isto pode-se dizer, conforme a metáfora bíblica, que a Lemúria corresponde ao "Jardim do Éden", quando o homem – *Anthropos* – ainda era sutil, não densificado e inconsciente, portanto, inocente.

Voltando ao passado, na Lemúria-Laurásia existia aquela parte dos continentes que deram origem à Eurásia atual (Europa e Ásia) e à América do Norte. Na Lemúria-Gondwana existia a parte dos continentes arcaicos que originariam a atual América do Sul e também África, Antártida, Austrália e Índia. A atual Índia migrou do extremo sul para pouco acima do Equador, fundindo-se com aquilo que seria a atual Ásia – e deste encontro houve um soerguimento do solo, dando origem à atual cordilheira do Himalaia.

Portanto, o parentesco geológico mais próximo da América do Sul é em relação à África, Índia, Austrália e Antártida. Por outro lado, são mais aparentados geologicamente a América do Norte, Europa e Ásia. Lembrar que a Antártida já foi terra fértil e verdejante e, sem a atual capa de gelo, seria uma região muito semelhante ao que é hoje a Patagônia.

Esta questão do "parentesco geológico" é um primeiro passo para entendermos uma relação que os ocultistas de todos os tempos estabelecem entre a geologia e os seres vivos que vivem sobre uma região determinada do planeta. Esta questão do determinismo do local sobre populações humanas já fez parte das discussões científicas acadêmicas e, no século XIX, era defendida por geógrafos como Friedrich Raztel e von Humboldt, numa disciplina então denominada "antropogeografia". É a partir de uma antropogeografia ampliada por noções não limitadas pelo materialismo acadêmico que, então, tecemos estas considerações nesta obra. A partir disto, podemos chegar à conclusão que o Brasil e a América do Sul têm muito mais a ver com a África, em primeiro lugar, e com a Índia, em segundo, com Austrália e Antártica, em terceiro lugar, do que têm a ver com a América do Norte, Europa e Ásia. O parentesco geológico indicaria um parentesco não só físico entre os solos respectivos destes continentes, mas também uma relação sutil de forças não materiais que, na linguagem do ocultismo, são as "forças de vida" (ou etéricas) e as "forças anímicas" (ou animais) que configuram as diversas facetas da superfície da Mãe Terra. As forças de vida têm relação direta com o reino vivente dos vegetais. "Forças" é um termo que aqui uso, significando que não se trata de substâncias, mas sim de dinamismos. As forças anímicas têm relação direta com o reino dotado de alma, ou seja, o reino animal. O homem ainda se insere, acima do mundo de forças anímicas, num mundo espiritual. E, abaixo de tudo, num mundo físico. Assim correlaciona o ocultismo o homem aos demais reinos. Esquematizando:

Mundo Espiritual – nível humano de consciência

Mundo de Forças Anímicas – nível animal de consciência

Mundo de Forças de Vida – nível vegetal de consciência

Mundo Físico – nível mineral de consciência

Quando uma população humana vive sobre determinada região da Terra, insere-se esta mesma população nas quatro correlações acima. O ambiente, por sua vez, interage com população humana que o habita também a partir das quatro correlações. Há uma interação entre homem e ambiente – sendo o ambiente constituído por três reinos: o mineral, o vegetal e o animal. O Mundo Espiritual tem a ver, nas comunidades humanas, com o fato de serem estas constituídas por individualidades (por "egos"), que compartilham um mesmo tempo e espaço. Seria aquilo que denominamos por cultura. Mas não apenas isto. O ambiente humano constitui o estofo do Mundo Espiritual na Terra, mas também se estenderia – conforme o ocultismo – às dimensões supra-humanas, nas quais se inserem os deuses. Estes seriam reinos acima do reino humano e que, como os reinos naturais, com ele interagiriam.

Abaixo do nível humano, o homem interage com o ambiente físico-vital-anímico em que vive. Mas, por sua vez, o ambiente em que vive também interage com ele, nos fenômenos vivos e anímicos do entorno (ou seja, nos reinos vegetal e animal). O ocultista pesquisador Rudolf Steiner fala em "aura etérica" de uma região em que determinada população habita (Steiner, 1986). "Etérico" é outra palavra referente a tudo que é dotado de vida, todo tipo de força que rege a vida e os fenômenos viventes. Esta aura etérica seria o resultante da interação entre a cultura humana e o ambiente vivente. Ou seja, a cultura produziria algo orgânico, vivo, que interage com o vivo do ambiente. Steiner afirma que se poderia perceber na aura etérica de uma determinada região as qualidades do povo que ali vive, ou viveu. Quando tal povo deixa o local, as qualidades da aura etérica do ambiente também mudam, diz ele. Poderíamos também falar de uma "aura anímica" relativa ao local onde vive um povo. Esta aura anímica seria constituída pelas qualidades anímicas daquele povo, ou seja, sua vida psíquica e emocional, o que faz parte da sua cultura. Conforme uma correlação tradicional do ocultismo, tudo que é vivo (etérico) é também correlacionado ao reino vegetal. E tudo que é anímico é correlacionado ao reino animal. Assim, a cultura de um povo se correlaciona tanto ao reino animal, quanto ao reino vegetal que se encontram naquela região. As plantas e os animais acabam refletindo as pessoas dali. Este é outro ponto importante para entendermos a questão da alma brasileira. Resta agora analisarmos as correlações de um povo com o mundo físico.

O denominado "duplo" e sua relação com o solo físico

O solo físico sobre o qual se vive também interage com os indivíduos. Isto é o mais fácil de compreender e perceber. A qualidade do solo perpassa ao ser humano através do contato direto, da água, da alimentação, do eletromagnetismo terrestre e da própria composição bioquímica dos corpos humanos e dos objetos. Entretanto, talvez não seja tão fácil a compreensão a partir da afirmação do ocultismo de que as coisas físicas não são totalmente sensoriais, ou seja, de que em cada ser físico nem tudo é materialmente perceptível ou mensurável, que há forças físicas mais sutis do que as energias eletromagnéticas. Há forças físicas, segundo o ocultismo, que ainda escapariam aos nossos sentidos e aos nossos instrumentos de aferição física. Rudolf Steiner, em diversas obras suas, chama este aspecto do mundo físico não sensível, pelo neologismo "infranatureza". Existe uma infranatureza por trás da natureza ao nosso redor, assim como existe também uma "supranatureza", aquelas forças vivas, anímicas e espirituais já mencionadas. Esta infranatureza faz parte da interação Homem-Terra e tem relação com a qualidade física, ambiental, da região em que se vive (a umidade do solo, a composição mineral do solo, o eletromagnetismo do solo, a energia radioativa natural do solo, etc.). Durante a gestação, nosso corpo físico é formado dentro do útero materno, mas também a partir das substâncias e forças materiais que são assimiladas do solo por nossas mães.

Em cada homem entra, quando ele é gerado e nasce, como um corpo-cópia dele mesmo, um corpo-cópia, ou *duplo*, constituído por estas forças infranaturais que emanam diretamente da região em que ele vive. Quando o homem morre e é sepultado ou cremado, ele devolve à Terra este corpo-cópia, ou duplo. Enquanto ele vive, mesmo que se desloque pelo Planeta, aquele duplo segue com ele, faz parte dele, incorpora-se aos processos fisiológicos e psíquicos dele, torna-se um com ele. E é este duplo que determina as doenças – físicas ou psíquicas –, diz em vários momentos Rudolf Steiner. O duplo tem a ver com as doenças pelo fato de ter uma natureza essencial desorganizadora da identidade do indivíduo, pois é uma parte do mundo externo assimilada pela interioridade do indivíduo. Na tradição esotérica do hinduísmo, o indivíduo é configurado a partir de uma dupla essencialidade dividida entre "Atma" (Eu) e "Anatma" (Não-Eu). O duplo é "Anatma", mas que interfere no Atma. Ao mesmo tempo, este duplo também se insere nos demais reinos. Há esta inserção de um duplo da Terra nas plantas e nos animais, como contraimagens dos duplos humanos. Assim, configuram-se possíveis antídotos às doenças humanas, produzidos pela interação dos duplos, ou seja, da Terra, no interior das plantas e dos animais que vivem na mesma região dos indivíduos susceptíveis a tais doenças. Isto corresponde ao que dizem algumas etnias indígenas e também uma crença de alquimistas como Paracelso e dos médicos indianos do Ayurveda: "a planta que cura uma doença em pessoas humanas está na mesma região em que vivem estas pessoas que assim adoecem". Como? A planta é configurada pelo mesmo duplo do homem, só que em sua manifestação natural, externa ao humano. Se as doenças dentro do homem, as que dependem do duplo, são assim produzidas por este duplo, as plantas da região são aparentadas a isto. O que ocorre é que o reino vegetal guarda em si uma sabedoria de vida. E esta sabedoria de vida torna a planta apta a lidar sadiamente com as forças do duplo da Terra. Se o homem adoece, é porque não foi capaz de manter esta sabedoria. A planta, que tem esta sabedoria natural, pode ser administrada então, como medicamento, ensinando ao ser humano como lidar com o duplo. Paracelso e os médicos antigos pensavam mais ou menos desta forma, a forma oculta. Os xamãs indígenas também têm este tipo de raciocínio.

A mitologia indígena sul-americana que melhor detalha esta questão do duplo foi pesquisada, nos anos 1970, por um antropólogo chamado Reichel-Dolmatoff, que escreveu um livro fascinante sobre o povo desana, de língua tucano, que vive na fronteira do Brasil com a Colômbia (Reichel-Dolmatoff, 1975). Reza o mito: No princípio dos tempos, o Deus Sol mandou o Germinador (Pamuri Mahsé), em forma de Anaconda-Gigante-que-Fuma do Céu até a Terra. A missão da Anaconda era trazer as almas de todas as tribos que existem no mundo para que viessem habitar a terra – isto porque as pessoas viviam lá, no Sol, e a terra estava sem ninguém. Só que, junto com as pessoas, vieram outras pessoas que eram duplicatas exatas de cada uma. E era uma gente estranha, feia, que veio na parte de baixo, na barriga da Anaconda, gente colada de cabeça para baixo, enquanto as pessoas normais vinham nas costas da Anaconda, por cima. E esta gente de baixo, as duplicatas, além de feias, eram muito briguentas, agressivas, indisciplinadas e não obedeciam a nada que o Pai Sol dizia para fazer. Então, Pamuri Mahsé resolveu matar todas as duplicatas (que em língua desana se chamam veari-mahsé, "espíritos-duplos", ou algo assim). Mas o Pai Sol teve pena das pessoas veari-mahsé e mandou que vivessem no subsolo, debaixo da terra, e que mantivessem ligação com os espíritos que ele pôs na Terra, os espíritos (mahsé) que detinham os segredos dos animais e das plantas. Mas, até hoje, dizem os xamãs desana, cada pessoa mantém uma ligação com o seu próprio veari-mahsé, quando pisa o chão e a sua sombra se forma. A sombra de pessoa no chão é uma imagem do veari-mahsé, ou então quando uma pessoa se vê num espelho, ou com o seu rosto refletido na água, ou nesta invenção dos caraíbas, uma fotografia. Não é a pessoa mesma, é o veari-mahsé se passando pela pessoa. Somente pajés muito poderosos sabem como dominar seu veari-mahsé, seu próprio e o de outras pessoas. Se uma pessoa que não é pajé encontra, por acaso, um veari-mahsé, e nunca será o dela própria, pois só um pajé iniciado tem este poder – será o duplo de outra pessoa –, isto geralmente a faz adoecer, ficar traumatizada, enlouquecer, ou mesmo morrer. Se for uma mulher a encontrar uma veari-mahsé, este pode estuprá-la ou bater nela até a morte. Se for um caçador, pode encontrar um vaari-mahsé feminino que o seduzirá e o levará para o fundo de um rio, por exemplo. Os veari-mahsé são uma qualidade temida de espíritos, entre outros mahsé diversos (como espíritos das plantas, geralmente femininos, ou dos animais, ou dos mortos), todos temidos. Quero chamar a atenção para a natureza ruim e feia do duplo, segundo o mito, e que foram eles, os duplos, que introduziram o mal no mundo originalmente imaginado pelo Pai Sol, mas que resolveu "não os matar", mas que fossem viver em oposição-complementar a cada indivíduo.

Todavia, podemos deduzir que a experiência complexa do duplo deva ser sentida de uma forma X na América do Norte e de uma forma Y na América do Sul, justamente por causa de nuances qualitativas distintas mencionadas atrás entre as Américas. Como veremos adiante, há uma maior "masculinidade" na terra norte-americana, mais física e mais ligada ao sólido da terra. De forma oposta, há uma maior "feminilidade" na América do Sul, situada no elemento aquoso (mais oceanos e menos continentes) e menos ligada ao físico. Interessante que os índios desana dizem que os seus duplos, veari-mahsé, vivem em regiões onde existam pântanos, rios e lama sob a superfície da terra. O tipo de geologia que não é tão predominante nas planícies norte-americanas, mais secas em sua maioria, ou mesmo semidesérticas, como os desertos do Arizona, do Texas e regiões da Califórnia. Mas, em todo caso, a ideia de duplo das pessoas também existe em várias mitologias indígenas norte-americanas, além do mito bem universal, aqui nas Américas, da noção do cosmo como duplo constituído pelo par Sol-Lua, Kuaraci e Iaci, entre os tupi. Tudo para os índios é simétrico, tudo tem que ser duplicado, uma metade igual à outra metade, e é inconcebível a assimetria porque as coisas todas são a coisa e seu duplo. Isto se parece muito com a noção egípcia antiga do *ka*, o duplo ou sombra de cada indivíduo, e também com a noção dos gnósticos maniqueus de uma polaridade cósmica e humana luz-sombra.

Steiner diz que os europeus celtas, em tempos antigos, se interessavam pela sabedoria com que os índios das Américas lidavam com o duplo (Steiner, 1990). Ele diz, concordando com dados recentes, que os europeus antigos sabiam das Américas. Assim, o que interessaria a um europeu antigo conhecer, antes de Colombo, sobre esta sabedoria do duplo dos índios das Américas? Penso que não apenas saber o que já certamente sabiam os europeus (pois o duplo existiria lá, como em toda parte), mas sim sobre como se lidar com isto, quais patologias e recursos de cura estariam implicados nisto, além do entendimento da doença humana. Não todo europeu se interessaria por isto, mas somente antigos druidas ou xamãs, ou iniciados europeus, teriam tais questões presentes o suficiente para viajarem milhares de quilômetros por mar, até aqui. Enfim, surge desta questão outra interessante: o quanto a medicina dos pajés das Américas influenciou a antiga medicina pagã europeia dos druidas? O que foi levado para lá como conhecimento que a Igreja tentou ocultar? Sim, porque, conforme as mesmas comunicações de Steiner, citadas acima, a Igreja criou interditos para impedir que a América fosse mantida na memória das pessoas, justamente para se evitar este conhecimento do duplo, e também para se colocar numa posição espiritual hegemônica na Europa. O contato com os mistérios das Américas perturbariam a hegemonia do poder espiritual e secular da Igreja na Europa medieval. O contato com outros povos das Índias Ocidentais, por outro lado, despertaria uma consciência mais terrestre, mais crítica, mais objetiva, menos disposta à imaginação acrítica. E uma imaginação acrítica era fundamental para que se mantivesse o imaginário religioso que sustentava a cristandade medieval sob a égide da Igreja. Assim, a Igreja manteve a Europa isolada, sob uma redoma de vidro doutrinária. Estes fatos ainda não são conhecidos ou tratados por historiadores modernos.

Outra dedução é que os alimentos indígenas das Américas que seriam depois levados para a Europa – tais como a batata, o milho, o tomate, algumas pimentas e feijões, etc., além do tabaco, teriam um efeito específico sobre o nível de consciência do povo europeu. Um caso especial é o tabaco, vício que rapidamente foi disseminado entre os europeus, pouco tempo depois de descoberto entre os indígenas americanos. Um vício que, na Europa, disseminou-se de forma totalmente descontextualizada de práticas religiosas xamânicas, diferente do que sempre foi nas Américas pré-colombianas. E assim, pelo menos durante mil anos, até a época das navegações ibéricas, a América foi mantida oculta, como segredo do poder teocrático. Este conhecimento das Américas existia antes da Idade Média, e seria mantido entre povos pagãos. Assim, a memória de terras americanas foi mantida e certamente continuou operante entre povos não cristãos, como árabes, chineses e indianos. Este tópico será visto num capítulo adiante. Por hora, desejo colocar somente a questão do duplo geográfico físico, o Anatma que se insere no Atma. E mencionar o que afirma Steiner: nas Américas este duplo é bem mais intenso.

O masculino no norte, o feminino no sul

Outro ponto importante, já mencionado, é a questão da masculinidade ou feminilidade de um hemisfério da Terra. E isto tem a ver, no caso, com os hemisférios norte, ou masculino, e o hemisfério sul, ou feminino. A Terra tem que ser vista, a partir do ocultismo, não como um corpo inerte esférico e sobre o qual vivemos. A Terra mesma é um ente vivo, um ser dotado de vida, de alma e de consciência. Isto será incrível demais diante da forma de pensar racional e materialista contemporânea, mas ecoa perfeitamente em harmonia com tradições de vários povos antigos e concepções indígenas existentes atualmente. Rudolf Steiner, de perfeito acordo com tradições esotéricas mais antigas, afirmou, numa conferência (Steiner, 1909), que na formação do planeta Terra, haveria um jogo de forças conforme o eixo norte-sul (além de outro jogo de forças no eixo leste-oeste). O eixo norte-sul determina nas formas vivas e na conformação planetária uma relação dual, na qual ao sul tende a ocorrer menos força de solidificação, e mais água, mais fluidez; enquanto, ao norte, tende a haver mais força de solidificação, menos água. E assim, na Terra, acima do Equador veríamos o efeito disto na maior quantidade de terras continentais, enquanto no sul, maior quantidade de oceanos. Esta polaridade teria ajudado a plasmar a disposição dos continentes e dos oceanos, de um passado remoto até a configuração geográfica atual da Terra.

Em diversas colocações sobre a América, Rudolf Steiner coloca uma polaridade entre a Ásia (ou, para um europeu, "Oriente") e a América ("Ocidente", para o europeu). A Europa estaria, assim, num meio termo entre o Leste asiático e o Oeste americano. Esta polaridade, afirmava Steiner, representaria uma dicotomia correspondente às forças espirituais ditas *ahrimânicas* e *luciféricas*, outra polaridade muito mencionada nos textos de antroposofia. Ahrimânico é algo endurecedor, rígido, seco, frio, tendente à morte. Luciférico é algo fluido, mole, solvente, tendente à abundância de vida. A primeira tendência, a ahrimânica, relacionada com a identificação do homem em relação ao corpo e ao mundo material – correspondente à América, segundo ele. A tendência oposta, luciférica, pertinente à Ásia, corresponde à tendência contrária de afastamento do mundo material e do corpo físico. Assim, o "Oriente" teria relação com este afluxo luciférico, no dizer de Steiner, no qual o homem aspira a escapar do mundo. O "Ocidente", ou seja, a América – que, podemos presumir, deve se referir à América do Norte – relaciona-se com este impulso do ser humano de mergulhar, via mecanicismo e tecnologia, na matéria. Sendo crítico, diria eu que esta visão tem o defeito de ser por demais genérica, de reduzir a dimensões muito simplistas as culturas asiáticas como um todo, bem como as culturas das Américas, tão distintas e complexas. Também é uma visão centrada no europeu, como meio-termo, ou ponto de equilíbrio, e que, afinal, não interessa nem cabe a nós que estamos na América do Sul. Para o nosso ponto de vista de filhos das três Américas, seria mais interessante ver-nos situados espiritualmente entre a Ásia e a Oceania, a oeste, lá na direção do "sol poente", e a Europa e África, a leste, na direção do "sol nascente". Em termos específicos de hemisfério sul, ou seja, América do Sul, a nossa situação espiritual é a de meio termo entre a Oceania e o sudeste da Ásia, de um lado, e a África, de outro lado. Para nós, sul-americanos, tanto América do Norte quanto Europa constituem o nosso "Norte". A nossa polaridade relativa é Ásia-Oceania no oeste, e África, no leste. É situando-nos entre estes dois antípodas, e também o "Norte", que devemos procurar entender quem somos, quais influências recebemos, e ao que nos contrapomos, em termos de uma visão das culturas e dos povos inspirada pelo ocultismo.

Além disto, a relação leste-oeste da Terra, na concepção do ocultismo, desde o século XIX, apresenta outra forma de movimento cultural que, no caso dos diversos povos, o mais espiritualizado (ou mais carregado do impulso luciférico), se apresenta em *dégradé* decrescente do oriente em direção ao ocidente. Ou seja, quanto mais oriental, mais espiritualizado, e quanto mais ocidental, mais materializado. E o mais materializado (ou mais carregado do impulso ahrimânico), o mais ligado ao corpóreo, se apresenta num *dégradé* oposto decrescente do ocidente em direção ao oriente. É outro esquema bem generalizante e que não considera as muitas exceções, aqui ou ali. Mas não deixa de ser didático. Mesmo na América do Sul, esta relação continua ajudando a entender diferenças entre culturas indígenas do Brasil, mais ao leste do continente sul-americano, e as culturas andinas, mais ao oeste. No lado oeste, do lado Pacífico, as culturas andinas vivem o rigor das grandes altitudes e da paisagem árida, fria e seca. Desenvolveram uma religiosidade na qual a imagem da morte está fisicamente presente (algo semelhante à cultura egípcia ou maia e asteca), com a tendência aos cultos do corpo mumificado, retorcido e seco do ancestral. O ancestral não é tanto um espírito vivo, mas um corpo morto e seco animado por um espírito a ele preso.

A adoração da Mãe Terra, na forma de *Pacha Mamma*, também se expressa na adoração física da terra pedregosa, seca e montanhosa. O povo é melancólico e no semblante expressa certa dureza da existência sofrida. No leste sul-americano, do lado Atlântico, onde há grandes florestas verdejantes e rios caudalosos, como o Amazonas, viveram e vivem povos indígenas mais "dionisíacos", mais leves espiritualmente e ligados às forças etéricas e astrais da floresta densa, à abundância de vida e de colorido das florestas, que se expressa numa religiosidade mais ligada à vida invisível, aos fenômenos elementais por detrás dos físico-sensoriais. Este tendência também pode ser entendida como feminina, enquanto a dureza andina, como masculina. Encontramos a presença deste feminino mitológico nos povos indígenas amazônicos naquelas lendas nativas que deram o nome ao próprio Amazonas. Estas seriam as mulheres guerreiras que os espanhóis ouviram falar da boca dos indígenas e que habitariam aquelas florestas. Os espanhóis identificaram as "amazonas", da mitologia grega, com as *Icamiabas* ou *Yamaricumãs*, mencionadas pelos índios. Na verdade, ouvi dos índios do Alto Xingu o relato de que estas seriam, na verdade, espíritos da natureza de aparência feminina e de porte gigantesco, que guardariam certas passagens secretas, tesouros e mistérios da floresta.

Aiupu, índio amigo da aldeia Iwalapiti, relatou-me que certa vez se viu perdido em algumas cavernas nas cercanias do atual Parque do Xingu, onde encontrou pinturas rupestres desconhecidas. De repente, Aiupu viu-se numa espécie de transe e foi cercado por mulheres gigantescas em pinturas de festa, que o prenderam ali. Eram as Yamaricumãs. Há uma festa xinguana, a festa da Yamaricumãs, quando as mulheres das aldeias assumem o lugar dos homens e estes ficam na retaguarda. Elas se pintam, põem cocares e dançam, ao mesmo tempo em que fazem uma enorme algazarra, zombando dos homens.

Sendo enorme o Brasil, e toda a parte leste da América do Sul, tem as suas diferenciações regionais. Há Astral e Etérico em tudo, em toda parte, em todo lugar, dentro e em torno de qualquer criatura. Mas há qualidades e dinamismos diferentes no campo astral e no campo etérico, conforme o ambiente, conforme a população humana, etc.

O Brasil é um país enorme e, como tal, susceptível de variações regionais, e de diferenças que se mostram no sotaque, na culinária, nos costumes e "jeitos" de cada região. Há regiões do Brasil planas e baixas, outras altas, montanhosas. Outras são úmidas como a Amazônia e outras mais secas como a caatinga e o cerrado. Tudo isto tem a ver com mais ou menos etérico, mais ou menos astral. Onde tem muita umidade e vegetação há muito etérico (forças de vida) se expressando. Onde tem menos umidade e é mais desértico, menos etérico. Onde tem muito bicho ou muita vida emocional humana, uma qualidade mais passional de astral (forças anímicas), onde não há tanta fauna, um tipo de astral mais vegetativo. Mas, afora isto, há o Grande Etérico e o Grande Astral que permeiam todo o país, geograficamente. Do ponto de vista cultural, há regiões sob influência maior da colonização europeia, como o Sul e Sudeste. Há regiões sob influência da África, como a Bahia e os quilombos também no sudeste. Há regiões muito fortemente indígenas, como a região norte. Existe a *Terra Brasilis*, que também tem as suas variações, e existe o povo que habita estas variações e a história deste povo. É diferente um imigrante europeu que vem morar em São Paulo, e o que acontece com ele ao longo do tempo, das gerações, e se ele fosse morar em Manaus. A astralidade de um país e o ambiente etérico variam de lugar para lugar.

Paleologia

Assim, conforme visto, a qualidade da região da Terra influi sobre as populações que ali vivem. Além das diferenciações leste-oeste teríamos as diferenciações conforme a polaridade norte-sul. Assim, se há hemisférios da Terra masculino e feminino, haverá povos masculinos, ao norte, e povos femininos, ao sul. O que significa um povo masculino ou feminino? No dualismo dos gêneros, ocorre algo semelhante ao pensamento do taoísmo chinês, onde *Yang*, ou masculino, significa atividade, objetividade, agressividade, domínio sobre; enquanto *Yin*, ou feminino, representa maior passividade, subjetividade, menos agressividade, ser dominado. Bem, historicamente, os povos do hemisfério norte dominaram os povos do hemisfério sul. Neste sentido, o caráter imperialista e colonizador do europeu e também do asiático, em especial os povos chinês e japonês, impôs-se sobre o caráter mais submisso e colonizável do africano, do sul-americano, do indiano e do aborígene australiano. A população indígena da América do Sul, ou seja, falando mormente em Brasil, corresponde a uma parcela feminina da humanidade e, por conseguinte, submeteu-se ao processo colonial-imperialista europeu. O mesmo se pode dizer da África subsaariana, ou África negra, submetida através dos séculos à dominação por parte do hemisfério norte. "Masculino" ou "feminino" não indicam, aqui, critérios de mais ou de menos valor, mas apenas qualidades anímico-culturais dos povos. Um povo se torna mais dominante sobre outro, ou seja, mais "masculino" sobre outro "feminino", quando passa a dominar tecnologias que dão a este povo mais poderio, e uma atitude mais aguerrida. Isto é uma qualidade de um povo. Mas, por outro lado, mais imaginação, mais ligação com a espiritualidade da Terra, uma atitude mais sonhadora que não permite tecnologias operativamente muito poderosas, é outra qualidade possível em povos mais "femininos". Povos masculinos também entram em conflitos entre si, assim como os povos femininos, gerando as mais diversas possibilidades de interação cultural ao longo da História.

Esta ligação mais imaginativa a partir do feminino pré-disporia um povo assim "do sul" a uma forma mais fortemente presente de veneração das "Mães", ou seja, da Deusa em seu aspecto de Alma do Mundo, ou de espiritualidade feminina que rege os elementos. Este é um dos atributos das antigas correntes esotéricas gnósticas referentes à Deusa, ou seja, à face feminina de Deus – então denominada *Sophia* ou *Hochmah*. A Sophia também era apelidada, entre os alquimistas, pelo nome de *Natura* e era representada pela imagem de uma mulher nua pairando sobre o mundo natural. Entre os povos indígenas dos Andes, este feminino é a já mencionada *Pacha Mama*, a Mãe Terra, entidade onipresente em todos os mitos e ritos andinos. Entre os índios amazônicos pode aparecer como a Anaconda gigante, a Sucuri, uma cobra descomunal, gigantesca, ou "Cobra Grande", das lendas do caboclo amazônico. Numa das lendas indígenas amazônicas, a Cobra Grande atraía as mulheres para a sua caverna aquática, todas as noites de lua cheia. Os homens sentiam-se abandonados, pois suas esposas desapareciam e eles não sabiam para onde iam. Ao segui-las, os homens descobriram que suas mulheres passavam a noite eroticamente brincando com a Cobra Grande. Pediram então a Tupã que resolvesse a questão. O deus picou a cobra em pedaços e implantou cada pedaço entre as pernas dos maridos. E, assim, as mulheres nunca mais fugiram à noite.

Nos *Puranas* hindus conta-se que os povos dominadores de cultura dita Ária, vindos do norte, adoravam deuses preferencialmente masculinos, tais como *Indra*, *Varuna*, *Mitra* ou *Agni*. Estes dominadores encontraram uma população negróide, os Drávidas, proveniente do sul da Índia, e cuja espiritualidade, conforme os *Puranas* era centrada na imagem da Deusa Mãe, sob diversas formas, sendo uma delas *Kali*. Na Austrália, as tribos aborígenes veneram uma "Cobra Arco-Íris" como arquétipo da deusa, entidade protetora de todas as mulheres. Nas Américas, com a chegada dos espanhóis, a Deusa Terra assumiu formas sincréticas, derivando para os diversos cultos de Maria. Este marianismo também se fez presente no Brasil desde a época colonial.

Interessante também a questão do feminino ligada ao mundo vegetal nas Américas, principalmente na América do Sul, e também à sabedoria do vegetal. As plantas, principalmente as enteógenas[2], são entidades femininas, "professoras", que ensinam sabedoria – como a *Ayahuasca*, por exemplo. Vários mitos indígenas contam que as plantas não são o que vemos. O mundo vegetal do modo que vemos e sentimos, dizem diversos grupos indígenas, e só uma ilusão, uma enganação dos sentidos. As plantas são todas mulheres, *cunhãs*, donzelas. Também no imaginário nativo, o feminino se faz presente pela crença nas diversas "mães" como entidades que presidem forças naturais. Assim, há a "mãe do milho", ou a "mãe d'água", ou a "mãe do ouro", a "mãe do rio", a "mãe da mata", etc.

Um mito amazônico do povo *Suruí* conta que um avô pediu ao neto que fosse buscar madeira fresca para secar e virar lenha. O neto, que era então um jovem do tempo encantado das origens, foi até mata e só viu moças, toda a mata eram moças nuas e pintadas, muito simpáticas. O rapaz voltou de mãos vazias, dizendo que só tinha visto moças, nada de lenha. O avô, irritado, mandou o neto de novo, e de novo ele não viu madeira, só viu moças. Finalmente, o avô ralhou com ele e mandou que ele matasse com seu machado uma daquelas moças pra trazer madeira pra virar lenha. Ao matar uma, com muita dó, o jovem descobriu que instantaneamente a jovem morta se transformou em uma tora de madeira e, espantado, viu ainda que todas aquelas moças eram, de fato, a madeira de que o avô falava. E desde então, ninguém mais pôde ver as árvores e plantas como moças, tão facilmente, ficou mais oculto ainda. Certamente, apenas um pajé poderia ver assim, por trás das aparências.

Quando um pajé conquista um destes espíritos-cunhãs, ela pode ensinar a ele todos os segredos da cura, da cura para a qual ela serve e foi criada. E ela ensina algo fantástico, conforme outro mito indígena amazônico do povo *Kaxinawá*: No início dos tempos, o Criador fez os homens e plantas numa unidade. Mas alguém perguntou: "Como vamos fazer quando ficarmos doentes? Com que recurso vamos nos curar?" Havia uma velha mulher-pajé muito sábia, que ficou pensando nisto. E achou um jeito: transformou metade das pessoas em plantas e a outra metade em gente mesmo. Assim, cada pessoa tem uma metade planta correspondente, na mata. E quando a pessoa ficar doente, se não tiverem destruído a sua metade planta, ela será a sua cura. O problema é que os caraíbas vêm destruindo todas as moças-metade-plantas das pessoas... E como ficará quando esta ou aquela pessoa precisar se curar? É por estas e por outras que, conforme outro mito indígena Tupi, o Sol, que antes morava aqui conosco, foi embora para o céu, deixando aqui as moças-plantas com este destino cruel de serem mortas pelos caraíbas.

Outro mito comum a vários grupos indígenas do Alto Xingu conta que o Criador fez os seres humanos a partir de troncos de árvores, cantando para elas (há canções que "acordam" as plantas, e que são secretas, e quando elas acordam assumem forma humana). E quando estas árvores acordaram – eram da árvore sagrada *quarup* – tornaram-se moças, cunhãs. "*Quarup*" é uma palavra *Kamayurá* que significa "árvore do sol". As mulheres todas foram feitas de árvores do sol, através do efeito mágico do canto. Por isto, até hoje, esta árvore significa a passagem de seres não vivos para a condição de vivos, ou o contrário, de vivos para não-vivos. A festa dos mortos no Xingu se chama "*Quarup*". E então, após criar mulheres vivas de *quarup*, o Criador mandou que procurassem o Jaguar (a onça macho) para se casarem. Assim nasceriam seres meio onça, meio gente-de-quarup, que seríamos nós, seres humanos. As recém-criadas moças seguiram pela mata, procurando o Jaguar, e quase todas se perderam ou morreram. Só duas delas sobreviveram no mito, e assim, nasceram Sol e Lua, dois irmãos gêmeos, filhos de uma delas e do Jaguar. Estes gêmeos tinham natureza dupla, meio gente-quarup, meio jaguar – e foram os nossos pais. Por isto todo homem e mulher é meio quarup e meio Jaguar, e como quarup guarda um pouco do canto do Criador que o desperta, e como Jaguar, guarda a ferocidade animal que aterroriza. Este mito lembra muito, mais uma vez, o dualismo dos gnósticos maniqueus – que viam no homem uma mistura de luz e treva primordiais –, e o mito grego órfico que conta que Zeus criou o homem a partir da natureza feroz dos Titãs e da natureza solar luminosa de Dioniso.

Do lendário império da Atlântida

Em ocultismo, podemos falar de Atlântida em dois sentidos. Primeiramente, no sentido de toda uma Era pela qual o Planeta inteiro passou. E seria correspondente, mais ou menos, à Era Quaternária dos geólogos e paleontólogos. Arqueologicamente corresponderia, em parte, ao período paleolítico e neolítico. Em um segundo sentido, podemos falar da Atlântida como uma cultura do passado, um grande império hoje extinto.

A Atlântida, como uma ilha, foi mencionada em dois textos de Platão (Timeu e Crítias), nos quais ele diz ter sido um conhecimento de sacerdotes egípcios, a respeito da história antiga dos povos mediterrâneos. Ao longo dos séculos, muitos procuraram alguma prova de que teria existido um continente no Atlântico, incluindo o finado Jacques Costeau e sua equipe de mergulhadores. E não encontraram nenhum indício de qualquer continente em mergulhos de profundidade. Por quê? Porque a Atlântida não teria sido um continente, exatamente, mas um vasto arquipélago – um império transinsular – com uma grande ilha central, por um lado, e, por outro lado, um vasto império global com colônias em vários continentes, desde a América, passando pela África e Europa, à Ásia. Sinais estariam por toda parte no Velho e no Novo Mundo, e não necessariamente no fundo do Oceano Atlântico. Qualquer petroglifo, ou construção megalítica, ou ruína de pedra, de mais de dez mil anos de idade é, necessariamente, "atlante", ou seja, do período atlante. Na grande ilha teria vivido um povo imperialista que produziu colônias de um vasto império que pode ser chamado de "Império Atlante". Uma evidência geográfica restante da Atlântida são os arquipélagos da Ilha da Madeira e dos Açores, que teriam sido as montanhas mais altas da ilha *Atlantis*. O fundo do Atlântico a leste do Golfo do México e próximo da África, perto da Ilha da Madeira e Açores, mostra saliências que podem ser evidências de antigas terras agora submersas (a região pertence a Portugal). Mais perto do México, passando pelo misterioso triângulo das Bermudas e Cuba, estaria a costa ocidental das ilhas do Império Atlante – que também teria montado bases pré-colombianas nas América Central. Por isto não está incorreto pensar que a Atlântida ficaria na América, pois o Império Atlante também chegaria até aqui, assim como não está incorreto dizer que a Atlântida ficava no Mediterrâneo, pois havia bases do Império por todo o Mar Mediterrâneo até as ilhas gregas, Chipre e o Oriente Médio e mais além... Na Índia, ao noroeste, no litoral do Estado de Gujarate, nos anos 1980, pesquisas submarinas descobriram ruínas de uma cidade submersa no mar, e que teria sido a antiga *Dwarca*, ou cidade de Krishna, citada nos Puranas, e talvez mais antiga do que oito mil anos, ou mais. No Japão, em 1987, mergulhadores descobriram nas ilhas Yonaguni Jima, perto de Taiwan, ruínas submarinas geométricas, isto é, inequivocamente construídas pelo homem. O detalhe é que esta região só esteve na superfície mais de dez mil anos atrás, ou seja, antes do final da última glaciação, quando o nível dos oceanos subiu e que coincide com a lenda do afundamento da Atlântida.

Croqui do sítio arqueológico submarino de Yunaguni Jima, Japão (do autor).

Como já mencionamos, as Américas eram conhecidas antes de Colombo – este assunto será abordado mais à frente desta obra. Da mesma forma, a antiga localização no Atlântico das ilhas atlantes também era conhecida. E ambos eram conhecimento oculto. Por certo, sabiam iniciados da Europa medieval, Egito e Arábia, que as Ilhas Açores e Madeira eram restos da Atlântida – pois estas regiões são vizinhas da localização da Atlântida, conforme mencionada por Platão, ou seja, "para além das colunas de Hércules" (Estreito de Gibraltar). Estas ilhas eram pontos de escala – "portos seguros" – possíveis em uma viagem da Europa às Américas. E, por isto, tais arquipélagos já constavam de rotas de navegação vikings, ibéricos, árabes e genoveses no século XIII, como possíveis pontes para se chegar às Américas. O filho do Rei de Portugal, no século XIV, o Infante Dom Henrique de Coimbra (o qual é chamado de "Henry, o Navegador", pelos ingleses), teria herdado mapas secretos da Ordem dos Cavaleiros Templários[3] (que, em Portugal, foi disfarçada pelo nome de Ordem de Cristo). A lenda diz que os Templários teriam tido conhecimento de tais rotas proibidas ou por meio de fontes celtas e nórdicas antigas, ou por meio de informação obtida com os mouros na Terra Santa.

Os capitães de frotas lusitanos, como Cabral e Vasco da Gama, exibiam no peito a cruz templária, além do que a mesma cruz era sempre estampada nas velas das naus. Dom Henrique enviou uma expedição para reconhecimento das ilhas (Açores e Madeira) e desde então elas pertencem politicamente a Portugal. Foi também Dom Henrique quem mandou a primeira leva de portugueses para povoar as ilhas – que até então eram desabitadas. Depois mouros foram para lá e, posteriormente, outros povos. Uma lenda ibérico-mediterrânea, que vinha de fontes mais antigas, conta que na região onde hoje estão as Ilhas Açores e Madeira viviam povos que construíram as Sete Cidades (*Insula Septem Civitatum*, Ilha das Sete Cidades). Já se falava das *Sete Cidades* e seus povos atlânticos num manuscrito do século VIII, redigido em português arcaico. Segundo a lenda, esta ilha é mágica e só pode ser vista numa noite de São João. Na verdade, *Sete Cidades* seria uma reminiscência mal definida das antigas sete principais ilhas-estado atlantes e que há muito não existiam mais. Cumpre lembrar que esta região do Oceano Atlântico tem atividade vulcânica e mais de um vulcão ativo submarino, sendo, especialmente, um próximo às Ilhas dos Açores e outros nas costas do México e América Central. Isto indica a instabilidade da região e seria um indício de possíveis catástrofes atlânticas no passado. Uma erupção vulcânica de grande porte na região poderia produzir um *tsunami* que engoliria vários arquipélagos em menos de uma hora, associando a isto o nível elevado do mar pelo derretimento do gelo glacial, dez mil anos atrás. Toda a parte atlântica de um grande império poderia assim ter sido facilmente apagada do mapa, restando apenas as colônias continentais mais distantes, que logo teriam entrado em colapso cultural também.

Outro indício semelhante ao de Yunaguni está no fundo do Golfo do México, na região próxima às Bahamas (região de Bimini), onde se encontram enormes estruturas quadrangulares de pedra, alinhadas geometricamente em fileiras, num fundo do mar que só teria estado acima da superfície pelo menos dez mil anos atrás ou mais. O conjunto submarino sugere uma estrutura portuária. Quem construiria fundações de um porto marítimo numa época em que se supõem não existirem navios, nem arquitetura em pedra – ou seja, no neolítico?

Estão os indícios arqueológicos da Atlântida, considerando esta civilização um império ou todo um período cultural pré-histórico, e não uma ilha isolada, por toda parte em que houve uma colonização intensa ou mesmo discreta. E tais indícios demonstram um nível superior de sofisticação tecnológica, em plena camada paleolítica ou mesmo neolítica (isto é, quando ainda o resto dos povos trabalhava com pedra lascada e pedra polida). Um destes indícios são as ruínas de *Tiahuanaco*, na Bolívia, por exemplo, datadas por carbono 14 como tendo 3.500 anos. Porém, segundo alguns arqueólogos, baseados em dados arqueo-astronômicos, as ruínas teriam, na verdade, 12 mil anos, sendo atribuídas a um povo andino desconhecido. Quando os espanhóis chegaram à região, os incas lhes informaram que já encontraram as ruínas daquele jeito e não tinham sido eles os construtores, nem mesmo o povo mais antigo anterior a eles, os aymará.

Paleologia

Complexo de Tiahuanaco, Bolívia.

Outros indícios do Império Atlante são linguísticos e do campo da mitologia comparada, lendas de diferentes povos que falam da mesma coisa. Por exemplo, um dilúvio, um "Noé", e uma população que acabou. Esta lenda de um dilúvio, além de mencionada na Bíblia, também é encontrada nas escrituras hindus, nos Puranas e no Ramayana, aparece em textos cuneiformes na Babilônia, é mencionada na Grécia, nas lendas eddas nórdicas, nos mitos indígenas norte, meso e sul-americanos, em mitos africanos, etc. Também seriam evidências certos conhecimentos antigos perdidos. Por exemplo, os escritos hindus, como o Ramayana, falam de um povo ocidental antigo que sabia fazer "vimanas" – veículos que flutuavam sobre o chão – e armas terríveis, explosivos e que trabalhavam metais, quando os demais povos apenas talhavam pedras. Outro exemplo: foi encontrada no Iraque uma pilha, de dois mil anos, feita de um vaso de barro, com um bastão metálico que, se imerso em solução condutora, seria capaz de gerar eletricidade. Isto demonstra uma fonte antiga de tecnologia complexa, até então esquecida. Alguns interpretam lendas de povos antigos e também achados tecnológicos do tipo desta pilha como se fosse evidência sobre "extraterrestres". Pode-se presumir que inteligências extraterrestres, supostamente capazes de viajar pelo espaço em tecnologias sofisticadas, não fabricariam baterias com barro seco e pedaços de cobre, em formato artesanal. Assim, mais coerente é pensar em evidências de um conhecimento humano mais antigo, e então semiesquecido e que se tornou mito ou lenda. Reza a lenda que os povos mais atrasados tecnologicamente temiam os colonizadores atlantes (que não teriam sido santos, mas imperialistas, muitas vezes cruéis, que detinham tecnologia e conhecimento superior, inclusive conhecimento mágico-religioso). Mesmo após o fim do Império Atlante, civilizações posteriores guardaram a memória desses tempos e algum resquício de conhecimento. Certamente, muitas invenções consideradas novidades nos tempos modernos seriam apenas reinvenções.

Outra evidência seria, no campo das mitologias comparadas, a semelhança entre mitos de diferentes povos. Por exemplo, na rica mitologia dos índios xinguanos kuikuro, de fala caribe, há um mito muito semelhante a outros mitos dos demais grupos indígenas da região, há um Pai Criador que se chama Kuatungue (o mesmo Mawutsinim do povo kamayurá). E foi ele quem criou a mulher primordial, a Mãe, originalmente de madeira, junto com suas irmãs, que se perderam. Desta Mãe, que se casou com o Jaguar, nasceram dois filhos gêmeos, Sol e Lua (Rit e Une, em kuikuro), os quais, num arranjo de oposição-complementariedade, criaram todos os seres. A presença mítica de dois irmãos gêmeos na origem da humanidade é comum a vários grupos indígenas, não só brasileiros, como meso e norte-americanos. Estes dois são oposto-complementares que assinalam a tendência ameríndia de ver simetria em tudo. É novamente uma semelhança com a cosmologia dos órficos, dos antigos egípcios, e dos gnósticos maniqueus, que viam duplicidade em tudo: um dos gêmeos é bom, o outro é mau; um deles é mais inteligente, o outro mais parvo; um deles é masculino, o outro – mesmo quando homem – é mais voltado para as questões do feminino. O que quero assinalar é que fica sempre uma suspeita de que esta semelhança entre mitos pode ser muito bem devida a uma antiga fonte comum, da qual os diferentes povos, vivendo em continentes diferentes, herdaram as imagens, ligeiramente modificadas aqui e ali.

Voltando à Atlântida, o que acontece é que geralmente se tem uma visão simplista do assunto, mesmo e principalmente aqueles acadêmicos que são céticos a respeito. Estes são os mais simplistas. Imaginam um mito, julgam-no uma fantasia, que fala de um grande continente isolado no meio do Atlântico sem nenhuma conexão com o que existia nos outros continentes. As evidências arqueológicas mais recentes nos fazem pensar na Atlântida como um império pré-histórico de dimensões globais. Como um grande império que teria sido, havia conexões por toda parte, rotas de comércio, influências recíprocas, miscigenações étnicas. Isto acontecia numa Terra então ainda habitada por mamutes e preguiças gigantes, cavalos selvagens e tigres-dentes-de-sabre. Nesta Terra conviviam povos urbanos de cultura mais complexa, em núcleos aqui e ali, e muitos povos tribais, de cultura mais simples, formados por grandes ou por pequenos grupos de nômades ou caçadores-coletores. Heterogeneidade entre culturas vizinhas assim ainda existe até hoje em algumas partes do mundo, como no Brasil, ou na África, ou na Austrália ou na Índia.

Certamente viviam neste tempo os "atlantes puros", tidos como superiores tecnologicamente, os mestiços e os "párias". Segundo o mito do povo ariano, mito este presente nos Puranas – livro sagrados hindus de história e cosmologia –, houve uma migração ocidente-oriente de um povo formador da Índia, e cuja origem teria sido, conforme diversos ocultistas concordam, a Atlântida. Este antigo povo dito *ariano* se confrontou com outro povo indiano mais antigo, de pele mais escura, e houve uma miscigenação, em parte, gerando classes sociais em gradação, em *dégradé*, entre "puros" e "párias", originando a classificação das castas indianas. Esta migração e confronto entre povos na Índia é um fato comprovado.

Na verdade, todos os povos pré-históricos, em todos os continentes então habitados, teriam sido "atlantes", ou descendentes de atlantes. Isto, considerando Atlântida não uma ilha, mas um período de tempo na evolução humana e planetária e também uma grande extensão territorial, intercontinental através da qual ocorriam contatos, migrações, miscigenações, etc. Os atlantes "puros" seriam a elite aristocrática do Império, denominado Povo

Ária, nos Puranas. Outra evidência disto são os estudos linguísticos que confirmam a existência de uma remota língua indo-europeia, ou indo-ariana, que deu origem a diversos idiomas, que assim contém raízes fonéticas semelhantes, tais como o sânscrito, na Índia, o grego, o latim, e as línguas anglo-saxônicas. Não época do nazismo na Alemanha, pretendeu-se transpor a noção paleocultural de "ariano", para uma noção racial moderna que favorecia os ideais racialistas do então partido nazista – o que é uma distorção.

Os atlantes "não puros" seriam os continentais, remotamente parentes dos "puros". Isto porque a humanidade teria uma origem comum, e não vários núcleos de origem que formariam vários povos distintos. Esta noção de uma origem comum para todos os povos é chamada, em antropologia, de monogenia. A noção contrária, chamada poligenia, defende a ideia de uma origem diferente para povos diferentes, o que é mais difícil de aceitar pela simples lógica[4]. Este termo que definia a elite imperial atlante – "ária" –, em sânscrito, significa "nobre", "elevado", "superior", etc. Assim sendo, os nossos índios das Américas teriam origem na segunda ou a terceira categoria atlante, em termos de casta, ou seja, híbridos, mestiços. Esta noção não exclui a tese do parentesco entre índios das Américas com etnias mongóis da Sibéria. Povos siberianos também seriam atlantes continentais de segunda categoria, tanto quanto os africanos, polinésios e caucasóides da Europa pré-histórica (como os *cromagnons*). Não há povo atual ou extinto que não tenha ancestralidade atlante, neste sentido. "Atlante" é sinônimo de homem paleolítico. A diferença é que alguns povos descendem de atlantes dominantes, outros descendem de atlantes submetidos à colonização. Uns descenderiam de linhagens atlantes mais recentes, outros, de linhagens atlantes mais remotas; alguns povos descenderiam de ancestrais atlantes dos continentes, outros povos descenderiam de ancestrais atlantes que teriam vivido nas lendárias ilhas. Os *neanderthais*, uma subespécie humana antiga e agora extinta, teriam sido atlantes-descendentes de uma safra mais antiga e mais primitiva, endurecidos numa forma mais robusta e um tanto mais simiesca. A Era Atlante, como um período da evolução geral, é referida, pelos ocultistas, tais como Steiner, como uma fase em que a forma humana primordial ainda tendia a variações diversas e não estava fixada, definida, como está hoje. Assim, os *neanderthais* não são nossos ancestrais, como concorda a paleoantropologia, mas nossos primos, oriundos de ancestrais comuns ao nosso tronco, *Homo sapiens*. Sabemos hoje que *neanderthais* conviveram na Europa e Oriente Médio com os nossos ancestrais atlantes mais aprimorados. Não há indícios, até o momento, da subespécie *neanderthal* ou similar nas Américas, mas somente no Velho Mundo.

Podemos imaginar que os atlantes puros – ou seja, da elite imperial insular – que pelas colônias americanas antigas teriam passado, ou vivido e morrido, teriam sido governantes e sumo-sacerdotes iniciados, e enterrados em tumbas ricamente ornamentadas, ou incinerados, como o costume. Seriam vistos como "deuses" ou "semideuses" pelos nativos continentais. Depois de mortos, esses iniciados seriam lembrados como heróis civilizadores. Isto porque teriam trazido conhecimentos avançados do Império para aqueles nativos continentais tecnologicamente mais atrasados, como o conhecimento do arco e flecha, por exemplo, ou noções de astronomia, ou de agricultura, ou de metalurgia, ou de religião e arte. De qualquer forma, temos de considerar a hipótese de uma mestiçagem atlante-continental. Miscigenação entre "puros" e continentais é mais do que uma possibilidade. Isto pode ser rastreado nos índios americanos, tanto pelo aspecto do biótipo, da genética, e que tem conexões complexas como, por exemplo, o parentesco de certos grupos indígenas sul-americanos com povos mongóis, ou de grupos norte-americanos também com povos da Europa, mas antes de Colombo (conforme foi descoberto pela pesquisa genética). Ou seja, talvez o parentesco de ameríndios com povos mongóis da Sibéria não seja somente por causa de migrações antigas via Estreito de Bering (a ponte de gelo antiga que comunicava, a pé, Europa com a América, perto do Ártico). Sem eliminar possíveis migrações beringeanas, o parentesco evidenciado entre ameríndios e mongóis do Velho Mundo também pode ter sido por uma origem comum atlante. Os ocultistas mencionam, desde o século XIX, um lendário povo "protomongol", uma das dinastias atlantes. Este povo poderia ser o ancestral comum tanto dos ameríndios quanto dos povos mongóis do Velho Mundo. A questão da genética dos ameríndios será retomada num capítulo à frente.

Quatro raças ou três biótipos?

No século XIX, falava-se sobre "as quatro raças" formadoras dos povos: a raça branca, a raça amarela, a raça negra e a raça vermelha. Teósofos e outros grupos esotéricos, incluindo Rudolf Steiner, mantiveram esta noção quadri-racial até o século XX. Todavia, esta noção foi superada pelos detalhamentos antropológicos posteriores e atualmente sabemos que uma "raça vermelha" provavelmente nunca existiu, por si só. Aliás, nem mesmo a terminologia "raça" é mais corretamente aplicável a grupos humanos, reservando-se ao reino animal. Hoje falamos em biótipos, respectivamente, caucasóide, negróide e mongolóide. Um biótipo "vermelho" seria, na verdade, uma variação do biótipo mongolóide que teria migrado para as Américas em épocas atlantes. A questão é se este migrante mongolóide teria vindo da Atlântida central, diretamente, ou se teria vindo de uma corrente migratória atlante anteriormente instalada na Ásia, ou se teriam ocorrido as duas coisas. Se imaginarmos a Atlântida como um vasto império transcontinental povoado por etnias diversas – e não como uma ilha isolada no meio do Atlântico –, tudo isto é possível. Os dados atuais sugerem uma origem múltipla para os índios das Américas. Houve mais de uma corrente migratória formadora destes povos.

A teósofa Helena Blavatsky, em seus escritos, no século XIX (Blavatsky, s/d), enumera sete povos (que ela denomina "raças") que teriam configurado a história do Império Atlante. Rudolf Steiner mantém os nomes destes sete povos: *romoahals, tlavatlis, toltecas, turanianos, protossemitas, proto-acadianos e protomongóis*. Os dois primeiros nomes seriam, segundo Blavatsky, "palavras de origem atlante". É uma maneira de falar dos ocultistas do século XIX, utilizando o imaginário do arquetípico número sete, que se refere tanto ao tempo cíclico quanto ao espaço cíclico. Mantendo este modo de falar, mantenho assim a relação entre sete povos atlantes ancestrais e seus descendentes pós-atlantes. Mas, agora, modificaremos tal enumeração a partir da noção dos três biótipos atualmente aceitos:

Sete Povos Ancestrais Atlantes

↙ ↓ ↘

Negróides   Mongolóides   Caucasóides

↓

"Vermelhos Americanos"

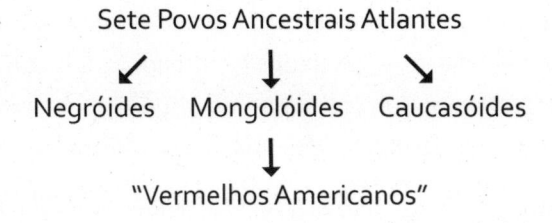

Estes três biótipos estariam na base genética de todas as diversas etnias atualmente existentes no Planeta. Isto significa dizer que não há uma "raça pura", nem "raças impuras", ou "raça superior" ou "raça inferior", conforme as noções vigentes no século XIX. Esta colocação era típica do darwinismo social, a filosofia do colonizador europeu que justificaria a exploração dos povos do sul. Trata-se de biótipos, ou seja, adaptações de um tipo fundamental humano, comum, que foi assumindo morfologias variadas conforme o clima, o solo, as condições ambientais e por miscigenações e adaptações geneticamente transmitidas. Assim, a suposta "quarta raça" dos darwinistas sociais do século XIX seria, de fato, uma variação do biótipo mongolóide predominante nas Américas, uma derivação migratória dos povos asiático-siberianos e/ou atlantes. O rastreamento genético e a morfologia em paleoantropologia têm demonstrado, atualmente, indícios de que o biótipo humano mais antigo é o negróide e desta forma encontrado na África mais de cem mil anos atrás. Significa dizer que os europeus, asiáticos e ameríndios, em ultima análise, descendem todos de povos negróides antigos, ou, pelo menos, mantêm até hoje DNA negróide em sua bagagem genética. Não há "povo escolhido", ou "raça pura", ou "arianos puros", que não tenham em si este DNA africano. Uma evidência genética disto é que todos os povos atuais da Eurásia, África, Américas e Oceania possuem em seu DNA o denominado "haplogrupo mitocondrial A", de origem remota africana. Ou seja, do ponto de vista da genética, todos os seres humanos atuais descendem de uma Eva africana (porque o DNA mitocondrial é exclusivamente de linhagem feminina).

Pelo lado da paleoantropologia, o primeiro esqueleto de um *Homo sapiens*, comprovadamente na forma atual, <u>até agora encontrado</u>, não foi um esqueleto europeu nem asiático, mas o esqueleto de um homem que viveu na África há cem mil anos (em plena Era Atlante, na linguagem do ocultismo). Como conciliar estes dados científicos atuais com a linguagem imagética do ocultismo, que menciona as origens nas "sete raças atlantes", uma suposta origem não-africana para o homem atual? Convém notar que entre as mencionadas "sete raças" não se incluía nenhuma que pelo menos se assemelhasse ao biótipo negróide-africano da antropologia atual. E também não se explicava muito claramente como cada uma das "sete raças" teria surgido: se proveniente da anterior, em linhagem direta pura, ou se fruto de miscigenações. Havia discordância – ou omissão – entre ocultistas, no sentido de que, para uns, estas "sete raças" seria uma noção somente aplicável ao Império Atlante em sua parte principal, a insular. Haveria, para alguns teósofos do século XIX, tais como Helena Blavatsky, populações extra-atlantes no planeta que, então, remeteriam a uma origem mais antiga, a Lemúria.

As populações do mundo seriam duas: os atlantes e os lemurianos-descendentes. Seriam populações "lemurianas" certas "raças antigas", então dominantes na África e na Polinésia. Ou seja, seria uma população de raízes muito antigas e que não teria seguido a linha evolutiva das ditas raças atlantes, mas mantido sua linhagem de modo independente, geograficamente distante do Império Atlante, cujo epicentro estaria nas ilhas do Oceano Atlântico. Portanto, segundo esta linha de pensamento de ocultistas, parte dos antigos lemurianos teria evoluído para atlantes, no território do Império Atlante. Outra parte dos lemurianos teria evoluído, porém, de modo independente e mais lento, em regiões distantes do planeta, em especial nas regiões insulares do Oceano Pacífico e na África. Estes outros lemurianos-descendentes, independente dos atlantes propriamente ditos, teriam se tornado seus contemporâneos e também se misturado geneticamente com estes (Powell, 1993).

Portanto, a "Eva africana" dos modernos antropólogos teria sido, na visão destes ocultistas, uma lemuriana-descendente não atlante, ou descendente de alguém assim. Para outros ocultistas, entretanto, como Rudolf Steiner, a então referida "raça negra" teria se originado mesmo de uma antiga onda migratória atlante (Steiner, 1986), oriunda das primeiras "raças" da grande ilha, e teria assumido a sua morfologia hoje denominada negróide por conta de adaptações ambientais na África. Nesta visão, a "Eva africana" seria uma atlante-descendente pura, mas não a mais antiga ascendente nossa porque ela própria teria ancestrais nas ilhas atlantes. Conforme Steiner, o biótipo "racial" configurar-se-ia a partir de relações dos indivíduos, ao longo de gerações, com a terra e o com o cosmo, no entorno. Haveria uma plasticidade do ser humano, capaz assim de se adaptar às diferentes condições planetárias. Esta tese é a mesma aceita, atualmente, pela antropologia física. De qualquer forma, havendo uma linha de pensamento ou outra entre ocultistas, todos concordam que a "raça negra", ou seja, o biótipo negróide africano seria uma forma antiga e ancestral. Mantém-se assim, de qualquer forma, a ideia da *monogenia*: uma linhagem comum que unifica todos os povos atualmente existentes.

2. Contatos pré-colombianos

Crônicas irlandesas antigas referem-se a terras ao oeste do Oceano Atlântico, muito antes de Colombo, então denominadas *Hy Brazil*. Haveria até mesmo uma rota viking pelo Atlântico norte, que faria o contato entre Escandinávia e América do Norte. Esta rota é, hoje, um fato histórico-arqueológico comprovado. A lenda de São Brandão (ou Brandon), o cristão irlandês que, no século VI dC, teria chegado a tais terras numa expedição, segundo uma versão, com sete navios, pode não ser apenas lenda, mas história. Conforme estudiosos, na língua galês-celta, "vermelho" se dizia *breazai*, originando a palavra portuguesa *brasa*. E esta palavra era utilizada em relação a um corante que se obtinha de árvores que cresceriam em algumas terras misteriosas do além-mar. Há séculos, os europeus conheciam uma árvore das Índias Orientais (Índia e Malásia) que também produzia um corante vermelho, e era comercializada pelos árabes desde o século IX, denominada "madeira brasil" (*Ceasalpina sappam*, do mesmo gênero do pau-brasil, *Ceasalpina echinata*). A notícia, entretanto, era que haveria outras terras, a oeste, onde seria encontrada outra madeira brasil. E a expressão celta *Hy Brazil* significa, justamente, a terra onde viveriam "os do vermelho". A existência desta terra a oeste seria já conhecida há séculos, durante a Idade Média. Em mapas irlandeses do século XIII a ilha Breazil aparece mais além, a sudeste da Irlanda, e faria parte da lendária rota das viagens marítimas de São Brandão. A ilha Brazil nunca existiu, mas seria uma referência simbólica, um marco, das misteriosas terras do oeste. Nas Ilhas dos Açores os portugueses batizaram, muito antes de 1500, uma elevação ao sul da maior ilha com o nome de "Monte Brasil", nome que permanece até hoje pois, de início, os navegadores lusitanos acreditaram que os Açores já fariam parte das misteriosas terras do oeste. Navegantes nórdicos também denominavam a América pelo nome "Vinland", que aparecia em antigos mapas vikings.

São Brandão, monge irlandês que navegou até a América, no século VI d.C.
http://www.phinehasfury.com/page/2/

Mapa de 1480: a Ilha Brazil sob a caravela, acima do compasso, a oeste da Irlanda
http://plazilla.com/het-mysterieuze-eiland-hy-brazil-bakermat-van-de-mensheid-en-religie

Rudolf Steiner nos diz, em uma de suas conferências em 1917, que a(s) América(s) era(m) conhecida(s) de iniciados europeus muito antes de Colombo (Steiner, 1990). Diz ele ainda que estes iniciados nórdicos navegavam periodicamente à América com o intuito de descobrir como os nativos americanos lidavam com a questão do duplo (assunto já visto atrás). Havia o duplo no Velho Mundo, claro, em toda parte. Mas Steiner complementa dizendo que aqui, na América, o duplo era mais fortemente presente, mais fortemente sentido pelos indivíduos. E esta presença mais forte do duplo se daria pelo fato de haver nas Américas cadeias de montanhas orientados no sentido norte-sul, como as Montanhas Rochosas, no norte, e os Andes, no sul. No Velho Mundo, o fato das cadeias montanhosas orientarem-se no sentido leste-oeste diminuiria, por um fator geológico, a ação, a consciência e a intensidade do duplo sobre os indivíduos. Em seu texto "medicina geográfica", fez Steiner certas afirmações interessantes sobre o contato entre Europa e América, a questão do duplo e a cura das enfermidades, do ponto de vista esotérico-histórico. Diz ele (Steiner, 1990): "A América aspira por si à total mecanização, convertendo tudo em puro materialismo, a extinguir, com o tempo, a cultura europeia". No texto, Steiner deixa claro que não seria uma questão da cultura humana americana, mas do efeito do solo, da geologia, que criaria qualidades anímicas que forçariam a uma tendência materializante, encarnante excessiva na região do planeta.

Podemos entender a base oculta desta afirmação naquilo que foi tratado um capítulo atrás, a respeito das polaridades leste-oeste da Terra. O Ocidente é ahrimânico, o Oriente é luciférico, e Europa ficaria no meio. Uma questão a se meditar é que esta afirmação de Steiner soa muito como uma generalização e, sem uma análise mais crítica, pode levar qualquer pessoa a concluir que ele estaria afirmando que "tudo que provém da América é ahrimânico" (ou seja, endurecedor, materializante, mecanizante). Além disto, generaliza porque não distingue entre as três Américas, que são antropogeologicamente distintas. Não é bem assim. Parece mais lógico supor que Steiner se refere à América do Norte, por um lado, considerando as contribuições tecnológicas e ideológicas modernas dos EUA ao mundo. Mesmo assim isto seria apenas uma, entre muitas outras características qualitativas da cultura da América do Norte. Outrossim, bom lembrar que a Europa e América do Norte guardariam, já de antemão, um parentesco e uma tendência comum neste sentido do materialismo, considerando a questão da origem dos continentes do hemisfério norte, da Lemúria-Laurásia. Continua Steiner: "Paulatinamente, a partir dos séculos IX e X, a Europa passou a ser isolada do resto da humanidade (...). Começando no século IX e, definitivamente, no século XII, suprimiu-se totalmente a comunicação marítima entre Europa e América, suprimiu-se a rota que até então havia existido com os barcos daquele tempo. Poderá parecer estranho, pois certamente se dirá: 'jamais na história ouvimos falar de tal coisa'. Certamente, o que se chama história é, em muitos casos, uma *fable convenue*, uma lenda."

Continua Steiner: "É certo que naqueles séculos de evolução europeia existiu uma comunicação marítima entre Noruega e o que não se chamava 'América', mas que tinha outro nome (...) Editos da Igreja então isolaram a América do conhecimento do europeu, com a finalidade de protegê-lo do conhecimento do duplo (...). Columbanus e seu discípulo Gallus (monges irlandeses do século VI) foram as principais individualidades encarregadas de cristianizar a Europa e, para tanto, perceberam que teriam que isolá-la numa muralha que impedisse o influxo do outro lado {da América} (...). Antes, as incursões de europeus à América se davam no sentido mais de visitas, para se estudar como o duplo agia no ser humano. A conversão de europeus em americanos só foi possível, de fato, após o século XVI, com o redescobrimento, e isto só foi possível quando os europeus mergulharam em outro tipo de consciência materialista, agora com sede de ouro."

Não é coincidência que justamente quando começou o europeu a descobrir novas terras no além mar, no século XVI, a hegemonia da Igreja foi decaindo. A visão de mundo medieval centrada na Europa católica não se sustentava mais.

A questão é que até o Brasil teria sido parte do Império Atlante, explicando-se relatos indígenas anteriores à Idade Média, relatos de antigos visitantes vindos do mar, "caminhando sobre as águas", trazendo novos conhecimentos superiores aos dos nativos, como reza a lenda dos índios tupinambá, ouvida pelos jesuítas, referente ao *Sumé*, o andarilho sábio que veio do mar. Diz a lenda, registrada pelo padre Nóbrega, em 1549, que um dia, andando sobre o mar, surgiu no horizonte o sábio *Sumé*, que tinha uma tez branca. Trazia com ele, ou teve aqui, dois filhos, *Tenendonare* e *Aricute*. Foi Sumé quem ensinou aos índios as técnicas de agricultura do milho e da mandioca, entre outras plantas, o uso do fogo e organização social. Diríamos então que Sumé deveria ter ensinado também conhecimentos esotéricos e cosmológicos, magia e astronomia oculta. Logo, dizia a lenda, despertou o ciúme de certas lideranças indígenas, os pajés, no caso, que então tentaram matá-lo. Sumé desapareceu, conforme uma versão, seguindo a rota de *Peabiru*, um caminho que comunica a América do Sul aos Andes. Aliás, a palavra "peabiru", segundo alguns, se originaria de "peã" + "Biru" – "o caminho para Biru". E "Biru" seria o nome indígena original para o Peru. A existência deste caminho foi confirmada por pesquisas arqueológicas recentes e ele explicaria a presença de artefatos incas em ouro e prata, encontradas no litoral brasileiro, no estado de Santa Catarina, e também explicaria certas semelhanças de palavras e costumes entre os índios guarani e os povos andinos. Por exemplo, tanto para os guarani quanto para os índios dos Andes, a onça é denominada pela mesma palavra, "jaguar".

Há uma lenda indígena de um Sumé andino, que teria vindo do Pacífico, branco também, denominado *Bochica*. Lendas indígenas semelhantes foram encontradas no Peru e na Bolívia, onde *Viracocha* era representado como um homem branco que veio do mar, um iniciado civilizador, assim como em Cuba, entre os índios do Caribe, temos um *Zumi* (palavra que se parece com Sumé), e na Costa Rica, um *Zumia*. No México, os astecas atribuíam seus conhecimentos e avanços civilizatórios aos ensinamentos dados pelo herói *Quetzalcoatl*, e os maias, da mesma forma, pelo herói *Cuculcan*. Nos Estados Unidos e Canadá, os índios ojibwa contam que "Os Sete Radiantes" (*Miigis*) vieram um dia do Atlântico e ensinaram belas coisas aos nativos. Um deles voltou logo para o mar, permanecendo seis com os nativos. Estes estabeleceram os clãs sob a forma de totens animais e organizaram a vida dos ojibwa. Então, retornaram pelo mar para o seu lugar de origem. Tempos depois, conta a lenda ojibwa, um dos Sete apareceu em sonho aos xamãs e instruiu para que o povo se instalasse mais a oeste porque um dia viria um povo de pele branca, pelo mar, e que destruiria seu modo de vida[5].

Todos estes heróis, para os índios das três Américas, eram mencionados como seres de tez branca, semidivinos, sagrados, "caraíbas". Por isto, os portugueses, quando chegaram, foram confundidos com os "caraíbas", e o apelido indígena dado ao homem branco assim ficou. No Xingu, até hoje, todo homem branco é um "karaib". Os incas chamavam os espanhóis de "viracochas", pelo mesmo tipo de raciocínio. Viracocha, entretanto, como Bochica, teria vindo do Pacífico e tinha, entre os incas, o cognome de *Viracocha Pachacaiac*, "o instrutor do Mundo" – um título iniciático.

Viracocha, branco, barbado – medalhão Inca.

Quem eram os caraíbas de verdade? Caraíba quer dizer "homem sábio" ou "homem santo", e, para os indígenas, sabia-se que viriam do norte do Atlântico. No contexto deste livro, caraíba é aquele iniciado atlante, ou pós-atlante (ou seja, do Velho Mundo) que teria vindo às Américas para ensinar algo aos nativos daqui. No sul da Índia, onde estive, encontra-se no texto Tâmil *Bhogar Jnana Sagaram,* o relato da visita de Bochica à America do Sul pré-colombiana. Bochica, traduzindo para o sânscrito, seria o mesmo Guru Boganath, o Siddha[6]. Conforme o texto, *em viagem fora do corpo físico*, ele veio para ministrar ensinamentos aos nativos sul-americanos. Até hoje, em cidades andinas, encontram-se representações ou mesmo estátuas do semideus Bochica, que veio do mar ensinar.

Os índios das América Central também conheciam a palavra "caraíba", buscavam imitar a reputação destes lendários desconhecidos e se diziam descendentes dos caraíbas, com orgulho – o que é verdade, pois deve ter havido miscigenação em tempos pré-colombianos. Até hoje o Caribe tem este nome por causa disto e os índios de língua caribe, ou caraíba, também migraram para o interior do Brasil, passando pela Amazônia, sendo hoje, entre outros, o povo do Alto Xingu chamado, matipu, kalapalo e kuikuro, totalmente diferente linguisticamente dos índios de fala tupi. Os índios de fala caraíba (ou karib) viviam originalmente na América Central ou norte da América do Sul (parte ocidental do antigo Império Atlante), e dali desceram e espalharam-se então por toda a Amazônia e regiões florestais da Colômbia, Venezuela e Guianas, marcando a sua trajetória de descida até o Brasil. Esta migração, todavia, teria se dado mais recentemente, entre mil a três mil anos atrás. Estes índios caribes eram imperialistas como seus ancestrais atlantes e dominaram todos os outros povos indígenas que encontraram em sua rota migratória para o sul. E aonde chegavam, como a arqueologia indica, construíam não aldeias, como hoje, feitas de palha, mas sim cidadelas com muralhas e casas feitas de barro, ou seja, de alvenaria – coisa estranha na América do Sul.

Para os índios kuikuro, um antigo semideus chamado *Kanassa* um dia teve pena dos mortais e roubou o fogo dos deuses do céu, trazendo-o para terra. Este é o Prometeu xinguano, ou também poderia ser o Sumé xinguano. Noutro mito xinguano, são os gêmeos Sol e Lua (Kuat e Iaí, em tupi-kamayurá) que roubam a luz e o fogo do céu, que eram propriedade dos Urubus divinos de quatro cabeças. A ideia prometêica de que antes havia aqui embaixo treva e que a luz foi trazida do alto persiste, mesmo assim. Já toquei neste assunto, atrás. Nos mistérios órficos, na Grécia, para os gnósticos alexandrinos e maniqueus, e em outros Mistérios do Velho Mundo, esta imagem do roubo prometêico evoca a descida da consciência humana do Eu, a luz, a egoidade, que antes habitava o mundo espiritual, acima, e que assim é trazida para baixo, para o mundo da inconsciência, tornando os homens humanos. Por outro lado, o fogo trazido dos céus também é a imagem do conhecimento, da cultura, da tecnologia, que é trazida para os humanos abaixo.

A heterogeneidade do índio americano é outra evidência de contatos antigos entre populações diversas. Aqui na América do Sul temos também variações biotipológicas, e quem conhece índios percebe que há vários subtipos e biótipos distintos, uns mais baixinhos e do rosto "chinês" e outros mais altos do rosto mais semita, e outros de cabelos mais lisos, outros de cabelos mais anelado, uns de cultura mais desenvolvida e outros de cultura mais simples (como os kayapó, do Baixo-Xingu, que nunca souberam fazer arco-e-flecha, e preferem usar porretes como arma). Os yanomami da Amazônia detêm em seu sangue, conforme pesquisas genéticas, genes de europeus orientais e alguns indivíduos apresentam olhos claros. Pesquisas genéticas também indicaram relação entre alguns grupos indígenas do Brasil, os aymoré antigos, no caso, e povos da Polinésia. Isto demonstra uma enorme dinâmica antiga nas migrações e miscigenações entre povos, atlantes e nativos, culturas mais simples e culturas mais complexas e daí concluímos que a história do Brasil não começa com Cabral, e que isto é apenas a história dos portugueses na América, mas não a história da América em si.

Os índios das Américas

Um amigo nosso disse certa vez, com razão, que "o Brasil é o único país do mundo que dizem que foi descoberto". Na verdade, o que foi "descoberto" (ou seja, redescoberto pelo europeu) algum dia foi a América, e o que havia aqui, no sul, eram territórios indígenas diversos que não formavam uma unidade. Cabral chegou às costas atlânticas da América do Sul que, afinal, já eram conhecidas, como tratamos atrás. É o que também atesta outro mapa árabe famoso, o de Piri Reiz – na verdade certamente uma cópia do século XVI de mapas mais antigos, onde constam não só a costa oriental da África como a costa do atual Brasil, assim como a Antártida – e sem a camada de gelo atual (que supostamente não era conhecida no século XVI). O mapa focaliza o Oceano Atlântico, entre a África e o Brasil.

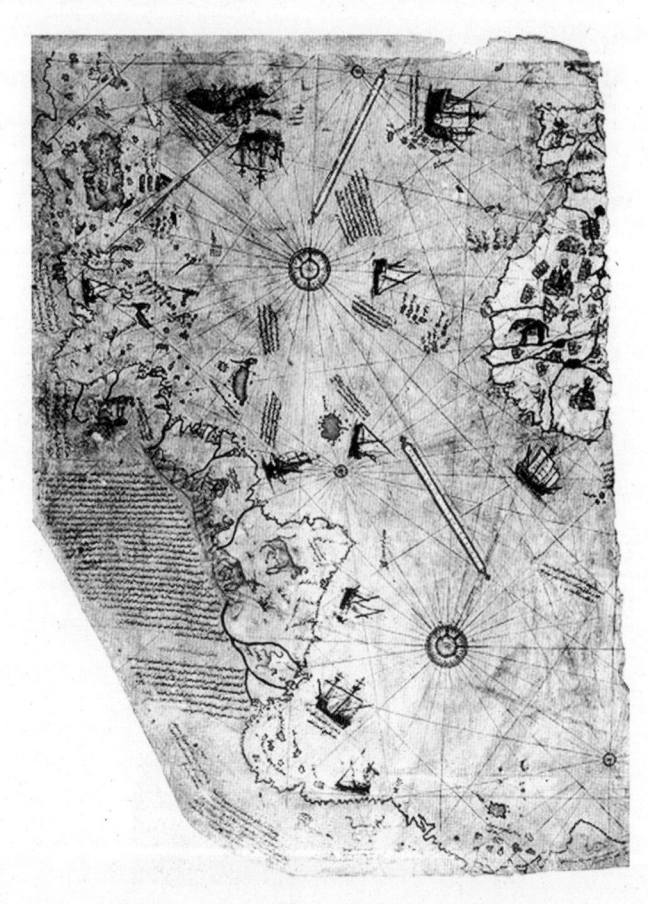

http://en.wikipedia.org/wiki/Piri_Reiz_map

Trata-se do famoso mapa de Piri Reiz. Reiz foi um almirante turco, que afirmou ter copiado este mapa de outros muito mais antigos. Este mapa está atualmente num museu em Istambul.

Há diversas evidências arqueológicas referentes à presença de visitantes do Velho Mundo nas três Américas antes de Colombo, por exemplo, uma representação de Mitra sacrificando o Touro (um culto iniciático persa, pré-cristão), numa caverna no estado norte-americano de Minesotta. Ou, no caso do Rio de Janeiro, Brasil, na Pedra da Gávea, embora muito discutida, a questão das inscrições fenícias. O que teriam vindo europeus pré-cristãos e pagãos buscar nas Américas? Seria madeira e metais? Segundo uma lenda amazônica, Salomão e navegantes fenícios e hebreus teriam vindo buscar ouro e prata na Amazônia, numa colônia no Rio Solimões (cujo nome indígena antigo, que já era este, remete ao nome de Salomão). Plantas medicinais? Arqueólogos descobriram indícios de tabaco e coca em múmias egípcias. Ou, certamente, teriam vindo buscar a sabedoria dos mistérios indígenas.

Pedra da Gávea, Rio de Janeiro – *croqui* do autor.

Índios Olmeca (México, 1000 a.C.): uma cabeça fenícia?
http://viewzone.com/phoenician.html.

Não seria surpresa se, na Alexandria pagã do século IV d.C., houvesse mapas indicando a América, perdidos quando a biblioteca foi incendiada por cristãos fanáticos. Há evidências de que antes da oficialização do catolicismo como religião do estado romano, por Constantino no século IV, exploradores romanos teriam chegado às Américas. Uma evidência disto seria o achado de moedas romanas datadas do século III DC em solo norte-americano, sob a escavação para uma rodovia, em Indiana, EUA; ou de uma pequena cabeça esculpida em pedra, no estilo romano do mesmo período, encontrada nas proximidades da cidade do México. Se então romanos já sabiam vir até aqui, não tivesse a Igreja ocultado as Américas, teriam estas se tornado província bizantina provavelmente, já nos séculos IV-V depois de Cristo. A América só não foi previamente invadida por europeus devido às dificuldades da longa e perigosa viagem, de início. Depois, porque a Igreja promoveu uma conspiração para ocultamento – como já foi visto.

Pequena cabeça romana, encontrada no México.
http://en.wikipedia.org/wiki/Pre-Columbian_trans-oceanic_contact

Croqui de moedas romanas antigas, encontradas em Ohio, nos EUA.
http://www.econ.ohio-state.edu/jhm/arch/coins/fallsoh.htm

A questão da presença europeia na América pré-colombiana também explicaria, por um aspecto, algumas diferenças entre grupos indígenas. O assunto é extenso, mas podemos analisar o caso dos índios norte-americanos mandan, como um exemplo de possível contato e miscigenação entre europeus e indígenas, em período pré-colombiano recente. Quando os exploradores ingleses e espanhóis chegaram ao Velho Oeste dos EUA encontraram esta etnia chamada mandan, que ainda possui sobreviventes. O que impressionou os exploradores brancos foi que este povo tinha pele clara e alguns tinham olhos claros. Um irlandês que estava na expedição teria reconhecido palavras galesas (do País de Gales) no vocabulário mandan. Os estudiosos acadêmicos atuais negam que isto seja devido a uma visita e miscinegação europeia, pois "não há evidência de estadia de europeus antes de Colombo". Mas, podemos nos perguntar: isto não seria uma evidência? Nem todos os mandan eram louros, entretanto, somente um grupo. Segundo os mandan, um ancestral seu chamado "Chifre-Vermelho", há muitas gerações, havia feito contato com viajantes estranhos, altos e ruivos. Um dos exploradores ingleses da época colonial aventou a hipótese de que os mandan teriam sofrido miscigenação com uma população galesa imigrante, pois havia a lenda no País de Gales de um clã, chefiado por um tal Madog, que deixou a Ilha Britânica no ano de 1123 d.C. e seguiu uma rota marítima viking, em direção às Terras do Ocidente. Alguns mandan foram retratados no século XX, e ainda exibiam sinais fenotípicos de mistura com tipo caucasiano europeu.

O tabaco americano em múmias egípcias

Este é um fato que não é tão fácil de explicar, a não ser que se admita que, por via direta, ou indireta (ou seja, através de fenícios, por exemplo), egípcios obtiveram amostras de fumo americano e as levaram para a África. Recentemente, pesquisadores detectaram traços de nicotina (somente encontrada em plantas das Américas), na múmia de Ramsés III (1200 a.C.), e na múmia de uma sacerdotisa de Ísis (900 a.C.). A nicotina, junto com cocaína, foi encontrada não nas camadas externas das múmias (o que poderia ser explicado como contaminação por parte de algum fumante próximo), mas foram encontradas nas carnes da múmia, por dentro, como parte do processo da alquimia egípcia do preparo da mumificação. Bem, isto foi só o começo. Uma pesquisadora russa, Dra. Balabanova, arqueóloga que ficou famosa pelo fato, foi adiante e analisou quase duzentas múmias africanas, datadas de até três mil a.C. Em mais da metade delas constatou a presença de nicotina e cocaína no processo de mumificação.

A comunidade científica preferiu não comentar muito o assunto, desde então, porque isto obrigaria a rever o que a história nos conta. Mas Balabanova aventou duas hipóteses: ou os egípcios e norte-africanos teriam rotas com a América, atravessando o Atlântico, simplesmente; ou então fariam comércio via rota da seda com navegantes chineses ou indianos que teriam vindo à América via Pacífico (o que também explicaria a cocaína, que não existe do lado de cá dos Andes, mas existe do lado do Pacífico – embora também nativos brasileiros possam ter comercializado coca com nativos andinos pela via Peabiru). Os índios usam tradicionalmente, não só a *nicotiana tabacum* para defumação mágica, mas também a *nicotiana rustica*, uma subespécie de fumo ainda mais carregada de alcalóides e de efeito psicoativo, como acontece até hoje na Amazônia brasileira, e também Meso e Norte-América. O tabaco comum é usado geralmente como substituto "fraco" e para fins de hábito profano. Foi este tabaco comum inicialmente apresentado em Cuba aos marinheiros de Cristóvão Colombo. Estes o levaram juntamente com dezessete escravos indígenas, para a Europa, onde se espalhou rapidamente como hábito. E assim o tabaco difundiu-se, mas agora sem o caráter mágico-sagrado dado pelos xamãs indígenas. A questão é que os egípcios teriam conhecido o tabaco antes de Colombo, e provavelmente o *tabaco bravo*, o mais forte em teor de nicotina. Sabe-se que os fenícios navegavam em expedições patrocinadas pelos egípcios. Foram capazes de mapear os contornos da África, no século VII a.C., sob os auspícios do faraó Neco I, conforme um relato do historiador grego Heródoto. Por que não se cogitar que também poderiam os fenícios navegar, sob ordens egípcias, em direção à América, atravessando o Atlântico? Interessaria certamente aos sacerdotes egípcios uma planta mágica, conforme a sabedoria indígena que, no contexto de um ritual, abre comunicação com seres elementais, com os mortos e com outras entidades sutis do Cosmo.

Além do tabaco, inúmeras outras plantas mágicas e medicinais poderiam ser altamente interessantes para xamãs europeus, asiáticos ou africanos. É o caso, por exemplo, dos cactos e dos cogumelos mágicos só encontrados nas Américas.

A viagem em busca de plantas enteógenas das Américas

A pergunta é: valeria a pena uma viagem em galera, movida a vela e remos, durante dois ou três meses, para obter plantas mágicas e curativas, além de somente pau-brasil? Estas plantas seriam os diversos cactos e cogumelos de efeito psicoativo somente encontrados nas Américas. Serão abordadas num capítulo à frente. Para um antigo sacerdote curandeiro, iniciado, tal viagem valeria a pena, sim. Estamos falando de uma época em que as pessoas viviam em culturas onde o elemento mágico-religioso era muito presente e valioso. Na cristandade medieval europeia, porém, já não interessaria à instituição da Igreja a liberação de práticas mágicas e religiosas envolvendo alteração de estados de consciência e uma forma curta de se obter "a visão". Isto escaparia ao monopólio do espírito. O uso de plantas mágicas e que também curavam (e isto é importante, a *cura magna*, a cura integral da pessoa), por outro lado, é pré-histórico. Estava presente em todo o Velho Mundo, desde o *soma* indiano (*amanita muscaria*, provável ingrediente), o *kukeon* dos gregos, uma bebida mágica usada nos mistérios de Orfeu e nos pitagóricos, nos mistérios de Elêusis entre outros, até uso ritual pelas *wiccas* (bruxas) na Idade Média.

Tais práticas foram então reprimidas no Velho Mundo pela Inquisição, e mal-apagadas nas Américas pela colonização ibérica. É uma forma antiga, primitiva de se facilitar a comunicação entre o plano sensível e o suprassensível, por um lado, e a comunicação entre o consciente e o inconsciente, por outro lado. Também é uma forma de medicina, quando se produz uma profunda alteração na alma da pessoa, com o auxílio de uma planta que desfaça amarras e estruturas anímicas normalmente rígidas, fechadas e que, assim, mantêm uma personalidade doentia. Os pajés curam usando recursos idênticos, até hoje. Por outro lado, como erva mágico-iniciática, abre portas que nem todas as pessoas estariam preparadas para abrir, de modo tão fácil e sem uma preparação moral prévia. Por isto, eram plantas manipuladas somente por iniciados, pajés, xamãs, druidas, e inacessíveis a qualquer um despreparado.

Para a cultura europeia-cristã, a integridade da psiquê é uma condição difícil de abrir mão, pois é nesta integridade que reside o ego racional que reivindica a verdade para si mesmo. Mas, nas práticas iniciáticas em todo mundo, uma parte importante do processo foi sempre o desfazimento desta integridade do ego (para que um *Self* brilhe) – o que torna um processo de iniciação, em determinados momentos, semelhante a uma psicose, a uma desintegração psicótica da alma. E por isto, nos mistérios de Dioniso, o deus aparecia ao neófito e perguntava-lhe "Você quer mesmo se aventurar a isto?". E muitos podiam não voltar da experiência, ou seja, enlouqueceriam.

Todos os mistérios iniciáticos tinham um momento ébrio e um momento sóbrio dionísico e apolíneo, respectivamente. O momento "sóbrio", apolíneo, da maioria das correntes de ocultismo, já representadas na tradicional yoga, no budismo e também na teosofia e na antroposofia, é a de usar apenas a prática meditativa, a imaginação e a inspiração e a intuição, como caminhos para se ampliar a consciência. Mas este é o caminho longo. O caminho curto ainda existe, e é praticado no Velho e no Novo Mundo, e era praticado universalmente não há mais de 500 anos. Este caminho curto dá-se com a mediação de substâncias psicoativas. Não seria demais pensar que alguns hereges europeus, fugindo da repressão da Inquisição, chegassem à aventura de buscarem por terras a oeste, seguindo rotas de seus ancestrais celtas, em tempos pré-colombianos, um lugar livre para a espiritualidade dionísica.

Algumas espécies vegetais, mágicas ou alimentícias, certamente se difundiram por meios naturais – disseminação via aves, ou via correntes marítimas, ou pelo vento. Outras se difundiram levadas por seres humanos, quando havia interesse de uso ou de troca. Outras não se difundiram, exatamente, mas evoluíram isoladamente em áreas diferentes do Planeta a partir de ancestrais vegetais comuns, onde entraria esta hipótese da Pangeia (Lemúria). Mas a Pangeia talvez explique plantas mais velhas, mais antigas, principalmente monocotiledôneas, samambaias, equisetáceas, etc. e as dicotiledôneas floridas mais antigas – as plantas que existiam na Lemúria. Quando, todavia, a planta é uma espécie relativamente nova e de uso importante, seja mágico-religioso, alimentar ou industrial, e é encontrada em culturas diferentes, sempre há a suspeita de difusão por meio humano.

A academia ainda titubeia em considerar que as Américas pré-colombianas eram conhecidas e visitadas antes de Colombo, e que se levavam coisas daqui e se traziam coisas para cá. Todavia, é possível uma coincidência em que a planta útil ao homem seja disseminada por via natural e tenha usos simultâneos em mais de um continente. Seria o mesmo caso do algodão e do arroz, por exemplo? Até então se pensava que havia algodão e arroz somente na Ásia, oriundos da Índia; e que dali se espalharam por todo o Velho Mundo. Hoje se sabe que havia tanto algodão quanto arroz na América antes dos portugueses aqui chegarem. Sabe-se mesmo que Cabral levou uma amostra de "abatituapé" (milho d'água), o arroz nativo do Brasil, mais escuro, para Portugal. Os índios norte-americanos também tinham um arroz escuro que comiam – como o caso dos ojibwas, já citados, que possuem lendas que falam de contatos com estrangeiros brancos vindos do mar.

Como o arroz, uma gramínea comestível, apareceu na América? Um ancestral comum, lemuriano, ao arroz indiano? Foi trazido em tempos antigos, sob uma forma ainda arcaica, e aqui se disseminou naturalmente? O fato é que o arroz das Américas é bem parecido ao arroz asiático, uma subespécie, só que em sua forma antiga, arcaica, e se foi trazido, o daqui, foi num tempo em que o arroz ainda era escuro. Outro caso é o do algodão, já encontrado aqui pelos europeus, inclusive com técnicas de fiar. A pesquisa genética demonstrou que o algodão indígena daqui, de fato, se origina no algodão indiano. Outro caso ainda, já citado, é o da batata-doce, originária das Américas, mas disseminada no Oceano Pacífico entre várias culturas polinésias. Um dado interessante é que entre os índios dos Andes a batata doce se chama "kumara", que é o mesmo nome pelo qual a conheciam os polinésios, supostamente isolados nas ilhas do Pacífico, quando foram contatados pelos europeus.

Outro caso é o achado de resinas polinésias em múmias peruanas. Então fica como hipótese: alguém, como os lendários *Sumé* e *Bochica*, traz, como presente, uma espécie em sua forma ainda antiga e esta espécie é semeada e, com o tempo, evolui paralelamente em dois continentes isolados por mar. Quem levou/trouxe sabia que aquelas duas espécies tomariam um rumo evolutivo útil a uma ou às duas populações. Este é um trabalho descrito para antigos iniciados civilizadores. Pode ter sido isto? Por que não?

O conhecimento da América pelos povos do Oriente

Se os europeus durante a Idade Média ignoravam a existência das Américas, outros povos sabiam e tinham até mapas e rotas de navegação para esta região da Terra. A razão já mencionada é a Igreja e seu monopólio sobre o conhecimento medieval do mundo cristão. Enquanto os chineses e árabes produziam mapas que indicavam a rota para *Fad Sang* (nome da América pré-colombiana dado pelos chineses antigos), a Igreja, desde o século X, reprimia qualquer pesquisa sobre o território europeu. Com o tempo, provavelmente nem os próprios líderes da Igreja sabiam mais nada sobre terras a oeste do mar. E por isto, pode-se dizer que os europeus apenas *redescobririam* as Américas no século XV. Todavia, longe da Europa, notícias e mapas da China, da Arábia e da Índia assinalavam o Novo Mundo. Este conhecimento provavelmente foi repassado a ordens secretas dentro da Igreja, como a dos Cavaleiros Templários, por exemplo, e que, a partir daí, teriam ido parar nas mãos de Dom Henrique de Coimbra, Colombo, Vasco da Gama, Cabral e outros navegadores, todos os membros da escola de navegação de Sagres, em Portugal, mantida pela Ordem de Cristo, a reedição ibérica da Ordem Templária. Estes navegadores apenas seguiram as indicações daqueles mapas pagãos.

O escritor e comandante de submarino inglês Gavin Menzies (Menzies, 2006), que também residiu na China, em sua infância, escreveu três livros sobre os antigos navegantes chineses e suas peripécias, embora sem muita comprovação histórica, segundo seus críticos. Menzies foi o primeiro a levantar a questão de que os chineses é que teriam descoberto a América antes de Colombo. Todavia, críticas à parte, algumas pistas que este autor levanta mereceriam, no mínimo, uma reflexão. O que pode nos motivar a isto é o que se tem encontrado, em arqueologia dos povos meso-americanos, como os Olmecas e que, de fato, aponta para alguma estranha aproximação entre China e América pré-colombiana. Conforme Menzies, um antigo tratado chinês de geografia, o *Shan Hai Ching*, escrito dois mil e duzentos anos antes de Cristo, registrou que um imperador chamado Yao enviou diversos capitães para explorar o mundo, através dos sete mares. Haveria, segundo os próprios historiadores chineses antigos, a navegação transcontinental já muitos séculos antes de Cristo. Bem, no século dois da era cristã, outro texto chinês, o Shih Chi (Crônica de Shih), relata que o Imperador Shih Huang enviou uma frota de navios para *Fu Sang – onde, conforme o texto, já haveria uma colônia chinesa* – que corresponderia aproximadamente à região do México atual. Um dos objetivos desta viagem seria levar para a China *cogumelos medicinais* só encontrados na terra distante, então denominados *ling chi*, pois o imperador estaria doente e precisaria deles. Por este período, os historiadores sabem que os chineses já construíam navios grandes, de quatro mastros, de várias toneladas, com tripulações enormes, capazes de longas viagens.

Há outro relato sobre as viagens de um monge budista chamado Hui-Shen, que teria vivido no século V d.C. Este monge passou quarenta anos viajando pelas terras distantes do Pacífico, tendo chegado a Fu Sang e permanecido lá por muitos anos. No século XV d.C., novamente, há relatos de expedições chinesas a Fu Sang, sob as ordens dos imperadores Ming. De fato, foram descobertas na Califórnia, datadas neste mesmo período, tigelas de barro, moedas e objetos de bronze, em estilo sugestivamente chinês. Os espanhóis de Cortez teriam relatado que o Inca Atuahualpa tinha um manto de seda – coisa desconhecida nas Américas, própria do Extremo Oriente.

Outra evidência de contato com a Ásia é o fato dos espanhóis terem relatado que encontraram nos pomares indígenas frutas cítricas, como limões e laranjas, além de romãs – plantas asiáticas. Vejamos algumas peças arqueológicas Olmecas que sugerem um contato como a China:

Máscara Olmeca em jade (México, entre 400-900 a.C.).
http://commons.wikimedia.org/wiki/File:Olmec_mask_at_Met.jpg

Estatueta Olmeca (entre 1500-400 a.C.), figura chinesa.
http://en.wikipedia.org/wiki/File:The_Wrestler_%28Olmec%29_by_DeLange.jpg

"Budas Chineses" Olmecas (México, em torno de 1000 a.C.).
http://www.egyptsearch.com/forums/ultimatebb.cgi?ubb=get_topic;f=8;t=003276
http://www.sothebys.com/en/auctions/2013/africanoceanic-n08994.html

Outros achados arqueológicos na Colômbia no sítio denominado "cultura Valdívia" revelaram pedaços de cerâmica de estilo especificamente *jomon* japonês, datados entre dois mil e três mil e oitocentos anos a.C.

Outra possibilidade é o contato entre América do Sul e povos da Polinésia. Isto não é tão estranho de imaginar porque, afinal, os povos polinésios são basicamente navegadores que ocuparam as ilhas por via marítima. Também não é difícil de imaginar se considerarmos que a Ilha da Páscoa foi habitada por polinésios e fica relativamente próxima da costa oriental da América do Sul. Cálculos indicam que uma viagem da Polinésia Francesa até a Ilha da Páscoa duraria cerca de dezessete dias apenas, num pequeno barco a vela – tecnologia que os polinésios dominavam muito bem. Daí, não é improvável que, da Ilha da Páscoa, um navegador polinésio poderia ter se dirigido às Ilhas Juan Fernandes – a meio caminho –, por exemplo, e de lá para a costa do Chile. Atravessar a pé os Andes e chegar ao Brasil também não seria impossível, considerando as vias terrestres pré-colombinas que já existiam, o chamado "caminho de Peabiru". Há indícios de miscigenação entre polinésios e indígenas do interior de Minas Gerais, os extintos aimorés, conforme pesquisas genéticas recentes. Ocorre que a ocupação da Polinésia se deu em tempo recente, há menos de cinco mil anos. Daí o pensar que navegadores polinésios possam ter visitado o Brasil e tido miscigenação com indígenas nativos, somente em tempo relativamente recente.

O contato pré-colombiano entre América do Sul e Polinésia é reforçado por fatos tais como a existência da batata-doce, planta americana disseminada na Polinésia, e que tem tanto lá quanto aqui etnônimos semelhantes, "kumara". Outro caso interessante é o de ossos fósseis de galinha, encontrados entre os ancestrais dos índios mapuche, do Chile e da Argentina. Analisando tais ossos, verificou-se que geneticamente relacionavam-se a espécies de frango polinésio, e não ao frango trazido pelos europeus. Além disto, crânios antigos de mapuches revelaram características de nativos da Polinésia. Sabe-se que algumas ilhas do Pacífico, nas costas chilenas, incluem o território marítimo dos mapuche, há séculos. Pertinho da Polinésia...

O contato entre China (e também Japão, Índia e Polinésia) e Américas pré-colombianas pode ser considerado, no mínimo, como possibilidade, tanto por causa de lendas, relatos e mapas citados, como por causa da botânica – já mencionei aqui diversos casos, como do algodão ou do arroz, estas últimas, plantas indianas, amplamente encontrada nas Américas quando Colombo e Cabral aqui chegaram. Na China, foi encontrada recentemente uma coleção de mapas antigos – ainda sob estudo por especialistas – que claramente indicam não só as Américas como a Antártida, a Austrália e outras regiões que supostamente só teriam sido descobertas há menos de quinhentos anos pelos europeus. Mais lógico supor que navegantes europeus, como os portugueses, tenham conseguido cópias de tais mapas, apesar da proibição da Igreja de qualquer conhecimento sobre o mais além. Um mapa desta coleção foi encontrado por um antiquário em Changai, China. Seria uma cópia feita em 1763 de um mapa mais antigo, datado de 1418, da dinastia Ming, que mostrava a noção geral das terras exploradas e conhecidas pelos chineses de então. Neste mapa encontrado podia-se ver a Ásia, no centro (diferente dos mapas feitos por europeus, onde a Europa fica no centro), a África, as três Américas e, para além do Oceano Pacífico, a Austrália e, mais ao sul, o continente Antártico.

Quando o explorador italiano Marco Polo, no século XIII, voltou de sua viagem à China, trazendo o conhecimento da pólvora, da bússola, é muito provável que trouxesse mapas também. Sabe-se que Marco Polo foi preso e seus documentos e registros confiscados pelos genoveses, seus inimigos. O que se salvou de seu relato foi o que um companheiro de cela registrou depois, ouvindo o amigo. Os chineses tinham inventado, além da pólvora e da bússola, o papel e a impressão com tipo de madeira (o primeiro texto impresso na China, no século VII dC, foi um texto budista). O que ocorreu é que a postura da Igreja manteve a Europa em retrocesso cognitivo em pelo menos mil anos.

Crônicas hindus, como os Puranas, relatam viagens de exploradores indianos a terras do além mar, habitadas pelas lendárias Nâgas (Serpentes). Nos Puranas, Arjuna vai até uma terra distante, reino dos Nagas (os Nagual maias?) e toma uma das princesas reais como esposa, levando-a para a Índia. Pelo menos uma escultura feminina maia encontrada lembra muito a postura de uma divindade hindu. Curiosamente, uma das formas do deus da chuva dos maias, Chaac, seria, de fato, um elefante! Imagem comum a outros índios mexicanos, das planícies dos EUA, perto do Mississipi, como índios da Guatemala. Há toda uma tradição norte e meso-americana de se representar deuses da chuva como entes de nariz longo, como um elefante, desde tempos imemoriais.

Dançarina Maia, estilo hindu.
http://www.wordwhiz.biz/featured/discover-chac-the-mayan-god-of-rain.html

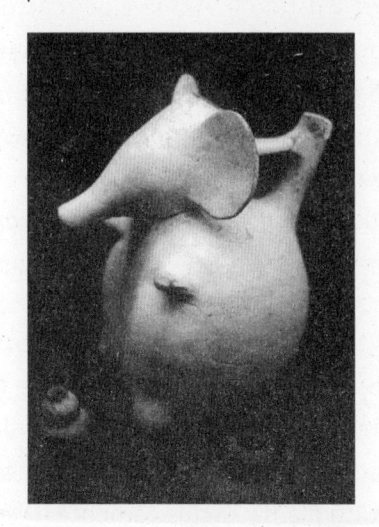

Deus Chaac Maia, em duas versões.
http://www.mushroomstone.com/somaintheamericas.htm
http://all-history.org/294.html

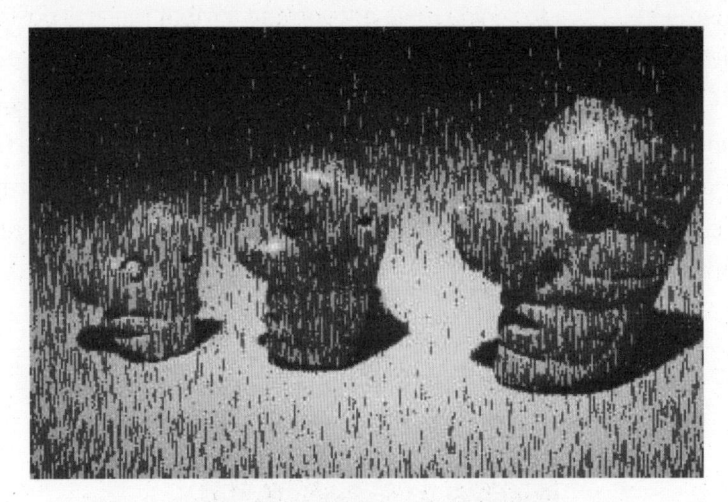

Deus da chuva Guatemalteco – desenho do autor
http://www.penn.museum/blog/fun/fun-friday-image-of-the-week/
fun-friday-image-of-the-week-long-nose-gods-from-guatemala/

O que significaria o fato de que divindades indígenas das Américas do Norte e Central serem elefantes estilizados? Significa ou um contato com culturas que provêm de uma parte do planeta onde existiam elefantes ou a lembrança remota de onde isto teria existido (mamutes ou mastodontes?). O deus Ganesha, com cabeça de elefante hindu, não é exatamente um deus da chuva, mas é um deus da abundância, da riqueza, da fartura – coisa que é interligada à chuva, especialmente numa sociedade de agricultores em regiões sujeitas à seca. Por outro lado, um deus da chuva específico, na iconografia hindu, o deus Indra, tem como montaria um elefante gigantesco.

Outro caso é a representação de plantas tipicamente americanas em iconografias hindus, como, por exemplo, a fruta-do-conde, própria de Mata Atlântica brasileira, uma anonácea, encontrada como imagem pintada em Ajanta e templos da Índia Central. Outra evidência, já mencionada: a presença de representações do milho, outra planta exclusivamente americana, em templos hindus. Num templo indiano do século XIII, uma divindade segura uma espiga de milho, inequivocamente:

Milho na mão de divindade hindu – século XII.
http://www.davidpratt.info/americas1.htm

Outra evidência de contato é a cultura. Por exemplo, o caso de um jogo popular entre índios descendentes de Maias, jogado até hoje no México e América Central, também existe de forma idêntica, com as mesmas regras e nome parecido em regiões rurais da Índia atual. Sabe-se que não havia roda nas Américas antes de Colombo. A razão é que não havia cavalos nem bois, nem outro animal de grande porte para puxar qualquer veículo. Sendo assim, fica difícil explicar vários modelos de artefatos, encontrados em torno de 1500 a.C. na região do México, e que consistem de um animal com rodas no lugar de patas. Acontece que este *design*, como brinquedo, é encontrado na Eurásia, Grécia, Iran, China, etc. Todavia, é típico da Índia antiga, onde tinha uma conotação religiosa e fazia parte dos ritos de oferenda. Em seguida, algumas imagens de objetos hoje em museus.

México, 1.500 a.C.
http://www.mexicolore.co.uk/aztecs/
aztefacts/just-toying-with-wheels

Iran, 2.500 a.C.
http://www.medusa-art.com/an-elamite-
mouflon-on-wheels.html

Os sábios e cosmógrafos hindus – chefiados pelo lendário iniciado Vyasa (o mesmo autor do *Mahabharata* e do *Bhagavad Gita*) – escreveram o Vishnu Purana, presume-se entre os três séculos antes de Cristo e os primeiros três séculos da era cristã. Os Puranas são livros hindus sobre mitologia, história, cosmologia e geografia da Índia. Sua linguagem não é a das modernas ciências naturais, mas a linguagem mitopoética dos livros sagrados. No Vishnu Purana em especial, seus autores mapearam os continentes, denominando as Américas pelo nome *Pushkara Dwipa* (Continente do Lótus Azul). Cada um dos outros seis continentes são nomeados assim: *Jambudwipa* (Terra dos Jambos), *Plakshadwipa* (Terra dos Figos), *Salmalidwuipa* (Terra do algodão), *Kushadwipa* (Terra dos Gramados), *Krauncha-dwipa* (Terra da Garça Real) e *Shakadwipa* (Terra das Árvores). O conjunto de *Dwipa* forma o *Bhur-Mandala* (o Círculo da Terra). Cada *Dwipa* é então descrito no Vishnu Purana a partir da sua geografia, relevo, hidrografia, fauna, flora e as características espirituais dos seus habitantes. Interessante que muito modernamente os geógrafos passaram a reconhecer seis continentes na Terra, mas não contando com um sétimo, que seria formado pelas ilhas do Pacífico como um todo, conforme a visão purânica. Um dado interessante é a descrição purânica daquilo que seria a atual Antártica como um continente verdejante e habitado. Sabe-se que a paisagem da Antártida sem o gelo seria semelhante ao que se têm hoje na Patagônia, ou na Nova Zelândia. Há discussões entre eruditos na Índia ainda sobre quais partes do mundo o Vishnu Purana se referiria. Todavia, vários estudiosos indianos têm proposto traduzir para a geografia moderna esta linguagem mitopoética dos antigos iniciados, mais ou menos concordando com a seguinte relação:

1. Kusha Dwipa são as terras insulares do Pacífico (subdividem-se em sete regiões, cercadas de mar).

2. Plaksha Dwipa seria a Antártida (que aparece sem gelo em mapas antigos, pois já teve vegetação verde e fauna, mas muito tempo atrás).

3. Jambu Dwipa – a Ásia, tendo como centro a Índia.

4. Krauncha Dwipa – a África, de enorme extensão, subdivide-se em sete.

5. Shaka Dwipa – a Europa, onde, diz o Visnhu Purana, parte de seus habitantes antigamente migrou para o oriente (migração ariana?), onde adoram o Sol e onde entidades divinas se apresentam debaixo de árvores sagradas (culto druida das árvores?).

6. Salmali Dwipa – Austrália, cercado pelo oceano.

7. Pushkara Dwipa – as Américas (para alguns indianos, a América do Sul, exclusivamente), são descritas resumidamente como uma terra ao longo da qual fica uma enorme cadeia de montanhas que perfaz um quase meio-círculo (Andes e Rochosas juntos, formando um semicírculo tectônico no Anel de Fogo, na costa americana do Pacífico), "onde as castas não contam, todos são iguais, não têm noção de pecado, não têm malícia nem crime, são inocentes e joviais e vivem muitos anos, não conhecem nem praticam qualquer ritual védico e não têm organização política, mas são profundamente espirituais, a terra é abundante e farta, e há um enorme oceano de água doce, o *Syaduka* (o Amazonas, ou algum outro grande lago ou rio?).

Por que o nome "Terra do Lótus Azul"? O lótus azul (*Pushkara*) é conhecido em toda a Índia, e difundiu-se em direção ao Ocidente, chegando até o Egito e Grécia. Na Odisseia, Homero relata que Ulisses comeu da flor-de-lótus azul e ficou "tranquilo". *Pushkara* é o nome sânscrito desta espécie de flor-de-lótus, uma ninfácea (a mesma família da vitória-régia amazônica, do aguapé e de diversas plantas aquáticas). É oriunda da Índia e venerada no Antigo Egito (onde era chamada *nefertem: néfer* = lótus + *tem* = azul, passando ao grego "nenúfar"). Na Índia e no Egito, a flor-de-lótus azul era considerada sagrada, imagem do Divino Feminino, e medicinal. Medicinal porque teria um efeito revigorante, rejuvenescedor, e sagrada porque, sob forma de uma poção com vinho, facilitaria o êxtase místico. Em doses altas, o extrato da planta é alucinógeno e afrodisíaco. O mito egípcio conta que no início dos tempos a Terra toda era um imenso lago-oceano-rio, o Nilo Primordial, somente água. E neste oceano primordial surgiu uma gigantesca lótus azul, que brotou no fundo, subiu e abriu-se ao Cosmos. Do interior da flor saiu uma criança, o deus Sol. Esta criança divina emanava luz, e a sua luz iluminou toda a escuridão de então e se fez dia. A flor-de-lótus é muitíssimo semelhante à flor da vitória-régia amazônica, espécie nativa daqui que também tem uma variedade azul lindíssima. A vitória-régia brasileira, que tem parentes aquáticos nos grandes rios da América do Norte, é chamada pelos índios de aguapé-açu e teria sido uma linda moça que foi transformada pela lua em flor aquática, porque ao contemplar a beleza da lua cheia entrou em estado de transe, caiu no rio e se afogou. A flor da vitória-régia é tão semelhante à flor de lótus que podem ser consideradas variações de um mesmo tema. Portanto, o nome sânscrito *Pushkara* pode ser uma metáfora para dizer que as Américas seriam a parte da Terra caracterizada por uma natureza capaz de produzir plantas de lótus curativas, rejuvenescedoras e também mágicas, místicas.

Um fato incrível é que não há equiparação no Velho Mundo, nem na África ou Oceania, em termos de variedade e abundância de espécies mágicas, curativas e alucinógenas da forma que existe nas florestas da América do Sul e Central, e, em segundo lugar, nas pradarias e florestas da América do Norte. Na verdade, não se trata apenas da abundância de espécies alucinógenas, mas na abundância de espécies, em geral. A vitalidade do solo americano – seja no norte, no centro ou, em especial, no sul – é tão exuberante que produz espécies de todo tipo, aos montes e exemplares gigantescos, como se pode ver na Amazônia. As tradições mágicas e medicinais indígenas das três Américas têm tamanha variedade de espécies medicinais, em especial as plantas psicoativas, que não se compara a de nenhum outro continente. Em geral, quase todas as espécies mágicas psicoativas da América do Norte são cactos, enquanto as da América do Sul são cipós ou plantas florescentes em geral. As Américas seriam o *Dwipa* que os antigos iniciados procurariam como uma grande farmácia de plantas medicinais e psicoativas. A ciência do homem branco já anteviu isto, a partir do século XIX, e foi da etnobotânica das Américas que saíram drogas como o curare, muitos anestésicos, sedativos, euforizantes, estupefacientes, e alucinógenos no mercado. Para os xamãs índios, em determinados casos, há pouca distinção entre cura e iniciação – quando se cura uma pessoa, de fato, ela se torna iniciada, e vice-versa, pois curar significa remover os empecilhos que obscureçam a consciência. A formação de um xamã é um processo de adoecimento sério, constituído de sofrimento, de visões, de experiências psíquicas dramáticas e com sintomas físicos, e que deverá ser curado. Ao ser curado, o doente se torna assim um xamã. Curar é também limpar. Em tupi kamayurá o processo de cura se diz "okutsinhók", que significa "limpar", "retirar camada de sujeira". Esta noção passou ao caboclo brasileiro, às práticas de pajelança e umbanda, onde se diz "fazer uma limpeza" do indivíduo adoentado.

3. Os Índios das Américas

Estima-se que quando os portugueses aqui chegaram, viviam no território brasileiro em torno de seis milhões de almas – o mesmo número, aproximadamente, da então população de Portugal. Desta população, em torno de mil etnias dividiam o território, falando mil línguas diferentes. Eram mil mitologias, mil culturas. Nas três Américas, como um todo, presume-se uma população de cinquenta milhões de índios, na época de Cristóvão Colombo. Os impérios asteca e inca eram especialmente populosos, com, respectivamente, vinte e cinco e doze milhões de pessoas, conforme estimativas. Portanto, apenas seis milhões de indígenas ocupavam o imenso e verdejante território que hoje é o Brasil. Havia enormes extensões de florestas, de uma riqueza descomunal de espécies, relativamente desabitadas por seres humanos e habitadas por onças, macacos, antas, pássaros diversos, tamanduás, quatis, cobras, etc., ou seja, por uma fauna exuberante.

Doenças trazidas pelos europeus, bem como o genocídio intencionalmente produzido pela força das armas, logo levou a um rápido declínio a população indígena nativa. Por exemplo, ainda no século XVI, numa missão de jesuítas na Bahia, residiam então quarenta mil índios já catequizados e destribalizados. Uma epidemia de varíola matou, em poucos meses, trinta e oito mil destes índios. No século XIX, era comum a argumentação do colonizador de que os índios seriam uma "raça" em extinção e, de qualquer forma, teriam desaparecido com o tempo, "espontaneamente". Assim, evidentemente, o europeu herdaria as terras dantes ocupadas pelos bárbaros. Muitos ocultistas com a cabeça do século XIX assim pensavam. Encontramos esta argumentação também entre os teósofos de Blavatsky e em Steiner, como europeus do século XIX que eram. Menos de duzentos anos após a chegada dos espanhóis e portugueses, a população indígena então foi reduzida para algo entre dez ou vinte por cento do original. Este declínio se manteve durante muitas décadas e séculos. Todavia, pesquisas demográficas recentes têm demonstrado que a população indígena está aumentando nas Américas, como um todo, e em especial no Brasil. Nos anos 1990 o Brasil tinha trezentos mil índios registrados – equivalentes à população de uma cidade pequena – em todo o território nacional. Passados vinte anos, temos agora em torno de um milhão de indígenas, sendo que a metade deles encontra-se nas cidades e a outra metade nas aldeias. Não se pode mais falar em extinção em massa. O europeu colonialista estava errado: o índio tem um papel importante no presente e no futuro das Américas, não é uma figura do passado. Não se pode mais dizer que o índio "era", que o índio "tinha", que o índio "fazia isto ou aquilo". Os índios estão aí, para interagir com a sociedade nacional, para nos ensinarem algo e para aprenderem algo, junto com outros grupos étnicos. As sociedades do século XIX tendem para uma multi-etnicidade, não só no Brasil, como no Velho Mundo. Em alguns países sul-americanos, como a Bolívia, a população de índios perfaz oitenta por cento das pessoas, sendo, inclusive, o presidente atual deste país um indígena. Outros países sul e meso americanos, como o México, a Guatemala, Honduras, Venezuela, Peru, Paraguai e Equador são países eminentemente indígenas. Outros países sul-americanos, como Argentina e Chile, foram ocidentalizados à custa de massacres terríveis de sua população indígena e é por isto que se assemelham culturalmente às sociedades europeias. O Brasil é um misto de regiões com escassa presença indígena, como as regiões sul e sudeste, e outras com intensa presença indígena, tais como as regiões norte e a centro-oeste e, algo menos, no nordeste. O biótipo nordestino brasileiro, dito popularmente "cabeça chata" (dolicocefalia) é herança indígena.

A genética dos índios das Américas

Como já visto no capítulo anterior, os índios não são um povo homogêneo, constituem um mosaico. Há imensas variações biotipológicas e culturais, demonstrando uma enorme movimentação de diferentes populações nas Américas pré-colombianas, ainda mais considerando as teses nada acadêmicas da Atlântida e dos contatos pré-colombianos, como tecemos aqui. Apesar das divergências acadêmicas, a pesquisa genética já comprovou em índios norte-americanos, além da herança predominante mongólico-asiática, também ascendência em povos da Europa (anterior a Colombo); enquanto em índios sul e meso-americanos é comprovada a ascendência ou parentesco também entre povos do extremo Oriente e, mais restritamente, da Polinésia. E isto tudo só vem corroborar as noção de uma complexa miscigenação pré-colombiana. Lendas nativas sobre visitantes vindos do mar não faltam, como já tratado aqui. E, para o índio, lenda é o mesmo que história.

Na genética atual se faz o mapeamento no tempo e no espaço das populações, através dos chamados haplogrupos de linhagem paterna (do cromossoma y, que só sexo masculino tem) e da linhagem materna (através do DNA das mitocôndrias, estruturas do interior das células). Assim, pode-se traçar uma relação temporal e de migrações dos povos, tanto se analisando quem foram os pais, os avós, os bisavós, via haplogrupos Y, assim como se pode rastrear a origem da mãe, da avó, da bisavó, da trisavó, etc., através do DNA mitocondrial. É assim, por exemplo que, ao se descobrir que somente indianos e ciganos possuem o haplogrupo mitocondrial H, e ninguém mais, a não ser indianos, concluiu-se que os ciganos são originários da Índia. Descobriram-se, nos diversos povos, vários haplogrupos que foram espalhados ao longo de tempo e dos continentes. Os haplogrupos paternos, de "Adão", do cromossoma Y, foram denominados por letras de A até o T. Já os haplogrupos de linhagem materna-mitocontrial, de "Eva", foram nomeados de A até Z (Oliveira, s/d).

O que a pesquisa genética comprova é que todos os índios das três Américas possuem um DNA materno derivado de apenas cinco dos haplogrupos genéticos, denominados A, B, C, D e X, respectivamente. Isto indica cinco linhagens genéticas distintas para os índios das Américas, que foram misturadas ao longo do tempo, em períodos distintos. Os haplogrupos A, C e D são comuns entre índios das Américas e povos mongolóides da Sibéria e Ásia. Isto indica que houve ondas migratórias de povos asiático-siberianos para as Américas, ou, outra possibilidade, ancestrais comuns entre índios e siberiano-asiáticos (o que remete à tese da Atlântida). Uma questão interessante é com o haplogrupo B. Ele é detectado nos índios do México, América Central e dos Andes no que seria um tempo recente, a partir de quinze mil anos atrás, ao contrário dos outros haplogrupos A, C e D, mais antigos. Ele é encontrado somente entre índios e em nativos do extremo Oriente, como chineses, japoneses, coreanos, norte da Índia e nativos do sul da Ásia; e não existe entre siberianos. Isto demonstra um parentesco, ou contato com miscigenação, há alguns milênios, entre índios e sul-asiáticos. Este fato genético vai ao encontro dos achados arqueológicos, nas Américas pré-colombianas, de peças em estilo oriental, tratadas no capítulo anterior. Deduz-se que chineses, japoneses e indianos não só estiveram na América, como se miscigenaram com a população ameríndia, alguns milênios antes de Colombo. Outro fato interessante: no final dos anos 1990, descobriu-se o haplogrupo X, somente entre índios da América do Norte, não entre outros índios.

A novidade é que só se encontra este haplogrupo X exclusivamente em pessoas da Europa e, em especial, da Europa Ocidental Mediterrânea e Oriente Médio (fenícios?), e Península Ibérica. Este haplogrupo X já estava presente na América antes de Colombo. Alguns explicam o fato pela teoria de ter havido uma migração europeu-mediterrânea na América antes de Colombo. Outros acreditam numa origem comum mais antiga entre ancestrais dos índios das Américas e os antigos eurasianos. Concluindo: o mapeamento genético parece indicar migrações ou pelo menos contato com eventual miscigenação de povos nativos americanos com povos do Oriente e da Europa – ou ancestrais comuns com estes – já há alguns milênios, e algo que teria ocorrido em vários episódios distintos. Os mesmos quatro haplogrupos A, B, C, D dos índios norte-americanos são também encontrados entre índios da América do Sul.

Pela linguística também se podem rastrear ligações insólitas, como por exemplo, na língua da etnia trumai dos índios do Xingu, a palavra "missu" significa "água"; e a mesma palavra "mizu", em japonês, significa "água". Segundo um relato do falecido indigenista Orlando Villas Bôas (Villas Bôas, 2000), especialistas japoneses em linguística comparada já teriam vindo ao Xingu para tentar entender como isto é possível. Será que os ancestrais dos trumai xinguanos tiveram contato com navegantes japoneses que teriam vindo via Pacífico, em épocas pré-colombianas? Como vimos, ocorreram achados arqueológicos na América Central que sugerem este fato. Ou será que os trumai descendem de um ancestral atlante comum aos japoneses? Todavia, somente a língua trumai guarda pontos em comum com o idioma japonês, e não outras línguas indígenas.

Portanto, os geneticistas têm comprovado tais parentescos genéticos entre índios e povos da Sibéria e da Ásia. Assim, deduz-se que os índios tiveram ancestrais vindos da Sibéria e da Ásia. Mas, de onde vieram os nativos da Sibéria e da Ásia? E se houve uma população pré-mongólica antiga que tanto originou os índios quanto os mongóis da Ásia? Hoje se sabe que os mais antigos ancestrais dos atuais mongolóides não exibiam traços físicos mongolóides. Ou seja, índios e asiáticos teriam se tornado mongolóides paralelamente, pela chamada evolução convergente. Outra questão surge se considerarmos que algum povo navegante asiático, em tempo mais recente, possa ter se miscigenado com indígenas. As duas linhas de raciocínio, em todo caso, não se excluem. Orientais podem ter vindo visitar "parentes distantes" que migraram para as Américas em tempos remotos.

Moça esquimó do povo Inuit, Alasca, traços mongólicos evidentes.
(fonte da imagem: http://en.wikipedia.org/wiki/Inuit)

Podemos ver, por outro lado, em muitos índios norte-americanos traços muito pouco mongólicos, lembrando muito um biótipo caucásico europeu. Também se descobriram nos Estados Unidos crânios de prováveis visitantes pré-colombianos, de biótipo caucasiano-semita e que provavelmente teriam se miscigenado com nativos americanos. É o caso do chamado "homem de Kennewick" o branco-semita americano. Trata-se de um esqueleto datado em dez mil anos, de características totalmente semelhantes às de um homem branco, mais especificamente às de um semita. Isto vai ao encontro do haplogrupo X – uma conexão genética entre caucasóides semitas do Velho Mundo e nativos americanos. Uma hipótese nada acadêmica: teria havido uma origem comum, de um ancestral atlante, o chamado povo proto-semita (uma das sete "raças" atlantes), gerando descendentes orientais semitas e linhagens entre nativos americanos. Também remete a outra possível hipótese (que não exclui a anterior): navegantes semitas podem ter estado na América em tempos pré-colombianos e deixaram descendentes mestiços entre eles e os indígenas. Esta genética europeia é especialmente positiva entre os índios norte-americanos da nação algonkin (como os ojibwa), os sioux e os navajos, como demonstrou a pesquisa moderna.

Os índios das Américas

A pesquisa arqueológica rastreou também biótipos negróides, mas em populações indígenas da América do Sul, do Brasil até a região da Patagônia, no Chile. Num capítulo à frente, veremos o caso das cabeças de pedra dos extintos índios olmecas, no México, que têm um biótipo claramente negróide. Há relatos de índios descritos com aparência negróide, como aborígenes australianos, exterminados pelos espanhóis, no México. Em Minas Gerais, arqueólogos encontraram um crânio feminino, com evidentes traços negróides, com datação estimada de milhares de anos atrás (Era Atlante, em nossa linguagem). Um destes crânios é a famosa "Luzia" dos arqueólogos. Tudo indica que povos nativos negróides viviam aqui na América do Sul, e não na América do Norte, muito antes do aparecimento dos índios mongolóides clássicos. Isto demonstra uma ligação antiga entre América do Sul, Austrália e África.

Já foi citado nesta obra o caso de pesquisas genéticas recentes que indicaram que há também um parentesco entre alguns índios do Brasil, não todos, e povos da Polinésia, no Oceano Pacífico. Índios da América do Norte não revelaram esta bagagem polinésia. Crânios de índios botocudos (antigos aimorés do sudeste do Brasil), há muito falecidos, foram analisados, no Museu Nacional do Rio de Janeiro. Verificou-se que havia um parentesco genético parcial entre os botocudos e povos da Polinésia. Do mesmo modo, vimos que os índios mapuche, cujo território inclui Argentina, Chile e algumas ilhas do Pacífico, detêm características físicas idênticas às de polinésios. Teriam os botocudos ancestrais mapuche ou ancestrais polinésios, propriamente?

Sendo assim, teríamos uma origem e conformação genética distinta entre os índios sul-americanos e os índios norte-americanos. As lacunas na história das origens do homem são muitas e ainda persistirão por muito tempo, independentemente dos avanços das ciências ou do ocultismo.

Índios da América do Norte

Há diferenças enormes entre os grupos indígenas da América do Norte e os da América do Sul, como visto acima. Além da genética humana, a geografia, a climatologia e a ecologia entre estas regiões são distintas. Também por isto, os povos são distintos, pois construíram culturas adaptadas a cada ambiente. Uma importante distinção é a de natureza anímica[7]. A alma indígena sul-americana é distinta da alma indígena norte-americana. Além disto, a alma indígena brasileira, da floresta, é diferente da alma indígena andina, das montanhas. Estas diferenças decorreriam também por conta dos determinismos antropogeográficos, outra tese na qual nos fundamentamos aqui. A dinâmica geográfica na qual se inseriram os diversos povos indígenas – ou nas planícies, ou em densas florestas, ou em altiplanos montanhosos, ou em climas temperados, ou em climas tropicais – além de migrações e miscigenações, determinaram grandes diferenças anímicas e também morfológicas nestes povos. Assim, o índio norte-americano, genericamente, tem um porte altivo e é um guerreiro ousado, é um caçador de búfalos carnívoro; enquanto o índio brasileiro, genericamente, mais onívoro e alguns semivegetarianos, tende a ser mais tímido, relativamente mais passivo. O índio norte-americano, em grande parte, descende de nômades caçadores de animais de grande porte, de comedores de carne de búfalo. O índio dos altiplanos andinos descende de sedentários agricultores de tomate, de batata e de milho. O índio das florestas brasileiras descende de seminômades coletores e de pescadores e agricultores de mandioca e de milho. Em relação ao índio brasileiro, o índio dos Andes é mais introspectivo, melancólico e recolhido em função da sua vida áspera, da altitude, do isolamento e do frio. Geneticamente, é mais homogêneo e aparentado aos índios da América Central. O índio andino resulta de um grande império que unificou povos diversos e depois naufragou na conquista espanhola: o império inca. O índio brasileiro, como o norte-americano, é, geneticamente, mais heterogêneo que o andino. É formado por diversas populações distintas que não guardam unidade cultural entre si. Teremos que generalizar aqui, às vezes, para, desta forma, compreender certos fatos.

Trato aqui, um tanto brevemente, o índio norte-americano com o objetivo de melhor entender, por comparação, o índio sul-americano, que é o nosso parente próximo. Os índios norte-americanos desenvolveram-se como caçadores nômades, hábeis tanto em territórios planos e secos, presentes no interior e no oeste americano, quanto em aldeias provisórias em florestas densas nos EUA, no Canadá, até o Alasca. Algumas etnias indígenas norte-americanas desenvolveram escrita pictográfica (como os ojibwa) e arquitetura em alvenaria e mesmo em pedra, semelhante ao que fizeram os maias e astecas. Incluo aqui maias e astecas entre os índios norte-americanos, porque pertencem ao hemisfério norte, ao pólo masculino, diferentes dos sul-americanos – como os andinos, os mapuches ou os tupi e guarani –, que pertencem todos ao hemisfério sul, ao pólo feminino.

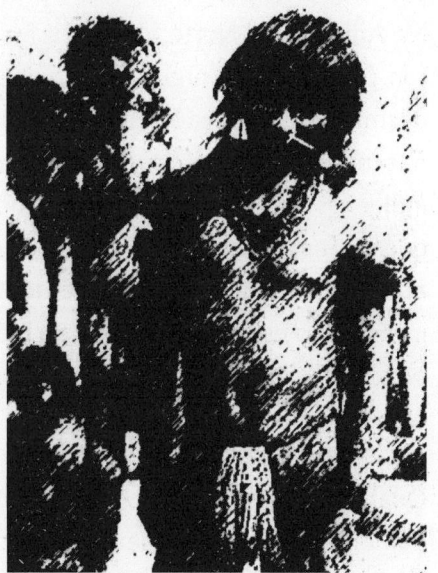

Índio dos EUA em típica postura altiva.   Índio brasileiro descontraído.

O biótipo do índio norte-americano, bem como a sua atitude anímica, diferem em muitos aspectos dos índios sul-americanos. Temos aqui a dualidade masculino-norte x feminino-sul, já mencionada. Não se trata de um critério de valor, mas de uma distinção de posturas. Um exemplo tirado da história: Com apenas cento e sessenta homens, Francisco Pizarro destruiu o exército inca de quatro mil homens e, por fim, destruiu todo o império inca. Também no Brasil, poucos soldados portugueses eram suficientes para dizimar uma aldeia indígena inteira. Isto foi possível na América do Sul, devido à índole mais passiva do indígena daqui (apesar de exceções, como os guaicuru de Mato Grosso, guerreiros temidos pelos portugueses). Havia tribos guerreiras sul-americanas, mas não eram páreo para o colonizador europeu. E isto é um fato. Não foi o mesmo entre os astecas, no hemisfério norte. Foi o oposto. Os espanhóis de Pizarro consumiram meses ou anos em matanças, em batalhas que muitas vezes perderam, tendo de usar o recurso dos canhões, armas pesadas e apoio de outros nativos aliados, para derrotarem os astecas renitentes. Também a varíola, trazida pelos espanhóis, acabou sendo aliada dos mesmos, ajudando a dizimar populações inteiras de nativos de modo mais eficiente do que os canhões. Na América do Norte, os sucessivos exércitos do governo de Washington pagaram alto preço em vidas e em armamentos para conseguirem desmantelar a resistência indígena, tendo sofrido derrotas vergonhosas nas mãos dos sioux, cheyennes, comanches, apaches e de outros grupos indígenas "peles vermelhas", célebres por sua perícia em estratégias de guerra, tanto nas defesas quanto nos ataques ousados. Esta dicotomia de atitudes, a relativa passividade do índio sul-americano diante do branco invasor, e o espírito aguerrido do índio norte e meso-americanos, são expressões, entre outras possíveis, do que aqui nesta obra é denominado, respectivamente, por "feminilidade" e "masculinidade" dos hemisférios.

Quanto aos indígenas da América do Norte, os muitos biótipos diferentes demonstram uma complexa dinâmica de formação e de ocupação pré-colombiana, além de contatos esporádicos com o Velho Mundo e com a Ásia, como já vimos aqui. Como se caracteriza a alma do índio da América do Norte? É um tipo mais introspectivo, mais "saturnino", no linguajar oculto de Rudolf Steiner. Só fala o necessário. Mas, este tipo calado é capaz de guerrear como ninguém. Numa extrema generalização, podemos sintetizar que estes povos do norte acreditam, acima de tudo, na sacralidade da Mãe Terra, que gera, nutre e dá repouso e cura a todos os seres. Ao lado da Mãe Terra, está o Pai, o Grande Espírito (*Manitu*, para os algonkins; *Wakantaka*, para os sioux, ou *Maheo*, para os cheyenne) que costuma aparecer nos mitos indígenas sob formas diversas, como de um Búfalo, embora possa ser concebido sem forma alguma. Segundo Rudolf Steiner, esta concepção norte-ameríndia do "Grande Espírito" seria uma herança remota atlante (Steiner, 1916) e faria par com uma concepção mongol-asiática idêntica que, ainda segundo Steiner, seria praticada até a época de Gengis Khan. Esta afirmação de Steiner pode proceder, considerando as já mencionadas e comprovadas raízes comuns entre índios americanos e povos asiáticos. A noção do "Grande Espírito", um monismo, estaria presente entre os maias, algo modificada, no culto de Tlaloc, conforme Steiner, embora Tlaloc não seja um deus único, mas um dentre outros. E o nome maia "Tlaloc" lembraria o nome divino pronunciado na Atlântida, que seria "Tao" – palavra que tem similar na China, no taoísmo.

Além disto, para o índio norte-americano, a natureza é habitada por uma infinidade de espíritos, dos mais diversos tipos. Daí, pode-se dizer que praticam uma *nature religion*. Acreditam que o cosmo já foi criado, destruído e recriado diversas vezes, e atualmente constitui-se de vários planos, um sobre o outro, e que são conhecidos pelo xamã tribal, uma figura central na espiritualidade indígena das três Américas. O xamã entra em transe, sai do corpo físico, e percorre, em corpo astral, os vários mundos visíveis e invisíveis. E alguns povos indígenas da América do Norte acreditam que o ser humano tenha duas, três, às vezes quatro almas (também como muitos índios do sul pensam) – na verdade, três ou quatro *corpos* – pois para os índios é estranho que o branco pense que temos um corpo e uma alma ou espírito incorpóreos. Ou seja, para diversas cosmologias indígenas, das três Américas, tanto a alma quanto o espírito são corpos, são corpóreos e, portanto, só temos corpos, além do corpo visível, outros corpos, de mais um a diversos outros corpos, todos invisíveis. Há pelo menos um corpo sutil que só entra em atividade quando o ser humano dorme, chamado, às vezes, de "corpo dos sonhos". E este modo de ver lembra muito o oriental, principalmente hindu, que fala dos *sharira*, ou *sthula*, ou *rupa*, palavras em sânscrito que significam "corpo", "vestimenta" ou "forma".

E quando falamos, na antroposofia, assim como na teosofia, em "corpo físico", "corpo etérico", "corpo astral" ou "corpo do Eu" (raramente usado entre antropósofos, mas é aceitável), estamos nos alinhando com este modo de ver indígena-hindu.

Então, para diversas etnias nativas norte-americanas, temos quatro corpos, além do físico. Para os mandan, por exemplo, acima do corpo visível, o ser humano teria quatro almas-corpos, uma menos física, ligada à terra natal, que é adquirida quando nascemos e devolvida, quando morremos, à Mãe Terra. E teríamos mais outras três almas-corpos que pertencem ao vento, aos pássaros e às estrelas, respectivamente. É semelhante à visão dos índios guarani daqui da América do Sul, uma das mais detalhadas neste ponto dos corpos-almas. Os xamãs norte-americanos achavam importante que a distinção entre estes corpos fosse vivida e compreendida, e isto não podia ser compreendido intelectualmente, nem descritivamente, mas por experiência. Eles eram, ou ainda são (?), educados a pensar que um homem não é um corpo físico, mas um arranjo de vários corpos um acoplado ao outro, sendo um deles imortal. E daí é que vinha a coragem diante da morte e da dor física que o branco invasor não compreendia nos índios. A coragem diante da morte em batalha, ou diante do sofrimento, advinha do fato de que o índio compreende que ele é imortal. Matar o seu corpo, ou mutilá-lo, não é atingi-lo em seu cerne. Muitos grupos indígenas do norte, como os ojibwa, acreditam em alguma forma de reencarnação. Este senso de imortalidade, de que a pessoa continua mesmo depois de morto num dos corpos, é praticamente universal entre os índios das três Américas. Mas o índio não suporta, em qualquer hemisfério, o sofrimento decorrido de separá-lo de sua cultura e de sua terra, porque ele se sente parte delas, e isto é matá-lo. E a isto ele teme.

No hemisfério norte – Américas do Norte e Central – a experiência da realidade dos corpos-alma e da imortalidade do eu era vivenciada através de ritos "fortes", que envolviam a coragem e a determinação de se suportar a dor, e a ingestão de beberagens extraídas de cactos ou de cogumelos enteógenos, tais como o cacto peyote e o cogumelo psylocibe. Estas plantas determinam um estado de introspecção com visões, audições e "viagens" interiores. Esta interiorização, ou "viagem para dentro", é predominante entre os povos indígenas norte-americanos. Analisemos a seguir algumas destas plantas mágicas e a viagem iniciática.

Peyote, o cacto mágico

A partir do território do atual México e da América Central, foi subindo América do Norte acima, rumo a praticamente todos os territórios indígenas dos EUA, e também sul do Canadá, o hábito de se praticar rituais com uma planta que um europeu pagão daria tudo para obter, uma planta mágica e ao mesmo tempo medicinal. Uma planta mágico-medicinal dada pela Mãe Terra que, na verdade, conforme os mitos indígenas, era originalmente uma entidade espiritual que se sacrificou e veio a existir sob a forma de planta. A magia em torno desta planta foi romanceada, nos anos 1970, nas obras do antropólogo Carlos Castañeda, que teria sido iniciado por um xamã no México.

O peyote é um cacto que se assemelha a uma pequena abóbora, de cor esverdeada, de raiz grossa e cônica, desenvolvendo uma flor rosada belíssima. Quando esta planta mágica é ingerida – o sabor é ruim –, num rito complexo, a pessoa fica sob efeito do seu alcalóide, a mescalina. Ela então tem alterada a dinâmica anímica (ou seja, dos "corpos", conforme a linguagem do ocultismo e dos índios). A pessoa sofre a experiência que é ao mesmo tempo prazerosa e terrivelmente dramática de caotização das percepções – uma experiência, de fato, iniciática. A pessoa entra num estado meditativo, de interiorização, rico de visões e de sensações. As percepções de egoidade, de corporalidade, de espaço e de tempo se alteram. Real e irreal, sonho ou vigília, sensorial ou suprassensorial se confundem. O mundo de luz e das cores se intensifica enormemente. Uma "viagem" se manifesta. E assim a pessoa percebe sua ligação com a Terra, através do seu corpo-duplo ligado à terra, a sua ligação com seus ancestrais e com os espíritos, e a sua ligação com o Cosmo inteiro e com o Grande Espírito. A desintegração da dinâmica normal dos corpos e da dita realidade, que a isto se vincula, é então realizada pela planta, de modo intenso e radical. É como um estado de loucura ou de aumento de lucidez até um grau de loucura.

Entre diversos grupos indígenas norte-americanos nem sempre se usava esta mesma planta, mas outras ervas equivalentes, em geral da família dos cactos. Havia também ritos iniciáticos que nos pareceriam terríveis e todo jovem, até certa idade, deveria passar por alguns deles, pelo menos os comuns: um deles consistia em dependurar o jovem em ganchos pela pele das costas, após um jejum de quatro dias, e depois decepar o seu dedo mindinho com um machado. Ele teria então a experiência da desintregração de seus corpos-almas e a certeza de sua identidade como parte de *Wakanda*, e como parte da Mãe Terra, dos ancestrais e do solo sagrado, experiência mediada pelo peyote.

Peyote, *Lophophora williamsii*.
http://www.psychonaut.com/blog/30516-disneys-fantasia-mescaline-inspired.html

Arqueólogos encontraram sinais do uso do peyote em inscrições no deserto do Arizona e no México em datas superiores a três mil a.C. Etnias diversas usavam e ainda usam o peyote, tais como apaches, comanches, kiowas, sioux, navajos, os huichol mexicanos (de ascendência asteca) e outros grupos do México e EUA. É considerada a planta mais poderosa do mundo em termos "alucinogênicos". Para um xamã, não são alucinações o que a planta produz, mas a libertação na tela mental de imagens ocultas ancestrais que o Ser Peyote, uma entidade em si, mostra. Podemos imaginar uma comunidade de galeses (ou seja, celtas de religião druídica) ou de hereges à conversão católica medieval, fugindo para uma comunidade indígena na América em busca de uma vida espiritual livre e viva. Havia também a crença, entre europeus, de que as Américas seriam o Jardim do Éden perdido. Estes europeus antigos compreenderiam perfeitamente o imaginário de um índio, pois, diferentes do homem branco catolicizado, ou do moderno, ainda não tinham perdido o élan mágico celta que formou o substrato do espírito europeu antigo. Este élan mágico foi totalmente reprimido até ser sufocado pela conversão ao catolicismo e depois pelo racionalismo moderno, gerando uma mentalidade cerebral chamada de cristandade moderno-ocidental. A busca por um retorno a esta magia celta antiga por meio dos recursos iniciáticos ameríndios pode ser algo mais antigo do que se supõe. A planta mágica só crescia aqui, não seria possível levá-la para a Europa, a não ser como extrato seco para uso temporário.

Cogumelos sagrados

O *amanita muscaria* é um cogumelo encontrado tanto no Velho quanto no Novo Mundo, sendo um dos principais ingredientes de beberagens xamânicas, por seu poder enteógeno, em culturas as mais diversas tais como as indígenas norte-americanas, as dos xamãs siberianos, a dos druidas celtas, entre os gregos e até na Índia. A hipótese atual de sua origem seria a região de Bering, entre América do Norte e Sibéria, na época atlante. Seria uma planta atlante? Dali, o cogumelo se espalhou para o Novo e para o Velho Mundo. Não em busca desta planta mágica viajariam os europeus até a América – eles a tinham, mas certamente viajariam em busca de um cogumelo ainda mais poderoso do que este e que jamais se aclimatou ao solo europeu, o *psilocybe sp*, de efeito dez vezes maior do que o *amanita*.

Para obter o cogumelo mágico *psilocybe*, considerado muito sagrado pelos índios do sul dos EUA e conhecido pelos astecas, maias e índios da meso-américa, só mesmo vindo buscá-lo de navio, atravessando o Atlântico. Este tipo de experiência iniciática, originalmente parte de tradições espirituais antiquíssimas, foi apropriada pelos grupos hippies dos anos sessenta-setenta do século XX, geralmente sem a mesma conotação espiritual ou, às vezes, como parte de uma busca da cultura "alternativa" por algum Todo espiritual não muito bem definido.

Amanita muscaria   *Psilocybe mexicana*
http://curthendrix.wordpress.com/2010/03/09/alice-in-wonderland-lewis-carolls-imagination-or-mushrooms/

Agora, o oposto, na América do Sul

O peyote e o psylocibe são plantas mágicas do deserto, que crescem em lugares secos, ermos, áridos, quentes de dia, gelados de noite, com pouca chuva. Ao contrário, aqui na América do Sul a "rainha das plantas mágicas" é uma que só cresce na floresta equatorial e tropical, na abundância de chuvas, de matas verdes e de formas de vida animal que a polinizam, na verdade é um gigantesco cipó: o *yagé* ou *ayahuasca*.

O cipó *Banisteriopsis caapi*, o Yagé ou *Ayahuasca*.
http://www.taringa.net/posts/info/16609493/
Estas-son-las-drogas-que-no-te-chamuyen.html

O peyote induz a um estado introspectivo, no qual o xamã permanece horas a fio na mesma posição, parado, vivenciando a desintregração de suas almas-corpos e, ao mesmo tempo, sua conexão com as coisas e seres. É uma experiência "para dentro", ou seja, "apolínea". O yagé, ao contrário, induz a uma experiência dionísica extática, um ê*xtase*, de cores, sons e formas, no qual o xamã tem vontade de dançar, cantar, vomitar, correr, pular, saltar, rir, gritar, voar, ele é dilacerado, desarticulado e lançado para fora de si mesmo. Os indígenas desana, citados alhures sobre a questão do *duplo*, utilizam o yagé para vivenciarem estas suas conexões entre seus corpos, os seres da natureza e os *mahsé* (espíritos). As duas plantas – peyote, lá, e ayahuasca, aqui –, são utilizadas para ritos iniciatórios, assim como para reverenciar os mortos, curar doenças, comunicar-se com os espíritos das plantas e dos animais e pedir alguma coisa, apelar aos espíritos que regem a chuva, etc. Da mesma forma que o índio norte-americano, o pajé sul-americano afirma que o que vê e ouve não é o que o caraíba (o branco) chama de "alucinação", mas são entidades reais que se revelam como são, uma vez que a planta mágica separa os corpos, abre as almas, desfaz a racionalidade normal e libera a visão até então inconsciente, como diria

Jung. Os neuro-farmacólogos não conseguem explicar como é possível que diferentes indivíduos que experimentam a planta, inclusive brancos, vejam a mesma coisa, infalivelmente jaguares e cobras. A droga talvez ative as mesmas áreas cerebrais primárias em diferentes pessoas, cogita-se. Em minha experiência de pesquisa de campo, com ayahuasca, lembro-me de ter vivenciado algo, como num sonho nítido, a certeza de que havia um jaguar vivendo dentro do meu abdômen e querendo sair e a também certeza de que algumas raízes e sombras na mata do entorno seriam, na verdade, espíritos-serpentes. Gotas de sangue em minhas mãos, que subitamente tornavam-se gotas de suor, vozes saíam das paredes, e a cisão interior entre um eu que analisava e um eu analisado e um corpo físico que não me pertencia e sobre o qual eu mal tinha controle – ele se controlava a si próprio.

Atualmente, o uso do yagé ou ayahuasca tornou-se mais uma religião cristianizada, praticada por caboclos e por brancos urbanos, muito mal compreendida pelo espírito racional moderno, mas que seria muito bem compreendida pelos antigos pagãos. Devemos ter uma profunda compreensão do que significa este tipo de religiosidade nativa do transe induzido pela planta mágica, que assim é resgatada em nossa cultura moderna sul-americana. Voltamos a esta questão, especificamente, no último capítulo.

A espiritualidade dos indígenas brasileiros

Algumas crenças dos nossos indígenas são muito semelhantes às dos nativos da América do Norte. Aqui também se pode encontrar um "Grande Espírito", por exemplo, na figura do *Mawutsin*, em língua Tupi-Kamayurá, ou *Kuatunge*, em língua Caribe-Kuikuro – termos que evocam uma divindade criadora onipresente. O guarani tem o seu *Nhanderu* (Nosso Pai), que com certeza é pré-catequese jesuítica. Como entre os primos da América do Norte, o mundo do indígena daqui é um mundo mágico, habitado por espíritos elementais (ou seja, espíritos ligados aos elementos naturais), sendo o nosso mundo vizinho de outros mundos, habitados pelas almas dos mortos (os ancestrais) e por outros tipos de espíritos. Toda a natureza é animada, sendo lugares, animais e plantas representantes de inteligências espirituais com as quais se pode interagir. O ser humano é um ente dotado de vários corpos, ou almas, que se deslocam durante o sono ou sobrevivem à morte do corpo físico. Reencarnação não é uma crença muito claramente anunciada, a não ser entre alguns grupos guaranis. O pajé é o intermediário entre o mundo mágico dos espíritos e o mundo concreto. O pajé aqui é tão importante quanto o xamã, lá. Mas há algumas características locais distintas. O indígena brasileiro, em geral, é fortemente propenso à atitude religiosa, sendo tão fácil a sua conversão, quanto a sua desconversão em qualquer credo. Sua religiosidade original, todavia, não tem nome, não é uma "religião" (esta invenção do branco, destinada a suprir sua carência espiritual cotidiana). O índio vive a espiritualidade em tudo, constantemente, na sua rotina diária, na pescaria, na caça, no ato de se alimentar, na construção da oca, nas suas danças e cânticos, nos seus ritos de cura, nos seus sonhos a cada noite, etc. Os padres jesuítas, na época da colonização, já haviam observado esta propensão da alma indígena à interação com os valores espirituais, quaisquer que sejam. E usaram esta propensão no processo de catequese. A explicação do mundo, para o índio, é a explicação mítica, a narrativa do *mythos*. O mito não é uma explicação ingênua ou falsa, mas uma linguagem complexa e carregada de imagens, que fala verdades profundas e apela diretamente à sabedoria do inconsciente, como observaram mitólogos como Jung, Mircea Eliade e Joseph Campbell. É a linguagem primordial dos homens, falada antes que fosse erguida a torre de Babel, que isolou uma cultura de outra.

Quando as nossas antepassadas mães indígenas foram estupradas por portugueses geraram o biótipo mameluco – nas origens, um ser perdido, nem índio, nem branco, nem nativo, nem europeu. Mas, o mameluco adotou a língua e o modo imaginativo de pensar da sua mãe indígena. O mameluco não se tornou um doutor do reino, nem um cidadão alfabetizado da coroa lusitana, se tornou, antes, um homem do mato. E daí surgiu o folclore brasileiro, com suas imaginações fantásticas, tais como as yaras ou mães d'água, os curupiras, os boitatás, os aruanãs, e toda a sorte de imagens, de crenças, de valores e de sabedoria medicinal indígena metamorfoseada na cultura caipira do mestiço. Algumas formas de religiosidade brasileira, principalmente oriundas da região norte e centro-oeste, são fortemente marcadas pela alma indígena e pela figura do pajé como curandeiro e intermediário entre os viventes e os espíritos. Muitas ervas medicinais, "garrafadas" e práticas populares de cura, ou culinárias, tem sua origem na cultura indígena sul-americana. Em suma, o nosso índio tem uma forte propensão religiosa, e todas as formas e expressões espirituais despertam o seu interesse. Esta seria uma herança que o brasileiro deve ao nosso ancestral indígena: o pendor religioso e relativamente tolerante, em termos de convívio entre diferentes crenças.

O código secreto do povo guarani: Ayvu Rapyta

Talvez melhor do que outros povos daqui, o povo guarani (do tronco linguístico tupi) guardou a memória de uma velha tradição iniciática, sob a forma de um corpo de conhecimento oral chamado *Ayvu Rapyta* (a sabedoria falada). Esta tradição era secreta, somente reservada em sua integridade aos pajés, os quais a repassavam de memória de geração a geração. Nos anos 1950, o antropólogo Leon Cadogan conseguiu convencer alguns pajés do Paraguai a revelar-lhe o conteúdo da tradição sagrada guarani. Em resumo, o então "livro" *Ayvu Rapyta* diz o seguinte: "O Criador (Pai Namandu), através da fala (*ayvu*, termo guarani que também significa "sopro" ou "espírito", como o *Lógos* grego), fez surgir o mundo sensível. Ele imprimiu sua essência-fala aos seres criados da névoa e do fogo primordial – e assim, todos nós, tupis, somos co-essenciais ao Ser primordial falante, dotados do *ayvu* como Ele e, por isto, eternos". A gesta guarani da criação é muito longa e complexa, mas resumidamente, diz que o Pai Uno então criou seus dois filhos gêmeos, o Sol (*Kwara*) e a Lua (*Yaci*), como dois princípios opostos e complementares, masculino e feminino cósmicos, dos quais o homem (*acuamaé*) e a mulher (*cunhã*) são a imagem. O ser humano reúne então um ternário cósmico em si mesmo:

1. um corpo físico feito de uma parte terrestre viva, oriunda da matéria terrestre primordial (*yvi tenondé*) – também uma emanação de Namandu;

2. uma alma animal, o *neên* (que o permite se comunicar com os seres animais, que num passado distante foram humanos, ou seja, parentes nossos);

3. um cerne espiritual diretamente descendente de Namandu, o *ayvu*.

O ser humano desce dos sucessivos céus espirituais (em língua tupi-kamayurá, são os *mamaearetam* – semelhantes às "esferas" do ocultismo do Velho Mundo) e aqui na terra ele se reveste de quatro elementos, pois quatro é o número da terra e a sua imagem é o Curuçá (a cruz), que são as essências cósmicas "Karaí ru eté" (o ser Fogo verdadeiro), "Tupã ru eté" (o ser das águas verdadeiro), "Nhandecy ru eté" (a nossa mãe terra verdadeira) e "Jakairá ru eté" (o ser de bruma, de ar, verdadeiro). Destas quatro essências, cada uma delas ligada aos quatro pontos cardeais, formam-se quatro tipos de seres humanos, ou quatro tribos, ou quatro temperamentos. O mundo é uma luta entre o espírito da ordem (Nanderu) e o espírito do caos (cuja imagem é o Jaguar Azul, *Jaguarovy*). Uma vez o Jaguar Azul se soltou e veio até a humanidade e quase destruiu tudo. Nenhum guerreiro podia vencê-lo, todos foram derrotados. Somente um menino, um curumi, com a sua inocência divina, pôde dominar o Jaguar Azul. Esta fera então foi aprisionada por Nanderu e atualmente dorme debaixo da sua rede. O *Ayvu* também fala de dilúvios e de destruições e recriações do mundo. Porém, futuramente, um dia Nanderu vai soltar novamente o Jaguar Azul, que virá desafiar os homens. Então, o céu vai cair sobre as nossas cabeças (semelhante ao *Ragnarok* da mitologia escandinava). A única forma de tentar evitar isto é cantar os cânticos sagrados porque, enquanto canta, o ser humano se torna leve e translúcido, as essências mais pesadas se dissipam e então ele cria uma leveza que impede a vinda do Jaguar Azul. Outra questão essencial para o ser humano na terra é o desafio de encontrar a Terra Sem Mal (*Iwy marã ey*), um estado-lugar onde não há o mal, uma condição de redenção onde não haverá mais dor. Lá também o ser humano deverá reencontrar Nanderu e a sua essência divina. Esta condição-lugar ninguém sabe onde fica. Por isto há que se andar pelo mundo, aqui e ali, pois justamente o mundo é o caminho para a Terra Sem Mal, há que se passar por aqui. A concepção de uma Terra Sem Mal lembra muito, no budismo, a de uma Terra Pura ou de Terra de Padmasambhava tibetana, onde o espírito perfeito de Buddha, presente no interior de cada criatura (todos somos Buddhas em potencial, conforme o budismo mahayana), cria uma realidade de bondade e de paz, que caracteriza a espiritualidade harmônica imanente e presente por trás do mundo comum cotidiano. Por trás do mundo ruim, há um mundo bom, a ser conectado mediante um trabalho interior. E, por isto, o povo guarani está sempre andando, mudando de lugar em lugar, procurando, e também cantando, em busca da Terra sem Mal. A tradição do *Ayvu Rapyta* é cheia de imagens esotéricas, tais como:

> "Sete é o número do firmamento;
> O firmamento repousa sobre sete colunas:
> As colunas são bastões-ingígnias.
> O firmamento que transborda os ventos,
> Nosso pai o empurra para seu lugar.
> Sobre três colunas, ele o firmou inicialmente,
> Mas o firmamento ainda se move:
> Também ele o apoia sobre quatro bastões-insígnias.
> Ele encontra então seu lugar e pára de mover-se."
>
> (*Ayvu Rapyta* In: Clastres, Pierre, 1990)

A sabedoria social do índio: Mutirão ou *ayni*

Dentro de uma aldeia, o índio não trabalha para si, trabalha em prol do seu grupo, de forma associativa, cooperativa. Não porque algum índio tenha escrito algum tratado com proposta de harmonia social, mas, através de um longo processo de aprendizado de sobrevivência, ele aprendeu que cooperar dá mais chance à existência do que competir. Colaborar com meu vizinho, trocar favores, um indivíduo ajudando o outro, facilita a vida, equaciona problemas. Numa aldeia, onde todos se conhecem e são meio-parentes ou parentes de fato, isto se torna possível. Mais difícil realizar isto numa grande cidade onde ninguém é conhecido de ninguém e todos desconfiam de todos. Em língua tupi, este senso de cooperação social se chama *mutirõ* e equivale à prática dos índios dos Andes, denominada *ayni*. Como a cultura indígena em geral é mais simples e gregária, constituída por espaços compartilhados onde se vive um estilo simples de vida, há menos afazeres numa comunidade indígena do que numa cidade de brancos. Além disto, o índio vivia na Mata Atlântica brasileira tirando dela tudo que precisava sem nenhuma dificuldade. Havia abundância de água, de peixes, de caça, de terra disponível para as roças de milho e de mandioca, num verdadeiro Jardim do Éden. A vida do índio era, num passado pré-cabraliano, farta, folgada e sossegada. Esta fartura e calma determinada pela abundância ainda pode ser vista, hoje em dia, por exemplo, nas aldeias do Alto Xingu, onde estive. Os dias da semana não são contados, nem os anos de vida. Não se sabe se é segunda-feira ou quinta. As horas não importam. Não se marca hora. O que importa é cada momento. As conversas e a comunicação são valorizadas. O índio adora prosear e tem todo o tempo do mundo para falar de tudo. E esta abundância e calma do índio já incomodava os colonizadores europeus, que assim viam neste um tipo pouco chegado ao labor, de forma equivocada. Como diz Darcy Ribeiro (Ribeiro 1995), que também passou anos entre os índios, assim os viam os lusitanos da colônia: "Eram vadios, vivendo uma vida inútil e sem prestança. Que é que produziam? Nada. Que é que amealhavam? Nada. Viviam suas fúteis vidas fartas, como se neste mundo só lhes coubesse viver". Aos olhos do índio, diz o etnólogo – o que pareciam os lusitanos? "Por que se afanavam tanto em seus fazimentos? Por que acumulavam tudo, gostando mais de tomar e reter do que de dar, intercambiar?"

O trabalho indígena não é o trabalho capitalista do branco, que "se sacrifica na labuta" por dinheiro, pelo salário. Não há salário. Não há dinheiro. As propriedades do índio se resumem a meia dúzia de objetos que ele pode carregar consigo, tudo feito de madeira ou de palha por ele mesmo. Não se compra ou se vende, troca-se (*moitará*). O trabalho não é este "castigo" a que se submete voluntariamente o branco para que, com ele, possa ter dinheiro, comprar coisas, muitas coisas, mais do que ele possa carregar no próprio corpo, e assim sobreviver (mal) na cidade. O trabalho do índio é cooperação, muitas vezes prazerosa, para a sobrevivência e para o bem estar comum dos indivíduos da aldeia, sem obrigação, sem sacrifício, sem sofrimento. Muitas vezes, como numa pescaria ou numa caça, por exemplo, este trabalho é mais diversão em grupo, farra, do que tudo. Construir uma oca também pode ser uma brincadeira amistosa e cooperativa entre amigos e parentes. Por isto, índios em suas aldeias estão geralmente rindo, sempre rindo. Eles têm algo chamado qualidade de vida.

O misterioso caminho indígena de Peabiru

Engano pensar que os índios brasileiros não tinham contato algum com o império inca. O caminho de Peabiru, que é um fato arqueologicamente comprovado, além de uma lenda antiga, evidencia que há muita coisa em comum entre os povos andinos e os povos da floresta brasileira. Este caminho era pavimentado, em certo trecho, e repleto de marcos e de sinais pictográficos – atualmente objetos de estudo arqueológicos. Tinha uma extensão de três a quatro mil quilômetros, comunicando, com vias colaterais, a região sul e sudeste do Brasil aos Andes, atravessando Bolívia, Argentina e Peru. O nome "peabiru" seria quéchua, e significaria "o caminho para Biru" (etnônimo do Peru para os nativos andinos). Este caminho foi descrito por jesuítas e foi utilizado, a partir do século XVII, por aventureiros, saqueadores e ladrões de ouro dos incas bolivianos, que partiam de cá, do lado brasileiro, para os Andes.

A rejeição da alma indígena pela sociedade nacional

A partir da colonização ibérica, do século XVI até hoje, a identidade da alma brasileira nativa foi reprimida, ou amordaçada, assim como a identidade da alma latino-americana como um todo, pela cultura dominante do colonizador. Tanto que a cultura do colonizador, na maior parte da América Latina, é sentida como a "nossa cultura", de fato, enquanto a cultura indígena é "exótica". Exceções a isto ocorreram no Peru ou no México, por exemplo. O México é um país indígena. Sempre menosprezado pela cultura norte-americana, desde a colonização inglesa, como "terra indígena" dominada pela Espanha. Tanto que os EUA simplesmente tomaram quase um terço do México para si, o que hoje seriam quatro estados do sul dos EUA. Nos filmes sobre o "Álamo", o mocinho branco americano é atacado por selvagens mexicanos morenos que querem impedi-lo de tomar a terra deles. Por causa deste trauma do século XIX, o povo mexicano sempre viu com desconfiança a ideia de que sua identidade é "ocidental" e "branca" – desconfiança da proposta que sejam igualmente "ocidentais", como são assumidamente os norte-americanos. Por esta desconfiança, o mexicano preferiu assumir o seu lado puramente "americano", ou seja, indígena, contrapondo a este a identidade mais "ocidental" ou "como a do europeu", da cultura norte-americana dos EUA. E esta atitude do povo mexicano tem persistido ao longo das décadas, até hoje, e se vê isto na cultura mexicana, na música, na religião, em pintores como Frida Kahio, Diego Rivera, Orosco, Siqueiros e outros pintores nacionalistas do México.

ALMA BRASILEIRA

Em outros países latino-americanos, como Argentina, Chile, Uruguai, Venezuela, vingou a filosofia de Sarmiento, presidente da Argentina no século XIX, que tinha afinidade com as ideias pré-nazistas do francês Gobineau (que veio ao Brasil, como embaixador da França no Império e, do que viu aqui, deduziu a tese do "mal da mistura de raças"). Sarmiento, de modo semelhante à Gobineau (personagem que será ainda visto no capítulo seguinte), escreveu sobre o mal da miscigenação e o bem da pureza racial nas Américas de fala espanhola, sendo ele de família hispânica tradicional, não indígena, embora pobre. E quando se tornou presidente da Argentina, no meio do século XIX, implantou um programa de "limpeza étnica" que consistia, por exemplo, na caça e extermínio de indígenas dos pampas, liberando as terras para as estâncias. Implantou um programa de facilitação aos imigrantes europeus e uma postura que dificultava a ascensão social de negros ex-escravos ou já libertos de muito.

Por isto, países como a Argentina e Chile, até hoje têm menos índios do que teriam. Somente os sobreviventes. E a identidade nacional destes países, assim como no Brasil, foi construída artificialmente a partir do processo de "branquização", que consistiu no estímulo da imigração "desde que não de origem africana e oriental". E as elites brancas assumiram cargos de poder e a dianteira intelectual e assim determinaram a identidade nacional afinada à cultura europeia.

No Brasil do século XIX e início do século XX, era elegante e civilizado falar-se francês, assistir à ópera italiana, vestir-se como um inglês, e discutir filosofia alemã. Evidentemente, ao importar trabalhadores europeus, artesãos e especialistas em máquinas industriais, isto alavancou o desenvolvimento industrial do Brasil, Argentina e Chile, aos moldes capitalistas europeus, com os mesmos problemas, inclusive. Este desenvolvimento atendia também ao espírito da filosofia positivista, de Augusto Conte, cujo lema está inscrito na nossa bandeira: "ordem e progresso". E isto tudo promoveu também a maior exclusão do índio e do negro do mercado capitalista. O ideal de cidade e de cultura era aquele ambiente à semelhança do urbe europeu, industrializado, com parques ajardinados ao invés de matas, com calçadas cimentadas, ruas pavimentadas, prédios e igrejas semelhantes aos que se veriam na Europa. Por isto, em cidades como o Rio de Janeiro e São Paulo, e até mesmo em Manaus, há teatros e prédios que imitam Paris, pois o progresso destes países (ou seja, aquele progresso do ideal positivista republicano do século XIX) só ocorreria se houvesse uma Europa implantada aqui.

O índio, antigo habitante do paraíso das Américas, foi relegado à condição de pária, semelhante ao *dalits* da Índia, ou pior, a de um pedinte de esmolas nas grandes cidades, ou subempregado, ou um exilado no que sobrou de sua própria terra, até que algum governante decida tomá-la novamente. Contraditoriamente, às vezes é elogiado como um "bom selvagem", habitante de um antigo paraíso extinto, que vivia em harmonia com os elementos e os seres naturais. Nas regiões rurais, extensas áreas foram simplesmente tomadas dos índios por fazendeiros ou pelo próprio governo e repassadas adiante, vendidas e registradas. Quando, então, os atuais sobreviventes dos nativos tentam reaver as terras tomadas de seus ancestrais esbarram com enormes problemas, em confronto com os descendentes dos que em duas gerações atrás, ou mais, tomaram aquelas terras dos índios, ou as compraram, "legitimamente", do governo. E a atual população das Américas, nas cidades, principalmente, mas também nos ermos rurais, demonstra o quanto foi bem sucedido o processo de branquização do século XIX, ao declarar-se "ocidental" e seguir os padrões culturais do colonizador. Chega a reagir com estranhamento à afirmação: "Você não é ocidental". Quem somos? Por certo, não somos quem comumente pensamos que somos; nem somos quem nos disseram quem somos.

ALMA BRASILEIRA

Nhengatu: a língua original dos brasileiros

Aicó Poranga!

Significa "esteja bem, belo, harmonioso". É assim que nos cumprimentaríamos em nossa língua materna original. Era uma mistura de tupi, com alguma coisa de português e com alguma coisa de africano. Tinha duas formas, uma mais nortista e outra mais do sul, chamada "língua geral', como dois dialetos, ou menos, duas variações, perfeitamente compreensíveis entre si e compreensíveis para qualquer índio falante de guarani ou tupi e afins. Muito parecida com o kamayurá e o guarani atuais, entenderíamos perfeitamente o falar de um índio alto xinguano tupi. Esta língua na verdade ainda é viva, falada por caboclos amazônicos, um tanto prejudicada pela imigração de nordestinos português-falantes para a Amazônia. Como exemplo, a nossa oração cristã, o Pai Nosso, em nhengatu, seria conforme abaixo (algumas palavras-chave, em nota, ajudarão o leitor curioso a traduzir a oração):

>Orerub, ybak-y-pe tekó-ar
>I moeté-pyr-amo nde rera to-ikó
>to-ur nde Reino!
>To-nhe monhang nde remi motara
>Yby-pe
>Ybak-y-pe i nhe-monhanga iabé!
>Oré remi-u ara-iabi õ nduara
>e-i-m eng kori orébe.
>Nde nhyrô ore angaipaba resé orébe,
>Ore rerekó memuã-sara supé
>Ore nhyrõ iabé.
>Ore moar ukar ume iepé tentação pupé,
>Ore pisyrõ-te mba e- aiba sui.[8]

>(versão do padre Antônio Araújo, 1618. In: *Navarro*, 1999)

Historiadores com a mentalidade do século XIX explicavam, de uma forma preconceituosa e equivocada, a imposição do português sobre a alma brasileira, simplesmente dizendo que o português seria uma língua superior, enquanto as línguas indígenas seriam "urros", "grunhidos", "interjeições", "fala pobre". E assim, naturalmente, a "língua rica" substitui a "pobre". E isto, de forma atenuada, ainda é ensinado nas escolas até hoje. Nada mais falso, nazista e eurocêntrico.

Quando os jesuítas aqui chegaram, depararam-se com uma Babel – aqui se falava mais de mil línguas diferentes (mais do que hoje ocorre na atual Índia, onde nas ruas são faladas quase 200 línguas e dialetos). Isto favorecia o isolamento entre as etnias tribais, em detrimento de um sentimento coletivo unificador mais amplo. Exatamente como na Índia atual, ou na África, vários falantes de uma mesma língua étnica sentem-se ligados identitariamente entre si, e menos ligados ao todo e aos outros falantes de outras línguas. Então, os jesuítas tiveram a ideia de ir juntando as palavras indígenas mais próximas, as mais faladas por todos, irem remendando com elementos de português. Documentaram uma gramática e assim, por fusão, fizeram acontecer o nhengatu. Não que tivessem inventado, mas organizaram, incentivaram e disseminaram o falar geral como língua franca (língua franca é aquela que é compreendida por todos, quando estes todos falam outras línguas distintas). Enfim, os jesuítas ainda percebiam que não seria o seu português a língua ideal para o todo deste povo, mas que correspondia à alma deste povo um linguajar peculiar outro. E este linguajar peculiar foi o *nhengatu* (nhen=língua+catu=boa) ou língua geral. O brasileiro – fosse índio, mameluco, negro, cafuzo ou lusitano – pensava e sentia e agia no "tom" do *nhengatu*, e não no "tom" do português. E isto determinava um sentimento muito forte de ligação com a *Terra Brasilis* e um sentimento muito fraco em relação a Portugal.

Como a língua do português foi imposta aos nativos do Brasil

Conta-se que, de início, o rei de Portugal tinha interesse que os nativos daqui falassem a "língua tosca", ao invés do português, porque isto favoreceria as comunicações e a exploração das riquezas locais. Os jesuítas eram estimulados a se comunicarem com os nativos em nhengatu, diretamente ou através de intérpretes. José de Anchieta, jesuíta e poeta, chegou a escrever poemas em nhengatu. Mas a coroa começou a achar que este monopólio linguístico estaria dando poder demais à Companhia de Jesus sobre os nativos da *Terra Brasilis*. Então, a opinião de Portugal inverteu: logo que aqui se tornou uma colônia de ocupação, aumentou o interesse em extirpar a "língua tosca" que facilitava o poder dos jesuítas, e de se impor a língua do colonizar, que favoreceria o poder leigo da coroa portuguesa. Tornou-se assim uma imposição nas escolas dos jesuítas o falar português e o estímulo desta língua, e o desestímulo do nhengatu. O processo culminou com a expulsão dos jesuítas do Brasil. Mas, o falar nativo nhengatu persistia mesmo na ausência dos jesuítas. Então, a corte portuguesa teve a ideia de soltar órfãos de rua de Lisboa, trazidos para as ruas do Rio de Janeiro (a então capital do Brasil desde 1763), para que assim "contaminassem" as outras crianças nhengatu-falantes e estas passassem a falar português. Trouxeram trezentos órfãos de Portugal e os soltaram nas ruas. Resultado, em alguns meses, os trezentos lusitanozinhos adaptaram-se e estavam falando nhengatu. Não deu certo.

Outro episódio: Em 1750, disputavam ainda terras brasileiras Portugal e Espanha. E fez-se um tratado (Tratado de Madri) que determinava que terras espanholas fossem de fato da Espanha se os nativos falassem espanhol, e terras lusitanas seriam de fato lusitanas se os nativos falassem português, e onde se falava "língua tosca" seria terra de ninguém a ser disputada. E daí, o Marquês de Pombal, conselheiro do rei, teve mais uma razão para convencer o homem a impor a língua portuguesa, para não perder terras. A coisa estava tão ruim para os portugueses, que até os próprios militares do exército da coroa lusitana deixavam de falar português, depois de algum tempo na colônia. O governador de uma província, irmão do Marques de Pombal, escreveu uma carta ao conselheiro do rei, pedindo providências porque os homens de seu próprio quartel militar não falavam mais português – homens do Porto, de Lisboa, de Coimbra, falando nhengatu! Então, em 1758, o Marquês de Pombal – com a vênia do rei – expulsou os jesuítas do Brasil e ainda, no pacote, impôs uma lei que proibia a fala do nhengatu e da língua geral, nas ruas ou nas instituições, e no lugar se falaria o português.

Cem anos depois, no ano de 1850, o Imperador Dom Pedro II encarregou o poeta Gonçalves Dias (autor de "Os Timbiras", por exemplo) a realizar um estudo sobre como falavam e escreviam as crianças no norte do Brasil. A informação que circulava é de que eram crianças atrasadas que não aprendiam a escrever e nem mesmo a falar direito. Seria por causa de sua ascendência indígena primitiva? O poeta maranhense foi até a região norte, percorrendo várias cidades, indo até a fronteira amazônica com o Peru. Descobriu algo fantástico: as crianças nas escolas não aprendiam a falar corretamente e muito menos a escrever ou ler em português porque pensavam e falavam, em casa e na rua, em nhengatu. Mesmo assim, o ministério da educação imperial manteve o ensino obrigatório do português.

Outro episódio se deu com o exército imperial brasileiro, na época da guerra do Paraguai. O exército pegou nos campos, nas lavouras, nas aldeias, à força, jovens do norte e centro-oeste para jogá-los na guerra – precisava de soldados. Estes jovens rurais foram forçados ao alistamento. Mas, descobriu-se um problema: os soldados brasileiros não falavam português! Falavam nhengatu e não entendiam as ordens verbais dos oficiais oriundos da capital, do Rio de Janeiro. O soldado brasileiro entendia a língua dos paraguaios – os inimigos, que falavam guarani – mas não entendia as ordens em português dos oficiais vindos da região sudeste. Bem, tiveram que arrumar intérpretes.

Apesar da sua força, aos poucos, o nhengatu foi progressivamente cada vez menos falado, e o português foi sendo imposto goela abaixo, nas escolas, no exército, também por força das circunstâncias. Até que foram desaparecendo os últimos falantes não-amazônicos aqui no sul e sudeste, deixando apenas vestígios da língua misturados ao português (gerando o português *caçangue*, totalmente distinto do português de Portugal e o português dialetal caipira).

O que diz Rudolf Steiner da língua

O que diz Steiner, o fundador da antroposofia, a respeito da língua, do idioma, tem relação com uma visão esotérica, com o ocultismo. Nesta visão, a cultura e suas expressões não são vistas apenas como produtos ou constructos sociais, mas sim, ou também, como resultante da interação entre os seres humanos e entidades arquetípicas espirituais, as quais atuam naquilo que Jung denominaria por "inconsciente coletivo". Rudolf Steiner diz o seguinte: "Os arcanjos junto com espíritos da forma trabalham unidos no corpo etérico dos indivíduos, ligando-o ao etérico coletivo de um povo, moldando a laringe dos indivíduos para que nesta se expresse a alma coletiva e o temperamento daquele povo. E assim é que a alma coletiva se expressa na fala daquele povo." (Steiner, 1986). Os arcanjos são, na nomenclatura esotérica ocidental, as entidades acima dos anjos que cuidam de grupos de seres humanos, atuam coletivamente, enquanto os anjos atuam sobre indivíduos. Os espíritos da forma (ou, na linguagem esotérica cristã, *Exusiai*, ou *Elohim*) seriam encarregados de dar a forma arquetípica para que os egos tenham correto assentamento embrionário em corpos a eles adequados, na forma física, inclusive. Isto significa que quando uma criança nasce, ela é introduzida, através do seu corpo etérico, no corpo etérico coletivo social, que vai moldando seus órgãos conforme os padrões da cultura dentro da qual ela nasceu. Isto significa que o seu modo de pensar, o seu modo de sentir, os seus trejeitos, o seu sotaque, os seus hábitos, e a sua linguagem (que é mais do que o idioma, e o inclui) vão sendo moldados numa interação de dentro para fora e de fora para dentro. Falar uma língua materna não é apenas uma questão idiomática, mas também toda uma postura estrutural perante a vida, um modo de ser, um modo de se pensar, um modo de agir, um modo de se sentir mais ou menos integrado ao mundo, ao ambiente, ao contexto, etc. As línguas podem ser evocadas como expressões de estados de consciência distintos.

Então, quando trocaram os nossos antepassados brasileiros o nhengatu pelo português, mudaram também o "tom" da alma coletiva (do psiquismo coletivo) e do etérico coletivo (dos padrões de moldagem dos corpos dos que nascem aqui). Estas mudanças teriam nos afetado de várias formas: primeiramente, nos identificamos menos com a terra nativa e mais com a Europa, no sentido anímico-cultural ("quem sou eu", "a que povo pertenço", "qual é minha cultura"). E isto criou um enorme vácuo na alma do nativo brasileiro, que nasceu numa terra, no etérico de uma região, mas comunga com a cultura estrangeira, como se fosse um imigrante em sua própria nação. Daí a pouca estima do brasileiro, a partir do século XIX, com relação aos valores, à estética e à alma nativa, e a demasiada valorização de tudo que é de fora e, por extensão, de tudo que pertence ao mundo ocidental. Por outro lado, também explicaria, pelo menos em parte, porque o povo brasileiro fala tão mal e escreve tão mal o português, desde sempre. Ou seja, o português ligou culturalmente o brasileiro ao mundo ocidental e aos valores estéticos ocidentais, e bloqueou, de certa forma, a sua identificação com a estética e com a alma nativa original. Gerou um povo em parte animicamente perdido, desenraizado, até certo ponto. E isto é um problema. Somos todos "mamelucos", termo que vem da palavra árabe *mamluk*: "submetido", "o que se calou e aceitou". Aceitamos...

O mesmo não ocorreu em outros lugares de colonização por diversos fatores culturais e anímicos. Na Índia, por exemplo, fala-se português em Goa, algo muito restrito, mas no entorno outras duzentas línguas são faladas, impedindo um aportuguesamento da alma indiana (muito mais velha e mais solidamente configurada que a brasileira, por sinal). O mesmo na África, em Angola, por exemplo, onde ao lado do português falam-se outras seis línguas africanas. Só no Brasil, o português não teve concorrentes linguísticos. O único idioma que concorreu com o português foi suprimido à força de decreto – o nhengatu. É semelhante ao que aconteceu nos

EUA, onde o inglês imperou sozinho, sobre as línguas nativas indígenas e as africanas para lá importadas com a escravidão. Daí o americano anglófilo pensar-se culturalmente como um inglês, um ocidental, na América. Na Índia, mormente colonizada por ingleses por trezentos anos, depois da sua independência, em 1947, muitas pessoas nas ruas continuaram falando inglês, até hoje. Entretanto, lá houve uma busca pela identidade nacional reprimida e uma revalorização das línguas indianas, tais como o híndi, o bengali e urdu, derivados do sânscrito, no norte, e malaiala, kanada e o tamil, no sul. Os nomes das ruas e cidades, dados pelos ingleses, foram mudados pelos indianos modernos para os nomes antigos, por exemplo, "Bombaim" agora se chama "Mumbai"; "Madras" se chama agora "Chennai"; "Calcutá" agora se chama "Kolkata"...

Os índios dizem que quando um povo perde a ligação com a sua terra e perde a sua língua – como aconteceu com várias etnias indígenas – este povo perdeu a sua alma... Bem, o que nos resta então é o abrasileiramento da língua de Camões, o que ocorre naturalmente, espontaneamente, com o tempo. Assim, aqui, cada vez mais, vai se falando um português que é mais brasileiro, e mais correspondente à alma nativa. Ou seja, a alma coletiva e o etérico coletivo do Brasil vão modelando a língua conforme as suas dinâmicas. Ocorre também que, em sentido contrário, a língua imposta ajuda a modelar a alma coletiva. A língua portuguesa é considerada "difícil", para a maioria dos brasileiros. Isto significa que ela ainda não se encaixa, não flui, em sintonia com a alma nativa. A grande maioria do povo fala e escreve a partir de variações consideradas "erradas" pelo senso comum, em relação ao português culto. E o povo ainda recorre às adaptações regionais, conformando variantes da língua portuguesa renascentista original que aqui chegou. Além de o português brasileiro ser distinto do português de Portugal, há também variações regionais. Há o carioquês, o mineirês, o baianês, o pernambuquês, o amazonês, o piauiês, o paulistanês, o gauchês, etc. Os escritores de qualidade, romancistas e poetas, exploram estas variantes. Foi assim que Guimarães Rosa escreveu seus contos, em mineirês. E foi assim que os escritores nordestinos, como Raquel de Queirós (Ceará), Graciliano Ramos (Alagoas), Ariano Suassuna (Paraíba), Jorge Amado (Bahia) escreveram gostosa e docemente, cada qual em seu respectivo português dialetal. Já em carioquês puxado, embora não o popular, são os romances de Machado de Assis. E, de forma análoga, os escritos de Érico Veríssimo e Mário Quintana são em gauchês, tchê. O falar português menos afetado pela imigração europeia situa-se na região norte e nordeste, seguindo-se o interior de Minas, Mato Grosso, Goiás. As regiões sul e sudeste do Brasil foram muito aculturadas pelas levas de imigrantes e isto modificou o português regional, assim como a mentalidade da "sub-alma" local. Este fato pode nos ajudar a entender a complexidade e variedade de nossa alma nativa e suas formas de expressão verbal, bem como a entender o caso dos *hermanos* do resto da América Latina que perderam suas línguas nativas e falam hoje o espanhol e se pensam como ocidentais também.

Aicó Poranga

Discurso do índio presidente da Bolívia, Evo Morales, na sede da União Europeia, em 16/07/2013 – dias após ter o seu avião presidencial revistado por autoridades europeias em busca de um jovem procurado pela Interpol, supostamente protegido pela Bolívia.

"Aqui eu, Evo Morales, vim encontrar aqueles que participam da reunião. Aqui eu, descendente dos que povoaram a América há quarenta mil anos, vim encontrar os que a encontraram há somente quinhentos anos. Aqui, pois, nos encontramos todos. Sabemos o que somos, e é o bastante. Nunca pretendemos outra coisa.

O irmão aduaneiro europeu me pede papel escrito com visto para poder descobrir aos que me descobriram. O irmão usurário europeu me pede o pagamento de uma dívida contraída por Judas, a quem nunca autorizei a vender-me.

O irmão rábula europeu me explica que toda dívida se paga com bens, ainda que seja vendendo seres humanos e países inteiros sem pedir-lhes consentimento. Eu os vou descobrindo. Também posso reclamar pagamento e também posso reclamar juros.

Consta no Arquivo de Índias, papel sobre papel, recibo sobre recibo e assinatura sobre assinatura, que somente entre os anos 1503 e 1660 chegaram a San Lucas de Barrameda 185 mil quilos de ouro e 16 milhões de quilos de prata provenientes da América.

Saque? Não acredito! Porque seria pensar que os irmãos cristãos pecaram em seu Sétimo Mandamento.

Espoliação? Guarde-me Tanatzin de que os europeus, como Caim, matam e negam o sangue de seu irmão!

Genocídio? Isso seria dar crédito aos caluniadores, como Bartolomé de las Casas, que qualificam o encontro como de destruição das Índias, ou a radicais como Arturo Uslar Pietri, que afirma que o avanço do capitalismo e da atual civilização europeia se deve à inundação de metais preciosos!

Não! Esses 185 mil quilos de ouro e 16 milhões de quilos de prata devem ser considerados como **o primeiro** de muitos outros empréstimos amigáveis da América, destinado ao desenvolvimento da Europa. O contrário seria presumir a existência de crimes de guerra, o que daria direito não só de exigir a devolução imediata, mas também a indenização pelas destruições e prejuízos.

Não. Eu, Evo Morales, prefiro pensar na menos ofensiva destas hipóteses.

Tão fabulosa exportação de capitais não foi mais que o início de um plano 'Marxhalltesuma', para garantir a reconstrução da bárbara Europa, arruinada por suas deploráveis guerras contra os cultos muçulmanos, criadores da álgebra, da poligamia, do banho cotidiano e outras conquistas da civilização.

Por isso, ao celebrar o Quinto Centenário do Empréstimo, poderemos perguntar-nos: os irmãos europeus fizeram uso racional, responsável ou pelo menos produtivo dos fundos tão generosamente adiantados pelo Fundo Indo-americano Internacional?

Lastimamos dizer que não. Estrategicamente, o dilapidaram nas batalhas de Lepanto, em armadas invencíveis, em terceiros reich e outras formas de extermínio mútuo, sem outro destino que terminar ocupados pelas tropas gringas da OTAN, como no Panamá, mas sem canal.

Financeiramente, têm sido incapazes, depois de uma moratória de 500 anos, tanto de cancelar o capital e seus fundos, quanto de tornarem-se independentes das rendas líquidas, das matérias primas e da energia barata que lhes exporta e provê todo o Terceiro Mundo.

Este deplorável quadro corrobora a afirmação de Milton Friedman segundo a qual uma economia subsidiada jamais pode funcionar e nos obriga a reclamar-lhes, para seu próprio bem, o pagamento do capital e os juros que, tão generosamente temos demorado todos esses séculos em cobrar.

Ao dizer isto, esclarecemos que não nos rebaixaremos a cobrar de nossos irmãos europeus as vis e sanguinárias taxas de 20 e até 30 por cento de juros, que os irmãos europeus cobram dos povos do Terceiro Mundo. Limitaremo-nos a exigir a devolução dos metais preciosos adiantados, mais os módicos juros fixos de 10 por cento, acumulado somente durante os últimos 300 anos, com 200 anos de graça.

Sobre esta base, e aplicando a fórmula europeia de juros compostos, informamos aos descobridores que nos devem, como **primeiro** pagamento de sua dívida, uma massa de 185 mil quilos de ouro e 16 milhões de quilos de prata, ambos os valores elevados à potência de 300. Isto é, um número para cuja expressão total seriam necessários mais de 300 algarismos, e que supera amplamente o peso total do planeta Terra.

Muito pesados são esses blocos de ouro e prata. Quanto pesariam calculados em sangue?

Alegar que a Europa, em meio milênio, não pode gerar riquezas suficientes para cancelar esse módico juro, seria tanto como admitir seu absoluto fracasso financeiro e/ou a demencial irracionalidade das bases do capitalismo.

ALMA BRASILEIRA

Tais questões metafísicas, desde logo, não inquietam os indoamericanos. Mas, exigimos, sim, a assinatura de uma carta de intenção que discipline os povos devedores do Velho Continente, e que os obrigue a cumprir seus compromissos mediante uma privatização ou reconversão da Europa, que permita que a nos entregue inteira, como primeiro pagamento da dívida histórica".

4. Mitologia Kamayurá

Para o índio, "mito" é o mesmo que estória e também história. Ou seja, um mito é um relato de algo real, concreto, que aconteceu e que, dependendo do mito, ainda continua acontecendo, e que explica o funcionamento do mundo.

Os kamayurá são um grupo indígena de fala tupi, residentes no Alto Xingu, estado de Mato Grosso, tendo sua aldeia principal muito próxima da aldeia dos índios yawalapiti. Tenho convivido, desde o ano 2001, com Sapaim, um dos pajés dos Kamayurá, além de ter também conhecido seu irmão Takumã e sua sobrinha pajé Mapulu. Fiz algumas visitas às aldeias em questão e parte do que aqui vou relatar consta nas minhas anotações da época da pesquisa de campo.

Em tupi-kamayurá, narrativa, ou mito, ou estória, ou história, se diz *moronetá*. São relatos que nascem do fato do indígena viver num mundo mágico, habitado por entidades invisíveis aos olhos comuns – os *mamaé*, na língua Kamayurá. Há *mamaé* de todo tipo, semelhante ao que os ocultistas denominariam por seres elementais, ou ainda por almas dos mortos, ou deuses, sendo alguns bons, outros ruins. "Tem *mamaé* em tudo", é uma das frases que o nosso amigo, pajé Sapaim, sempre repete. O índio não vê o mundo como o branco. O mundo do índio é vivo, dotado de alma, sensciente, e nunca, em lugar nenhum, há solidão. Há miríades de seres visíveis e invisíveis por toda parte. Estamos sempre sendo observados, para o índio. Não por Deus (no caso, Mawutsini), embora também, mas pelos *mamaé*.

O moronetá da Criação: Mawutsini

Em resumo, o mito conta como Mawutsini, que vivia em cima, no mundo espiritual, se sentiu compadecido porque só havia trevas e desolação no mundo cá embaixo. E assim ele, um demiurgo, resolveu criar luz no mundo e também as pessoas, a partir de troncos da árvore quarup. De quatro troncos ele fez quatro moças, cantando. Enquanto Mawutsini criava, ajudado por dois *mamaé* cantantes, Cutia e Sapo Cururu, os troncos iam assumindo a forma humana. Depois de duas tentativas, surgiram suas quatro filhas, antes troncos. Então, Mawutsini mandou que suas filhas fossem encontrar o Onça e se casassem com ele. Assim, iniciariam uma raça mestiça entre divino e felino, que seriam os humanos. Antes, nasceram Sol e Lua, ancestrais de todos os homens e mulheres do mundo – gêmeos e antagônicos, como Caim e Abel, ou como os deuses gêmeos do zoroastrismo, Ahura Mazda (o sol) e Ahriman (o anti-sol).

Mawutsini é o Pai Criador, o mais antigo, o ancestral de tudo e de todos. Uma divindade que "ninguém nunca viu". O mito primordial sempre narrado por Sapaim é este. Mawutsini reside até hoje no Xingu, mais especificamente na região do *Morená*[9], ao norte, disse-me Sapaim. Outro dado interessante dos mitos xinguanos é a humanização dos animais: Onça, Tatu, Gaivota, Urubu, Anta, Formiga, Cotia, Cururu são "pessoas", falam, têm aldeia, têm parentes, caçam, pescam e se casam com mulheres que se parecem humanas. Esta noção de uma subjetividade humana nos seres da natureza também foi encontrada por antropólogos nos mitos dos índios da América do Norte. Diz o índio que quando vemos os animais, os vemos de uma forma ilusória. Na verdade, os animais descendem de humanos que ficaram na forma de animais – diz Sapaim. Toda a natureza é originalmente humana, escondida, ou escamoteada, sob forma não humana. E, quando um pajé vê os animais como eles são, de verdade, os vê em sua condição humana, em sua espiritualidade que é real, e não na aparência de animal como as pessoas comuns os veem – esta aparência é apenas uma "roupa", uma veste. Sapaim distingue claramente os animais empíricos dos Animais míticos, remetendo esses últimos à ampla categoria de *mamaé*. Os animais empíricos, comuns, aqui serão nomeados em minúscula, por exemplo, "a onça". Os animais míticos, ou "donos dos animais", aqui serão nomeados em maiúscula, por exemplo, "O Onça". Apesar de que Animais míticos e empíricos sejam distintos, há uma relação cosmológica entre eles. Por exemplo, uma onça é uma onça, mas *Yawat* ("Onça", em tupi), é a onça que se casou com a filha de Mawutsini: é um *mamaé das onças*, conforme conta Sapaim. Especificando esta distinção entre animal comum e Animal mítico humanizado, Sapaim às vezes, quando relata o mito, se refere a este último usando "homem do... (o nome do Animal)", por exemplo, "Homem da Anta", ao invés de anta. O Animal mítico pode ser visto sob forma humana, "ele é como uma pessoa" – da forma humana que também assumem os *mamaé* bons. *Mamaé* malvados às vezes aparecem sob a forma de animal ou de criatura monstruosa. O que acontece com o Animal mítico explica qualidades, características dos animais empíricos. Por exemplo, as antas têm listras nas costas por causa de um fato ocorrido com o Anta primordial – que as gerou todas.

Há uma versão dos índios xinguanos mehinako (a mãe de Sapaim era mehinako) deste mito fundante, onde a moldagem da genitália das filhas de Mawutsini aparece mais enfaticamente. Mawutsini é surpreendido por Onça quando pegava embira (casca de árvore que serve para amarrar como corda), e, para não ser devorado, oferece as filhas ao Onça para apaziguá-lo. Isto porque o Onça viu *tamã*, a genitália, das filhas de Mawutsini e as achou muito sedutoras. O próprio Sapaim narrou, certa vez, uma versão em que havia este detalhe. Cabe aqui dizer que, para o índio, que anda nu, a sexualidade não tem a conotação proibitiva que tem para a moralidade do branco. A genitália exposta é um atributo estético a mais a ser considerado por um candidato ao amor; natural, assim como os olhos ou a boca. A sexualidade serve para apaziguar a ferocidade do agressor (o Onça seria uma metáfora do masculino primitivo, no caso). No mito, Onça é um elemento animal, selvagem e polar ao elemento feminino, civilizado, criado diretamente por Mawutsini. Todos os seres, deste mito em diante, serão sempre uma combinação da essência da filha de Mawutsini com a essência do Onça. Isto lembra em muito o mito órfico-esotérico da criação do homem, do *anthropos*, que é feito por Zeus de uma mistura da essência selvagem dos Titãs, deuses-fera do Caos, com a natureza divina e sublime de Dioniso.

Enfim, Sapaim relata assim (mantive suas próprias palavras) este *moronetá*:

Ninguém sabe se Mawutsini tem mãe ou pai porque ele nasceu primeiro do que a gente, primeiro nasceu. E na época dele, ele vivia em cima, no céu, Mawutsini. Pode ser que mãe e pai estejam lá, ninguém sabe, até hoje. E não sabe história da mãe ou pai dele. E aqui embaixo na época dele, quando ele tava lá em cima, aqui em baixo não tem dia, não tem água, não tem árvore, não tem peixe, não tem nada, não tem nada. Então Mawutsini. fica sonhando de cima até embaixo, aqui tudo escuro. Fica sonhando. Depois disto ele desceu aqui embaixo, aqui tudo escuro, não tem dia. Não tinha nada. Só tem dia lá em cima. Ainda não tem sol também, não é? Diz que só tem dia lá em cima. O pessoal antigamente vivia no escuro, diz que ficava em roda de cupim, no escuro. O pássaro vivia à noite. O pássaro fez cocô numa pessoa nas costas, na cabeça, porque não tem como enxergar. Mawutsini. desceu aqui embaixo e tava tudo escuro. Aí ele pensou. Poxa, aqui embaixo não tinha dia pra animal viver, naquela época não tinha gente, vivia sozinho ele, quando desceu de cima. E ele ficou pensando e tirou tronco. Até hoje tem nome, quarup. Ele tirou quatro troncos. Aí ele tirou o tronco e levou à aldeia dele, no meio da aldeia. Aí ele ficou pintando e chamou os cantores, pessoa chamada Cutia, pessoa chamada Cururu. Aí vieram cantar. Com isto Mawutsini estava pintando aquele tronco que ele tirou. E já começa a virar aquela cabeça, começa a virar, virou a cabeça, virou os olhos, boca, braço. E quando veio até aqui no meio, bem no meio da barriga, apareceu um casal, apareceu um casal do mato, da floresta. E chegou quando ele tava rezando este quarup e viu, e atrapalhou. E ele parou no meio da barriga. E pra cima já é pessoa, braço, embaixo ainda é madeira, tronco. E parou aí. Parou. Porque este casal da floresta vivia no mato, e vem chegando nele, eles são de cheiro, o cheiro estragou o trabalho dele. "Olha, você não podia chegar, estou fazendo gente, fazendo gente pra aumentar. Como você chegou, então estragou meu trabalho". E ficou triste. Ficou triste. E tirou aquele tronco. Ele fez um lago pequeno. Até hoje tem. Ele levou na água e guardou dentro da água. E ficou depois disto. Ele tirou mais, ele tirou mesma coisa, quatro troncos. E avisou aquele casal da floresta que vivia no mato e pintou de novo. Pintou e chamou aqueles cantores de novo, Cururu, Cutia. Eles ficaram cantando, enquanto Mawutsini estava pintando, pintando, rezando. De repente começou a virar, virou a cabeça e conseguiu. Virou tudo. Virou tudo mulher, tudo mulher. E o cantor parou. Aí olhou, olhou, diz que ainda não tem cabelo, não tinha nada, tudo careca, não tinha nada de cabelo, não tinha olho, não tinha dente, e saiu tudo pintado. Então até hoje virou todas as mulheres, então até hoje tem nome esta mulher que Mawutsini fez. Todas as mulheres chamam de Noitu, Noitu significa o nome da cacica[10]. Então hoje se tem uma mulher cacica a gente a chama Noitu, porque ela é cacica. Então ele procurou cabelo e pegou aquele cabelo de milho e colocou na cabeça e olhou e não gostou, porque o cabelo ficou branco. Ele não gostou. E procurou outro cabelo e conseguiu um capim bem preto, que nem cabelo. Até que agora o branco inventou este cabelo, é peruca. E colocou na cabeça, cabelo cumprido até aqui, tudo preto. Aí ele gostou. Está faltando dente. Ele pegou aquele concha da água, não é caramujo, que vive na água. Ele quebrava um pedacinho e colocava pra dente. Aí ele pediu pra elas rirem: – Agora você ri pra mim, quero ver seu dente –. E todo mundo riu pra ele e o dente ficou preto, muito preto, ele não gostou. Aí ele tirou, Aí ele pegou, catou semente da mangaba, ele levou e colocou de novo. Aí ele pediu pra rir: – Agora vocês têm que rir pra mim pra ver seu dente –. Todo mundo riu pra ele com dente branco. Ele gostou e disse: – muito bom o dente, só que este dente não vai durar porque tem bichinho lá dentro da sementinha, semente da mangaba. Mais tarde vai comer seu dente lá dentro e você vai sentir dor de dente. E vai estragar o dente. Então até hoje a gente sente dor de dente. Dor de dente a gente sente porque aquele bichinho está comendo o dente lá dentro. Aí ele disse: – Como vocês nasceram do que eu fiz vocês são todas minhas filhas –. Aí levou pra casa, ainda está escuro viu, levou pra casa e ficou lá dois dias, três dias, ele pensou, depois de três dias ele chamou eles e todo mundo foi lá e ele disse: – Vocês são minhas filhas e to mandando agora vocês procurarem marido, to mandando pra vocês casarem com uma pessoa, casarem com o Onça, Yawat. Vocês vão se casar com Yawat –. Aí a mais velha perguntou pra onde é caminho dele. Ele não explicou direito...eu vou explicar o caminho pra você achar. E ele não apontou o caminho direito: por aqui, aqui, aqui. Aí a mais velha gravou bem, e aonde ia adiante ela falava: é por aqui. Aí andaram, foram procurar onça, Yawat. Aí andaram e no caminho encontrou aquele buriti, buriti que nasce, ainda estava escuro. Aí mais velha falou: – Poxa, é bom uma pessoa tirar pra nós fazer cinto –. Aí mais nova falou: – eu vou subir, eu vou quebrar –. Ela subiu, quebrou e ela caiu na ponta. Quando ela está em cima ainda, a mais velha tirou unha e soprou e virou mutuca. Este mutuca foi picar esta moça e ela não aguentou. Aí ela largou e caiu. Caiu em cima e furou. Morreu. Elas já estavam começando a falar mal da irmã, falar mal da prima, falar mal da sogra. Ela já estava começando a fazer isto. Aí a deixaram e andaram. Aí encontrou uma pessoa chamada Tatu. E o caminho, a mais velha perguntou, disse: – Poxa, tem homem do Tatu. Ela perguntou. Quem é que vai apaixonar por aquele homem do Tatu? – A do meio disse: – Eu vou namorar ele –. Aí chegou lá e diz que ele está plantando amendoim. Ela perguntou: – O que você está fazendo aqui? – Eu estou plantando amendoim –. Ele olhou as moças e disse: – Vocês são bonitas. Eu quero namorar uma de vocês–. Aí mais velha falou: – Ela vai namorar você –. Aí Tatu abraçou a moça, abraçou, mas não levantou (o aracuê – pênis). Aí ele disse: – Então, me espera aqui que eu vou pegar remédio na minha casa –. Ele foi. Quando ele voltou, a moça já tinha ido embora. Deixou-o, não é? Aí já vinha assim com o pau duro (risos). Procurou, procurou, e todas as moças já tinham ido embora. Aí todo mundo foi rindo dele, não é? Sacanearam ele. Aí encontrou uma pessoa: Anta. Diz que Anta estava lá comendo a fruta de buriti e no caminho perguntaram. A mais velha falou: – Eu quero saber de vocês quem é que vai apaixonar por aquele homem chamado Anta? – Aí, a mais nova falou: – Eu vou namorar ele –. Aí chegou lá e perguntou, ofereceu aquele buriti, ela não quer. E falou assim: – Poxa, vocês são bonitas (falou mesma coisa). Eu quero namorar vocês – Aí ela falou: – Ela vai namorar você –. Aí a deixaram, não é? Ficou lá com homem da Anta. Aí esperou como daqui até lá fora (uns 20 metros). Aí ela esperou lá. Aí todas as mulheres andando preparado, tudo preparado. Aí cortou um pedaço de taquara e ela colocou lá dentro (da tamã – vagina), colocou. E ela está inventando, assim como vocês brancos usam camisinha, ela usou taquara, ela colocou lá dentro. Aí namorou, abraçou, abraçou. E Anta transou com ela, transou. E depois disto, quando terminou. Ela tirou (o pedaço de taquara de dentro) e jogou nele. Jogou nele (o sêmen). Então, até hoje, aquele anta é toda pintada, toda de branco, porque ela jogou nele. Mas não ficou dentro (dela). Aí andaram. Aí sacanearam ele, viu, sacanearam. Aí encontraram o caminho do Yawat. Encontraram o caminho, ainda estava escuro. Aí elas pediram pra descansar, a mais velha falou: – Vamos descansar um pouco. Eu quero que vocês, dois, vocês três, catem o meu piolho –. Sentou, conversou lá, e mais velha rezando, rezando. Então até hoje tem reza por que aquela mulher descobriu esta reza, que a gente tem esta reza. E quando terminou ela disse: – Agora vamos andar de novo –. Mas a do meio esqueceu o pente. Esqueceu porque ela ficava rezando. Esqueceu. A reza era pra ela esquecer. Ela estava rezando. Aí andaram, andaram, andaram como daqui até onde nós fizemos fogueira (30 metros), aí ela lembrou: – Poxa! Eu esqueci meu pente –. Então ela falou: – Vai buscar, volta lá –. A moça correu e a mais velha rezou, fechou o caminho dela, o caminho virou mato, não tem mais caminho pra ela, quando ela voltou não tinha mais caminho. Aí ela gritou, gritou, gritou. Enquanto isto, ela fica rezando, rezando, rezando. E ficou no mato. Então, até hoje, até hoje ela vive lá. Então a gente chama Yauricunhã, mulher do mato, Yauricunhã. Então até hoje ela vive, até hoje. Pode falar também Caacunhã. Só que a Caacunhã é perigoso, muito perigoso. Então, andaram, não é. Aí encontraram a lagoa da onça. Aí ela sentou, sentou num pau, tá lá sentada. Tinha alguém que foi tomar banho. Aí esta mulher que chama Yaum, nome da mulher. Aí caiu na água e ele olhou o corpo, olhou, olhou. Aí ela disse: – Poxa, todo mundo me fala que eu sou preta, mas eu não sou preta, eu sou branca, minha pele tá branca. Por que todo mundo me chama preta? – Aí pegou água, a mulher, arrancou unha de novo, soprou, voou e foi nesta mulher. E esta mulher não aguentou e derrubou a panela, aquela panela de água na cabeça, quebrou. E pegou outra, e fez mesma coisa, e quebrou de novo. E pegou outra panela e aí ela descobriu. É eu sei que vocês estão aí procurando homem. Eu sei de quem é. Chegando lá eu vou falar não sei quem que você está procurando. Aí chegou lá na casa e ela disse: – Tem duas mulheres que tão me sacaneando eu acho que elas vêm procurar marido

—. Aí Onça disse: – É eu acho que é pra mim –. Aí pegou flecha, e atrás da casa dele ele jogou aquela flecha pra assoviar[11]. A flecha foi assoviando e parou lá na beira da lagoa dele. Aí a mulher mais nova falou: – Agora, esta aqui é flecha da onça –. Mais velha falou: – Não, esta não é flecha da onça. Esta é flecha do primo dele –. A outra disse: – Não, esta é flecha da onça, vamos pegar –. Mais velha não quis, ela pensa que é primo, primo dele. Aí ele veio e pegou flecha.–- Poxa, eu pensei que vocês vêm me procurar –. Aí voltou triste. E chegou lá na aldeia ele disse: – É, aquelas duas mulheres disseram que não é pra mim –. Aí o primo dele levantou e disse: – É pra mim, as duas mulheres são pra mim –. Aí jogou flecha, foi assoviando e parou. Parou na beira da lagoa. Aí ela disse, a mais velha: – Agora, esta aqui é onça –. Aí ela disse: – Não, esta não é mais a onça, esta é primo dele –. Aí a mais nova saiu triste com ela. Aí mais velha pegou flecha dele. Aí chegou primo. Aí ele disse: – É eu sabia que você vinha me procurar. To sabendo que você vem me procurar. Agora vem comigo –. Aí levou. Levou. Ai já ia a mais nova no caminho... fez um vento, e ela viu o corpo (dele). Aí ela viu: – Tá vendo? Este não é onça, este é primo dele! – Mesmo assim ela foi. Chegou à casa. A mãe e o pai ficaram muito contentes, ficaram alegres. A mais nova ficou triste, não falou nada. A mais velha ficou contente. Estava escuro. Saíram para caçar, todo mundo foi caçar. Saíram. Caçar anta, veado, tatu, paca. Por último, o Onça saiu, atrás das pessoas. No caminho ele logo encontrou paca e matou. E de lá mesmo ele voltou, voltou e quando chegou perto da aldeia ele jogou flecha. Ele jogou flecha e esta flecha dele foi assoviando e foi parar lá na porta do primo dele. A flecha parou. Aí duas mulheres pegaram a flecha da onça e ele então chegou. Ele disse: – Agora vem comigo. Você veio me procurar, você pegou flecha do meu primo, ele roubou, roubou –. Então até hoje tem este roubo da mulher, mulher rouba do marido do outro, porque ele fez isto. E levou. E ficou ela com ele. Aí todo mundo voltou, e primo dele jogou flecha e parou na porta dele, a flecha tá parado, a mulher não saiu. Ele falou: – Eu sabia, sabia que você ia carregar minha mulher –. Aí voltou triste, né. Aí o primo dele ficou falando mal dele. Aí ficou. A mais velha engravidou, engravidou a mais velha, e ficou três meses e já tava nascendo. E ele saiu pra caçar. Aí a mãe dele levantou, sentou bem na porta e pediu pra catar piolho. Ela disse: – Eu quero que vocês duas catem meus piolhos –. Aí vieram, foram catar piolho dela, tirando piolho. Aí mais velha arrancou o cabelo junto com o piolho dela, junto com o cabelo, pôs na boca e não conseguiu tirar, não conseguiu tirar. E como ela não conseguiu tirar o cabelo da sogra ela fez assim...put! (cuspiu). Aí ela achou ruim: – Poxa, eu pensei que você gostava de mim! – Aí matou, matou aquela grávida, matou. Então esta velha, mãe do Onça, sumiu, fugiu, foi pro mato. Ela achou uma moita de abacaxi do mato e ficou lá no meio. Aí, Onça veio, voltou, a irmã tava chorando, chorando. Ele ficou triste, com o que aconteceu. Ela contou: – Sua mãe matou minha irmã. E tava assim de barriga grande já –. Aí chorou, chorou lá, chorou. Aí chamou (o pessoal chama de Formiga, pra nós chama Tanahã, o nome da pessoa). Aí foi chamar Tanahã, e ele veio. Viu ela e este, o Tanahã, entrou por dentro (da vagina), entrou e mordeu aqui (na nuca) da criança. Ele vem puxando a criança pra fora da vagina... Saiu. Aí voltou de novo lá dentro, e pegou outra criança, que saiu. [Tanahã puxou Sol e Lua de dentro da mãe morta. Assim, Sol e Lua nasceram] Aí enterraram ela. Marido enterrou. Irmã chorou muito, ficou muito triste.

Pajé Sapaim e o autor, no ano 2000 – foto da coleção do autor.

Sol (kwat) e lua (iau), os heróis gêmeos

O mito anterior tem continuidade nas primeiras façanhas dos Gêmeos. Interessante que Sol e Lua, dois meninos gêmeos, nascem da mulher morta, que é uma figura telúrica, uma mãe primordial de todos os seres, fecundada pelo Onça, um ser do Caos. A morte é assim transmutada em nova vida, dupla vida. Figuras clássicas dos mitos ameríndios sul, meso e norte-americanos, os Gêmeos, são bastante evidentes na mitologia kamayurá. Na verdade, os Gêmeos, tanto ou mais do que Mawutsini, atuam como demiurgos. O mito, em sua estrutura, já havia sido registrado entre os tupinambá que viviam no litoral do Rio de Janeiro quando os portugueses aqui chegaram. O mito dos Gêmeos revela uma polaridade no pensamento kamayurá, pois evoca qualidades opostas e complementares encontradas nas pessoas, nos seres naturais e nos fenômenos: agilidade e lerdeza, masculino e feminino, dominância e passividade. Lembram os critérios Yin e Yang do Taoísmo chinês. Outros mitos que Sapaim conta, onde aparecem dois irmãos, ou dois amigos, demonstram também estas qualidades polares. Por exemplo, o mito de Arawutará (o vivo) e seu amigo morto, ou o mito dos dois irmãos Kanarawaru e Kanaratu (um deles é bom e honesto e o outro é pérfido e invejoso). Sol e Lua são Lince e Coiote dos índios norte-americanos. Neste mito dos Gêmeos, também está assinalada a origem do ritual do *Quarup*, qual o seu significado, assim como os detalhes de sua produção. Sendo a madeira quarup a origem de tudo que vive, será também na madeira quarup a despedida de tudo que morre. Daí a festa do *Quarup*, onde dois oficiantes cantam horas a fio, repetindo o ritual criador que Mawutsini inventou para fazer suas filhas. E continua Sapaim a sua narrativa sobre Sol e Lua, os Gêmeos:

> *Aí o pai dos meninos (Onça) fez um quarto separado dentro da oca e colocou (eles) lá dentro, pra ninguém ver. Aí passaram mais dois dias e já estavam andando, lá dentro. Três dias mais e já estavam falando, conversando lá dentro. Coisa rápida. Aí o pai deles falou: – Quem são estes que nasceram? Pode ser mulher, pode ser homem? – Ele ainda não sabia. Então, a tia deles (irmã da mãe) fez um monte de uluri [peça*

corporal feminina usada na genitália], um monte de uluris. Eles abrem a janela um pouquinho da oca e eles viram passando um rato, um lagarto, e viram que a tia fez uluri. Aí ela levou bem na porta o uluri – ela ficou olhando – mas eles não pegaram. Aí passou a noite, ela foi lá ver, o uluri ainda estava lá ainda, não pegaram. Aí ela disse pro marido (a tia também era esposa do Onça, que era bígamo) – Eu acho que eles não são mulheres, são homens. Você pode fazer dois arcos. – Aí o pai deles fez dois arcos e levou até lá. Ele colocou, e quando saiu, ele ficou olhando, eles puxaram o arco. Aí, puxando arco, sabe que são homens. Aí ficou lá, saía no mato, cresceu rápido, cresceu rápido. Diz que mataram paca e entraram pela janela. Eles mesmos fizeram fogo, conseguiram fazer fogo. Eles mesmos assaram lá dentro. E o cheiro espalhou dentro da oca. Aí o pai deles sentiu o cheiro: – Poxa, o quê vocês estão assando aí? – Aí respondeu baixo. – Eu também quero um pedaço –, o pai deles falou. – Toma muito cuidado. Vocês não podem matar o avô de vocês e foi assim que quando ele matou paca e viu o pé dele, ficou contando se tinha só três dedos. Aí diz que ele falou – É, não é nosso avô não, vamos comer! – Aí assaram lá, e tiraram pedaço da perna e jogou pro pai. Ele olhou: – Poxa, como vocês conseguiram matar paca! – Aí o pai deles comeu. E saiu pra lá. Outro dia, eles estavam conversando alto, aí eles ficam perguntando: – Poxa, por que que a gente não tem nome? Por quê a gente não tem nome até agora? Quem é que vai conseguir nome pra nós? – Aí disse que o mais novo falou: – A gente mesmo vai conseguir nome! –. (E o outro): – Então procura meu nome pra mim! – Aí procurou o nome: "galho-de-pau", "caminho-torto",... ele não gostou [Sapaim ri muito]. Aí ficaram procurando nome: – Então leva "casca-de-pau" e você me chama "pedra". – Não, nome não é bom –. Aí o mais novo conseguiu: – Poxa, eu já consegui um nome pra você. – Então fala o meu nome. – Eu vou chamar você agora de "Sol" e você me chama de "Lua". – Ô, como você conseguiu nome bom! – Você me chama "Yau" e eu vou chamar você "Kwat". – Muito bom. Aí ficaram os nomes. Aí falou: "Yau!" e o outro respondeu: "Kwat!". Nomes bonitos. O pai tá ouvindo [risos de Sapaim]. Aí saíram de novo. Aí encontraram amendoim, amendoim daquele Cuyãpepy (um pássaro), então eles estavam arrancando, roubando, aí chegou o dono, xingando: – Poxa, quem mandou vocês mexerem no meu amendoim! – Xingando. Aí diz que ela falou: – É, eu acho que seu pai, sua tia, não falaram pra vocês que não era pra mexer no meu amendoim. Pois seu pai mandou mexer no amendoim? Vocês dois não sabem que vocês não têm mãe, vocês só tem pai! – Aí eles ficaram tristes. Aí pegaram no pescoço dele, e jogou ele assim, e ela aí contou: – Você não tem pai, você não tem mãe. Aí pegou de novo [Sapaim esgana o ar e faz uma expressão facial dramática]: – Por que você tá falando isto pra nós? – É porque você não tem mais mãe, vocês tão chamando a sua tia de mãe. Aquela sua tia não é sua mãe de verdade. Sua mãe a avó de vocês matou –. Aí largou ele. Eles voltaram e não entraram mais na casa, na oca. Eles ficaram embaixo da porta da oca, chorando, chorando. Aí saiu a tia, perguntou: – Por que vocês estão chorando? – Eles não responderam ainda. – Fala pra mim o que aconteceu com vocês? Alguém xingou vocês, fala pra mim? – Aí Yaú respondeu: – É. Você não é nossa mãe. Você é nossa tia. Nossa mãe morreu. Nossa avó matou a nossa mãe –. Aí eles descobriram. Nossa língua, "aycamã" é tia; "amá" é mãe. Aí diz que ele falou: – Você não é nossa amá não, você é nossa aycamã. Você é aycamã. Amá omanon, a mãe morreu –. Aí eles entraram na oca, ficaram tristes. Aí Kwat falou: – O que vamos fazer? – Aí Yaú respondeu: – Não, vamos procurar nossa avó, vamos matar ela! Você pode sonhar hoje onde ela está? – Aí ele sonhou. Eles já estavam começando (esta coisa de) sonhar, começando a sonhar (igual pajé). Aí ele acordou e falou: – Já sonhei com nossa avó e já sei onde ela está. Tá lá no meio do abacaxi do mato. Tá cercada lá –. Então, de manhã eles saíram, ainda estava escuro. E procurou, procurou, acharam ela. E arrancaram aquele abacaxi do mato pra fazer caminho, até encontrar ela. Aí diz que ela falou: – Ô, vocês são meus netos. Vem aqui, vem aqui! – E Kwat foi lá em cima e Kwat pisou nela aqui, no peito, e matou, e ela morreu. Queimaram o corpo. Voou aquela cinza e foi parar lá no céu, a cinza dela. Aí voltaram e ficaram pensando: – Agora, vamos fazer agora o Quarup da nossa mãe –. E tiraram madeira quarup, só um tronco. E convidaram outra tribo, ninguém sabe até hoje qual é tribo. E chorou lá. E trocavam o choro: Choro do Kamayurá, choro do Yawalapi-

ti, choro do Kuikuro, choro do Kalapalo, Aweti, Waurá, Mehinako, Suiá. Todos eles trocam o choro. Então até hoje, o choro é tudo diferente, tudo diferente, porque ele fez isto. Cada pessoa chora diferente. Aí terminou e aí depois ele disse: – É assim que nós, nossos parentes, nossos primos, nossos netos, vão fazer Quarup. Vai terminar tristeza. Só que a tristeza tem que tirar logo esta tristeza. Se pessoal não tirar tristeza, pessoal morre da tristeza. Então a gente não vai fazer isto não. A gente tem que limpar logo esta tristeza pra poder nosso primo, nosso parente fazer isto, como a gente tá fazendo agora –. Ele falou isto. Diz que Mawutsini tava lá junto, tava junto.*

Sol e lua criam a luz do dia

A narrativa de Sapaim que se segue foi relatada sem interrupção, em sequência, com a narrativa anterior. São partes do mesmo mito. Dividi a narrativa original, considerando a mudança de tema. O mito contém o tema da origem do fogo, que é ligado à dicotomia cru-cozido, mas também à dicotomia luz-treva. A ideia presente é a de que algo cru, ou podre (como um cadáver), atrai para baixo o Urubu, habitante do Céu e portador do fogo, ou da luz. O fogo é, assim, obtido pelos Gêmeos, que o tomam de Urubu. O tema é recorrente nas mitologias de diversos grupos tupi-guarani, conforme assinalam antropólogos. O Urubu-de-quatro-cabeças representa o ente divino, superior, que tem a luz primordial consigo, nas alturas. Nos Andes, seria o Condor. O Urubu é o ser alado sublime, metáfora do espírito celestial que guarda consigo os bens divinos que podem ser dados ao homem. Sapaim conta:

Ele ficava falando, Yau, falando: – Como é que a gente vai conseguir dia, aqui em baixo? – Aí Kwat disse: – Não, vamos fazer um cesto de embira, igualzinho anta, e vamos colocar capim, e vamos criar bichinho em cima. Aí vamos chamar o Quatro-Cabeças, Quatro-Cabeças que tem dia, lá em cima, é o Quatro-Cabeças. (Muconhacang é duas cabeças; Moapuacang é três cabeças; Amonhoiruacang é quatro-cabeças). Aí, então vamos fazer isto. Todo bicho que mora aqui na floresta ele tem que viver. A gente tem que descobrir como fazer dia aqui embaixo. Aqui não pode ficar sempre escuro –. Estavam conversando. Mawutsini estava lá junto, o avô deles, explicando. Eles fizeram esta (cesta de) embira. Ficou grande, parecendo uma anta, e colocaram capim, e fizeram jirau em cima, pra apodrecer em cima do jirau. Aí chamaram a pessoa chamada Meyrú, mosca. Aí chamaram ele. Kwat, Yau e Mawutsini o chamaram. Aí ele disse: – Agora a gente está mandando você avisar lá em cima pra Quatro-Cabeças trazer dia aqui pra baixo –. Aí criaram aqueles bichinhos, tipo de minhoquinha (larvas de carne podre), muita mosca assim. Aí Kwat entrou no bicho debaixo dos olhos e Yau ficou debaixo da unha, no pé. E Mawutsini escondeu. Aí este Meyrú foi lá em cima, lá na aldeia do pássaro. Aí chegou lá, todo mundo recebeu. Todo mundo gritou. Aí pegaram ele, aí mandaram sentar no meio da aldeia no céu. Lá que ele chegou, meio-dia lá. Aí saiu o chefe dos urubus, o Quatro-Cabeças. E perguntou: – Você vem aqui a nossa aldeia falar o quê? – Aí ele falou pelo nariz, não falava pela boca, começou a falar: – Nnnnnnnnnnnn..... Ele não entendeu. Aí ele disse: – Eu não estou entendendo o que você está falando! – Aí chamou o Xexéu, que Xexéu fala todas (línguas) de Papagaio, Arara, Ariranha, imita tudo. E chamou ele. Aí ele disse: – Eu quero entender o que ele está dizendo aqui –. Aí o Xexéu falou: – Você vem falar o quê? O que você veio contar aqui? – Aí ele começou a falar de novo: – Nnnnnnnnnnnnnnnnn –. Aí ele perguntou: – O quê ele falou? – Xexéu: – Eu não estou entendendo não! – O chefe: – Poxa, e você que fala tantas línguas! – Ele ficou xingando. – Agora eu não quero que você fale outras línguas, acabou, chega de você ficar falando a língua dos outros –.– Aí chamou o Xexéu Preto, diz que Xexéu Preto foi criado lá, desde pequeno, aí chamou ele. Aí ele mandou perguntar: – Eu quero que você entenda o que é que ele está falando aqui! – O Xexéu não entendeu. O outro: – Ih, ele não entendeu não? Ele fala tantas línguas! Eu não sei falar, eu fui criado aqui, eu não sei se vou entender ou não –. Aí perguntou: – O quê você falou? O que você vem contar aqui? – Aí começou de novo, pelo nariz: fez som (Nnnnnnnnnnnnnnnnnnnn). – Ah, é? (entendeu). Ah, é? Poxa! – Aí ele perguntou: – O quê que ele falou?

– O Xexéu Preto: – Sim, diz que tem animal morto lá embaixo! – Todo mundo ficou contente. – Quer dizer que você vem avisar pra gente ir lá comer? – Falou: – Nnnnnnnnnnnnnnnnn –. – Ah, então ta! Todo mundo vai! – E todo mundo ficou contente. Aí tem um Gavião sabido, sabido, e saiu e falou: – É, (depois que Meyrú desceu), ele falou – É, aquele Meyrú veio falar, veio avisar a gente sobre animal morto, mas aquele animal não é de verdade, tem gente lá dentro! – Ele descobriu de longe, viu? – Eu não vou não, eu não vou. Vocês podem descer! – Aí desceu o Meyrú e aí falou: – Tá vindo! Tá vindo! – Aí os urubus desceram, todo pássaro, vieram comer bicho. Aí o último que desceu foi o Quatro-Cabeças, que vinha trazendo o dia. Quando desceu, aí veio clareando. Desceu em cima de pau e clareou tudo, tudo, tudo. O escuro foi embora. Clareou tudo. Aí o Gavião estava lá, ficava de olho, pelos olhos dele, da anta. Quando o Sol viu o Quatro-Cabeças, lá em cima, ele abriu só um pouquinho o olho e aí todos os pássaros, urubus, levaram susto. E diz que o Gavião disse: – Tá vendo? Tá vendo? Eu já te falei, tem gente aí dentro, tem gente aí dentro. Vocês não acreditaram em mim. Vocês não estavam acreditando quando eu falei lá, que este animal morto não é de verdade, tem gente lá dentro! – Aí tudo pássaro, gavião, urubu, afastaram, ficaram tudo em cima. Aí chamou Pajé do Pássaro, chamou Bem-te-vi, a gente chama o pássaro Yeru, Capayé, chama Jacuanhê, tudo pajé. Aí rezou, rezou, rezou, rezou. Nada. Aí perguntou: – Tem gente? – Não, a gente não viu nem gente aqui dentro. – Por isto que até hoje tudo pajé é mentira. Não vê, não vê. Não é pajé de verdade. Aí pediram mais pra fazer pajelança. Aí todo mundo lá. Bem-Te-Vi desceu, foi rezar pelos olhos, pelos olhos, pelos olhos, e ele não vê. Aí ele falou: – Não tem nada. Isto é animal de verdade –. Aí a primeira coisa, Quatro-Cabeças desceu bem na cabeça, e outro desceu no pé. Quando desceu, desceu, o Sol saiu pelos olhos, a Lua saiu pelas unhas, pegou, pegou. Aí levou susto. E o Gavião falou: – Tá vendo? Tá vendo? Tá vendo? Vocês nem acreditavam! Tem gente aqui dentro, eu já te falei! (risos) –. Aí diz que o Sol, Kwat, Mawutsinim, disseram: – Não, a gente não vai matar vocês. A gente precisa dia aqui embaixo pra gente viver! – Então tá. Aí tirou aquele cocar que ele trouxe, que é o dia. Cocar tumalé. E Lua também. E Quatro-Cabeças tirou

> este cocar e colocou na cabeça do Sol, colocou na cabeça da Lua. Aí ele disse: – De dia você vai ficar com este cocar, só que você não vai usar aqui embaixo, você vai ficar no Céu, lá no céu.
>
> – Sim –. ele disse. – Só que você não vai usar este aqui embaixo, você vai ficar agora no céu – Aí ele explicou: – Aqui embaixo, a gente tá lá em cima. Esta terra vira, vira, e você vai ficar parado no céu. Aí todo dia você sai, mas você não anda, fica parado. A Lua, seu irmão, fica embaixo, outro embaixo. A Lua vai ficar embaixo, você vai ficar em cima. Então todo dia o céu vira e você sai, e você tá trazendo dia aqui embaixo, pra animal viver –. Então entregou o dia pra ele, pro Sol e pra Lua. E o cocar de Lua diz que era a mesma coisa do dia. Mas Lua foi muito apagado, dizem que Lua sofreu muito, outros bichos mataram ele, bicho grande comeu ele, então foi apagando, apagando, então ficou um pouquinho da luz, à noite, só pra clarear a noite. Antes era igual. Então ficou este dia pro Sol, dia pro Lua. Então até hoje tem dia pra nós. É assim que o Sol e a Lua conseguiram dia pra nós aqui. E ficou.

A figura do Urubu como portador celeste do fogo-luz é comparável ao mito grego de Prometeu, que tem o fígado devorado por um abutre, após ter roubado o fogo dos deuses. Por outro lado, um confronto interessante se dá toda vez que Sapaim explica que Lua é homem, embora ligado ao gênero feminino de modo peculiar. O moronetá ainda nos diz que a luz do Sol e da Lua não são originários deles mesmos, mas vieram de uma instância mais alta e foram trazidas para baixo. Isto nos lembra muito o mito gnóstico egípcio que dizia que a luz espiritual provém de cima, do Pleroma celestial, das alturas mais elevadas, e o ente solar – Cristo – e sua consorte gêmea – Sophia – desceram de esferas intermediárias, trazendo para a terra escura e moribunda a luz divina.

Arawutará e seu amigo morto que voltou

Através deste mito, Sapaim explica sobre os *inhan'g* – as almas dos mortos, uma variedade de *mamaé*. Quando uma pessoa morre, torna-se *mamaé* e, portanto, algo diferente de uma pessoa normal. Há muitos mundos invisíveis e muitos "andares" no mundo dos mortos. Em certos níveis, o mundo dos *inhan'g* é parecido com o dos viventes, num primeiro olhar. Mas, quando se prestam atenção nos detalhes, algumas coisas, do outro lado, são no mínimo "estranhas". Este *moronetá* é o relato de como um vivo foi ao outro lado e voltou, contando o que viu aos parentes, ou seja, o relato de uma viagem iniciática.

O nome *Arawutará* é sinônimo de *Iwakakapé*, "o caminho do céu". Aqui, Sapaim fala da dualidade formada pelo encontro entre um vivo e um morto, onde o mito ressalta a estranheza de cada um deles frente ao mundo do outro. O morto torna-se um estranho, digno de produzir medo, não mais pertencente ao mundo dos humanos. Por outro lado, o vivo é o estranho no mundo dos mortos. Há uma descontinuidade entre o mundo de cá e o mundo de lá. No além, as almas desaparecem, em certo momento. São devoradas por pássaros. Este devoramento das almas por pássaros, e principalmente por um enorme Gavião, o Uirapy, é um ato canibalístico que remete à cosmologia dos índios araweté, cujas almas são comidas pelos deuses Maí. Também é muito semelhante ao destino dos mortos concebido pelos índios bakairi, que relatam a passagem do morto pelo caminho da Via Láctea e o ataque e devoramento das almas por pássaros, chefiados pelo Urubu. E ainda é semelhante ao destino dos mortos entre os guarani, cujas almas devem atravessar um caminho e escapar do devoramento pela coruja Yrucureá e pelo Anay. Para o ocultismo do Velho Mundo, as almas acabam também, no que se denomina "segunda morte". O corpo astral do falecido é dissolvido, "comido" pelo Grande Astral. Esta concepção existe no budismo e no hinduísmo. Somente o espírito eterno sobrevive, – o *Atma* do hinduísmo – mas não mais como alma, como a personalidade que animava a alma então dissolvida. Aqui, portanto, o mito indígena nos fala do destino final das almas, dissolvidas após a morte. Não fala do espírito, o *neeng*. Sapaim detalha em suas palestras o mundo invisível (mamaé-aretam), descrevendo-o como constituído por camadas, ou céus (-aretam), e por um grande caminho celestial (Iwakakapé, "caminho do céu"), correspondente à Via Láctea. Esta descrição folheada do cosmo – as "esferas" dos pitagóricos – é semelhante à de diversos grupos tupi-guarani. Sapaim sempre remete a este mito, para explicar como é que as almas se situam do outro lado, no mundo invisível, e o que acontece com elas. Para o índio, sonhamos com nossos mortos enquanto estes ainda não foram comidos pelos pássaros. Quando estes devoram as almas, não mais podemos tê-las nos sonhos – elas perderam a forma de representação e se afastaram da nossa imaginação. Sapaim disse-me que a alma de seu pai ainda sobrevive em algum céu ao ataque dos pássaros, porque ele ainda aparece em seus sonhos.

Entre os índios araweté, as almas são comidas pelos deuses e depois refeitas, ressurgindo como espíritos *Mai*. Para os guarani, as almas voltam a reencarnar. O processo de morrer, ou seja, de ir ao mundo dos mortos e retornar, ainda em vida, equivale a uma iniciação, ideia comum a diversos povos antigos do Velho Mundo. Arawutará vai ao mundo dos mortos e retorna, e, neste sentido, torna-se pajé. Arawutará é um renascido, um iniciado. A experiência de morrer é iniciadora. O mito também se refere ao fato de que o amor entre dois seres humanos sobrevive à morte. Finalmente, a narrativa de Sapaim é a seguinte:

> *Antigamente, eles ficaram amigos. Amigos verdadeiros mesmo, grandes amigos. Sempre saem juntos, pra caçar, pescar, plantar, tomar banho juntos, comer juntos, banhar no rio juntos. Todo dia saem junto, e eles dormem assim lado a lado, na oca deles. Sempre conversando, contando estória, estória antiga que amigo dele viu antigamente – só que eu não sei qual o nome desta pessoa amigo dele. Eu sei que o outro amigo dele se chama Arawutará, que significa "caminho do céu". Até hoje eu dei o nome pro meu filho, Arawutará. Aí sempre saem juntos, não largam. Sempre juntos. Qualquer lugar estavam juntos, não largavam. Pintavam juntos, dançavam juntos. E ficavam assim, sempre. E*

ficaram muito tempo amigos, não largavam, não saem longe um do outro, um não saía sozinho, sempre saíam juntos. Então, de noite, um deles ficou falando pro amigo: – Poxa, por que a gente ficou grande amigo? Não tem uma pessoa assim como a gente, que vive sempre. Tem pessoa que fala "amigo", mas não é verdade, não é amigo verdadeiro. Só amigo assim de longe. Só que eles não ficam assim juntos como ficamos, como grandes amigos. A gente fica amigo, grandes amigos, como se fôssemos irmãos. A gente é irmão mesmo, só que a gente fala "amigo". Nosso irmão, eu sou mais velho do que você – dizem que Arawutará era mais novo. – Então eu gostei muito de você. Eu vi você quando era menino. Você cresceu. E eu senti a sua energia boa. Então, hoje, nós somos amigos. – "meu amigo", em nossa palavra é Yeru'p – Nós somos Yeru'p, amigos, companheiros –. A nossa palavra Yerup é irmão, companheiro, também. E eles ficavam conversando nesta hora, de noite, contando estórias, perguntando qual a mulher que você namorou, ficava perguntado, ficava rindo e brincando. E o amigo mais velho disse: – Poxa, você é novo, eu sou mais velho. Você não sabe ainda como namorar uma cunhã. Assim que você conseguir uma cunhã pra você, você não vai esquecer nunca. Sempre você vai lembrar-se dela, porque não sei se você vai gostar dela e ela de você. Se você gostar muito dela, você não vai largar nunca. Vai ficar sempre namorando. Eu fiquei assim... E ficava contando como o amigo dele namorou pela primeira vez. Então ele estava contando: – Só que cunhã não é muito bom pra gente. Quando você casar com quem você gosta – e se você gosta dela primeiro e ela também gosta – e, pouquinho mais tarde, mulher briga, mulher não é bom não –. Ficava contando: – Mulher não é bom. Mulher briga. Mulher tem ciúme. Se você fica com ciúmes, você briga por causa dos ciúmes. Você não vai gostar de ver sua mulher com outra pessoa. Você fica com ciúme. Se você gostar de outra mulher, sua mulher fica com ciúmes de você. Porque ela não quer que você namore outra mulher. Ela quer que você fique só com ela. Então, a mulher briga. Eu fiquei assim –. O amigo falou: - Eu fiquei. Eu gostava muito da mulher. E depois que eu casei, e a gente ficou bem no primeiro casamento. A gente saía com ela, sempre junto. E o que ela fez comigo é errado: ela gostou de outro homem, de outra pessoa. Então eu to vendo ela sair escondido. Ela pensava que eu não sabia que ela tava namorando outro homem. Depois eu descobri o homem que tava namorando a minha mulher. Aí eu o vi com ela, mais eu não tive ciúme –, amigo falou. – Eu não tive ciúme e a gente brigou um pouco. Mas eu não bati na mulher não. E eu também não fiquei bravo com aquele homem que namorou minha mulher. Eu conversei. Porque eu não tenho ciúme. Você tem que aprender isto, como eu –, amigo explicou pro outro. E ficaram, ficaram juntos, conversando. Aí ele disse: – Poxa, porque a gente não larga? A gente é nosso amigo mesmo! Você é meu grande amigo. Eu gosto muito de você! Você também gosta de mim. Eu não sou pessoa ruim, eu sou pessoa boa. Você também –, amigo respondeu. Aí ele disse: – Poxa, quem sabe, amigo, não vai acontecer mais tarde, você e eu? Se eu morrer primeiro que você, ou, se você morre primeiro: eu vou lá buscar você. Se eu morrer primeiro: eu venho buscar você. Porque eu não vou deixar você sozinho. Eu venho buscar você se eu morrer primeiro. Eu sei que vou morrer primeiro –, diz que o amigo dele, o mais velho, falou. – Eu sei que você não vai morrer agora. Você vai viver muito tempo. Eu é que vou morrer –. Aí o amigo dele falou: – Poxa, por que você fala isto? – Não, eu to te falando: eu sei que eu vou morrer. Daqui mais tarde vai chegar meu tempo, eu vou morrer. Eu não vou ficar muito tempo sempre não. Só que o seu tempo não vai chegar agora. Mais tarde o seu tempo vai chegar. Aí você morre. Vai chegar o meu tempo. Eu vou morrer. Eu to te falando pra você agora que vai chegar o meu tempo e que eu venho buscar você, pra você me acompanhar. Aí nós vamos juntos –, ficou falando. Aí o Arawutará falou: – Poxa, amigo! Você fala isto pra mim? Eu to triste! Eu não quero que você fale isto pra mim, que você vai morrer! – E amigo respondeu: – Não, não! Você não sabe, rapaz! Você não sabe! Vai chegar meu tempo. Eu já to sonhando que vai chegar o meu tempo. Um dia vai chegar meu tempo. Eu vou morrer! – e o amigo dele falou: – Se você vai morrer, como é que eu vou ficar? Eu vou ficar sozinho? Será que eu vou conseguir uma pessoa que nem você? – Aí ele respondeu: – Não, você vai conseguir –. Aí ele disse: – Não! Nunca que eu vou conseguir um amigo igual a você! Único! Únicos, a gente! Somos grandes amigos. Poxa! Não fala isto não, meu amigo!

– Aí ele falou: – Então tá! Eu acho que vou viver muito. Eu não vou falar mais que vai chegar o meu tempo. E vai demorar que eu vou morrer. Ainda vou ver você casar. Vai demorar. Ainda vou ver você –. Aí respondeu Arawutará: – Eu acho que você não vai me ver mais! Você está falando que vai chegar seu tempo! Você vai morrer, eu to sentindo! – Aí ele respondeu: – Pois é, amigo. Pois é. É a última vez agora que você está me vendo. Daqui a três dias, quatro dias, vai chegar o tempo em que eu vou morrer –. Aí ficou. Ficou mais um ano, mais dois anos. Já ficaram muitos anos vivendo, andando, pescando, caçando, fazendo oca juntos, plantando. Qualquer lugar eles iam juntos. E aconteceu: o amigo dele ficou doente e ficou só dois dias e amigo morreu, morreu. E o amigo que ficou muito triste, muito, muito, muito triste mesmo. Aí ele parou de dançar, parou de pintar, parou de rir, ele raspou todo o cabelo de tanto que ele ficou triste. Aí ficou triste, não saía no centro (da aldeia), ficava só na casa lembrando, sentindo saudades, chorando. Todo lugar que ele foi com ele, ele ficava lembrando, sentia saudades, chorava onde eles ficavam aonde eles iam. Aí ficou. Aí passou um ano, triste. Depois de um ano, a lua fez eclipse[12] – isto é pra nós. A lua fez eclipse – não sei se foi de noite, diz que foi à noite. Aí ele lembrou, chorou muito, dentro da oca primeiro, chorou muito, triste. Todo mundo chorou. Todo mundo chorou, a família do que morreu. E com eles ele chorou. Aí ele lembrou: – Poxa! Estou esquecendo do que meu amigo falou! Ele falou que ele vem me pegar. Ele disse pra mim. Então, agora eu vou procurar o meu amigo –. Aí Arawutará saiu pelo caminho, foi chorando, procurando: – Cadê você, amigo! Eu to aqui! Você falou que viria me buscar! Eu to procurando você agora! – Aí, o caminho do céu desceu. Diz que este amigo que andou procurando o amigo, como daqui lá na rua, um pouquinho longe da aldeia um pouco, ele viu o caminho do céu descendo. E o caminho do céu desceu até o chão. Ficou assim. Aí ele viu o amigo dele. Aí ele disse: – Amigo, eu to aqui agora! Eu vim buscar você! – E o amigo caiu, desmaiou. Aí ele ficou no chão desmaiado. Aí ele respirou, levantou. Aí o amigo dele falou: – Eu já falei pra você que hoje eu vim buscar você pra você sair comigo! – Aí chamou o amigo e este amigo andou, andou. Aí chegou perto dele. Aí ele mandou subir, que podia subir. Ele subiu pelo *caminho do céu e o caminho do céu levantou. Aí foi embora. Chegou lá, no caminho da alma da pessoa, da gente, aí ele disse: – Agora, amigo, senta aqui e me espera aqui. Eu vou buscar flecha lá na minha oca –. Aí o amigo ficou. Aí ele viu as almas, as pessoas que morreram passando. Todo mundo passou enfeitado. Então elas sentiram o cheiro, que é diferente. Então as almas ficavam passando por ele e ficavam cuspindo. As almas não gostaram do cheiro dele. E ficavam falando quando passavam por ele: – Tem gente aqui! Que cheiro ruim! – Todo mundo passou por ele, cuspindo. Todo mundo passou. Por último, o amigo dele voltou, voltou com flecha. Aí ele chamou: – Vamos embora, amigo! Você viu todo mundo que passou aqui? – Eu vi! Só que eles estavam cuspindo! – É. Eles estavam cuspindo porque a gente sente este cheiro. O seu cheiro é diferente! – Aí chamou: – Vamos embora! – Aí caminharam. Diz que o caminho, a estrada era que nem rua. Limpo. Não tem capim, não tem mato. Aí andaram. Aí encontraram no caminho uma primeira ponte atravessando uma água. Aí todas as almas ficaram com medo. A ponte ficava virando assim (seria uma cobra?). E todas as almas ficaram com medo da ponte. Aí as almas procuraram: – Cadê aquela pessoa que veio, sem ser espírito, sem ser alma? – Aí o amigo falou: – Ó, o pessoal tá procurando você! – E chamou. Ele foi e as almas falaram: – Como é que resolve esta ponte! A ponte está toda virada, mexendo. A gente tem medo dela! – Aí diz que ele falou: – Não, esta ponte aí não faz nada! Não vai mexer com vocês –. E ele entrou, pisou na ponte e a ponte parou. Aí ele chamou as almas: – Podem passar! – e as almas passaram. Aí andaram de novo. A ponte não era cobra, era ponte mesmo. Aí encontraram no caminho um sapé. Então, aquele sapé nascia ali pelo caminho, tudo cheio de espinho onde nascia o sapé. Tava cheio de espinho pelo caminho. Quem ficou na frente pisou naquele espinho do sapé e a alma da pessoa morreu. Aí acabou a alma. Aí chamaram de novo o Arawutará. Aí ele disse: – Não, isto aí não é nada! – Aí ele pisou, pisou tudo. Aí chamou as almas: – Podem passar! – E elas passaram. E todas as almas ficavam com medo de qualquer capim, de qualquer pássaro. Todas ficavam com medo. E escureceu no caminho. Aí o amigo dele falou: – Agora, amigo, eu vou arrumar a rede pra você descansar, pra você dormir –. Aí todas as almas se espalharam: Viraram coruja. Todas as almas que iam brigar com pássaro viraram coruja. Foram comer gafanhoto da noite, grilo, barata, tudo. Bichos que tem de noite. Aí este amigo da pessoa... Arawutará dormiu. Aí ele disse: – Pode dormir! Eu vou comer grilo e você pode ver que todas as almas viram bicho. Eu vou virar bicho também. Você pode dormir só que você não vai levar susto. Você não pode ficar com medo de mim quando eu voltar. Você pode dormir que eu vou chegar eu vou ficar com a minha cabeça pra lá e vou dormir. Só que você não vai ficar com medo de mim não –, ele avisou. Mas ele não entendeu. Aí todas as almas se espalharam. Aí o amigo voltou de madrugada, acho que três horas, quatro horas, e amigo deitou e dormiu. E depois ele sentiu, ele acordou, ele sentiu o corpo bem mole, mole, mole, mole. Aí diz que ele falou: – Poxa, o quê que é isto? – Aí ele acordou bem. Acordou e ele viu, ele olhou e viu uma cobra, uma cobra muito enrolada dentro da rede. Aí, Arawutara ficou com medo. Levantou e ficou com muito medo dele. Aí ele pegou a rede assim, aí o amigo caiu, aquela cobra caiu. Aí ele disse: – Poxa! Sou eu, amigo! Eu já falei pra você. Você pode dormir. Eu já' falei pra você não ficar com medo. Eu não sou cobra. Eu sou pessoa –, ele falou: – Eu sou pessoa, eu não sou cobra não –. Aí ele virou uma pessoa. Diz que Arawutará ficou tremendo de medo. Aí amanheceu. Aí foram de novo. Andaram. E chegaram meio-dia na aldeia dos pássaros: gavião, arara, tudo pássaro bravo. Tem passarinho, só que esqueci o nome do passarinho. Só que passarinho você não repara o cabelo do passarinho... O nome do passarinho na nossa língua chama Siuaên. Então, este passarinho usa cabelo, cabelo da gente, de verdade mesmo ele usa. Porque este passarinho come a alma das pessoas. Então, este pássaro, este passarinho, arranca o cabelo da alma e coloca na cabeça. Então, até hoje tem cabelo na cabeça do pássaro, do passarinho que chama Siuaên. Você podia ver este passarinho. Aí amanheceu. Aí andou de novo. Aí chegou à aldeia dos pássaros bravos que pegam alma. E todos os pássaros, gavião, arara – tinha vários gaviões lá em cima – só pássaro bravo. Aí estas almas brigaram, flecharam. As almas de mulher bateram com os pássaros com pau. Então, este Arawutará estava salvando as almas. Foi pra lá, pra cá, prá lá, pra cá,* pra cá... Enquanto ele tava salvando outra alma, ele não tava vendo que o gavião pegou uma alma de pessoa. Aí a alma da pessoa acabou. Não tem mais alma. Acabou mesmo, porque o gavião pegou. Pássaro também pega. E ficava andando. E ele aproveitou pra pegar as penas de gavião, o rabo, arara, arara azul. Tudo que é gavião que fica lá em cima, que a gente não vê estes outros gaviões, ele aproveitou pra tirar as penas deles, rabos. Ele pegou muito. Ele tirou muito rabo de gavião bravo. E tem um gavião bravo que chama Pipiwá, que vive só à noite. Este aqui a gente não vê sempre. Quando terminou, aí todas as almas pararam. Diz que as almas não aguentam ficar brigando com os pássaros. Diz que as almas da gente não aguentam mais fazer isto. Todo mundo ficou cansado e parou. Aí todas as almas voltaram de novo. Voltaram. E dormiram no caminho, mesmo coisa que eles fizeram: espalharam, viraram coruja. E amigo do Arawutará não virou mais, só viraram outras pessoas em outros pássaros que vivem de noite comendo grilo, gafanhoto, E amanheceu: E todas as almas foram embora pra aldeia. Tem aldeia lá no céu onde ficam as almas. Tem oca, tem dança. Diz que tem todo dia dança lá. Diz que lá em cima é muito melhor do que aqui embaixo. Diz que aqui a gente vive no mato. Diz que lá tem lugar bom, limpo. Então a gente não tem culpa quando a gente morre. E o amigo dele trouxe. Trouxe muito daquela pena de gavião, tudo bonito – a gente nunca vê este gavião que fica lá em cima, que tem pena diferente, rabo diferente. E ele disse: – Agora, amigo. Você já viu nossa alma como briga com pássaro, gavião. Por isto eu falei pra você, eu fui buscar você pra você ver como a alma briga com pássaro. É assim que você vai brigar! – Diz que ele falou: – É assim que você vai brigar quando você vai morrer. Você vai morrer daqui até mais tarde. Já está perto. O seu tempo vai chegar! – Aí diz que ele falou: – Será, amigo? Será que eu vou morrer? – ele disse: – Não, eu tenho que morrer mesmo! Eu tenho que vir pra cá, junto de você e ficar como a gente vivia, junto, sempre –. Aí ele disse: – Agora eu vou levar você –. Aí o caminho do céu desceu, diz que era de noite. E a mãe ficava chorando. E a mulher dele raspou todo o cabelo, ela pensava que ele morreu. Ela pensava que ele tinha sumido no caminho. Ela não sabia que o amigo levou. Aí desceu. E amigo desceu e o outro amigo ficou lá. O amigo não desceu no chão, ficou lá ainda no caminho do céu, em cima. Aí diz que ele falou: – Amigo, pode ir embora. Você já viu como a gente briga com pássaro. Todas as almas brigam com pássaro. É assim que você vai brigar –. Aí mandou embora: – Só que você não vai virar pra trás. Não vai me olhar não! Vai embora direto. Não vira pra trás –. Ele não entendeu. Ele andou como daqui assim lá fora aí ele virou, virou pra trás. Olhou amigo. O amigo dele mostrou mão assim: cinco dedos. Ele tava mostrando cinco dedos, ele tava dizendo: Você vai ficar cinco dias, você morre. Tava marcando o dia, cinco dias. Aí foi embora. Chegou lá de noite. Aí a mãe chorou, a mulher dele chorou quando ele chegou. E amanheceu. Aí saiu fora da oca. Todo mundo viu que ela já tinha chegado. Todo mundo falou pra ele: "você sumiu! Você foi embora não sei pra onde." – É, eu fui com meu amigo lá no céu. Eu fui ver nossa alma brigar com gavião! – Aí mostrou pena. Tudo pena com rabo de gavião diferente dos gaviões daqui, daqui de baixo. É muito diferente a pena de lá, pena do Uirapy é diferente. Diz que lá a pena é diferente, é mais bonito. Ele mostrou. Ele distribuiu um pouco pras pessoas lá. Aí ele contou como foi com o amigo. Ele contou tudo direitinho, como nossa alma vive lá em cima. Então, como ele foi assim sem ser alma, foi de corpo, então até hoje tem estória do que ele viu. Esta estória tá passando pelos outros, pelas crianças. Então, quando a gente ouve esta estória, a gente não tem medo, a gente não preocupa quando vai morrer. Diz que lá as almas ficam todas alegres, alegres. Elas dançam muito, muita dança. Sempre vivem dançando. Só que alma não tira mais aquele enfeite, de cinto, não tira mais. Sempre a alma vive enfeitada. É assim que é a estória do Arawutará, quando ele viu lá no céu, quando ele foi com o amigo dele. Estória do Arawutará...

O assim denominado "corpo astral", no ocultismo do Velho Mundo – denominação oriunda do neo-platonismo egípcio-alexandrino – constitui-se de uma essencialidade animal dentro do ser humano. Há, portanto, na concepção do ocultismo do corpo astral, uma relação essencial entre a psique humana e a psique animal. O corpo astral sobrevive à morte física, mas é dissolvido *a posteriori* numa espécie de segunda morte.

É interessante lembrar que, etimologicamente, "animal" e "alma" são termos cognatos, derivados da *anima* latina – termos estes distintos semanticamente de "espírito". Assim, parece pertinente pensar que uma entidade animal, desprendida do ser humano, possa também assumir formas animais – as almas dos mortos transformam-se em pássaros ou em cobras. Uma bela metáfora da animalidade da alma astral. Este enredo do mito kamayurá lembra muito outro dos guarani apokakúva, que denominam a "alma animal" por *acyguá*, dotada, de fato, de características animais, enquanto o espírito, o elemento eterno que irá para a "Terra-sem-Mal", corresponde ao *ayvucué [ayvu]*. O *acyguá* será devorado pela Coruja Gigante, sendo, portanto, finito, ou se tornará uma "alma penada" (*tavycué*). Comparando a cosmologia kamayurá à guarani, a primeira silenciou sobre a noção de um espírito sobrevivente à desintegração da alma perecível. Penso que esta noção pode ter sido perdida, gerações atrás, pelos pajés kamayurá.

Os mamaé ou espíritos da natureza

A cosmologia kamayurá é fundamentada na relação entre as pessoas e o mundo visível, por um lado, e os espíritos (*mamaé*) e o mundo invisível, por outro lado. As pajelanças também são fundamentadas na cosmologia dos *mamaé* e é a partir desta última que o pajé dá explicações sobre a doença e a cura de seu paciente. Os *mamaé* estão presentes onde o pajé estiver. As melodias que Sapaim toca em sua flauta também são atribuídas aos *mamaé* – estes seriam os autores. Eles ensinam a melodia e o executor a repete em sua própria flauta.

Os *mamaé* são não-humanos, vinculados às almas dos mortos (as quais, já vimos, também podem ser referidas como *mamaé*). Por princípio, são perigosos ao contato direto com humanos. Entretanto, uma vez sob a perspectiva dos próprios *mamaé*, seus qualificativos são bastante semelhantes aos dos humanos. Sapaim diz que o "Mundo dos *mamaé*" é igual ao nosso aqui: "tem aldeia, canoa, mandioca, peixe, dança, flauta; eles comem, dormem, bebem, têm mulher e filhos, fazem casas, fazem tudo igual; só que lá é bem mais bonito que aqui". Sapaim, em suas palestras, fala de cinco mundos de *mamaé*, como que superpostos. Ele sempre diz já ter conhecido cada um destes cinco, através dos sonhos: "eu durmo num lugar e sonho que vou para o seguinte; aí durmo neste outro e sonho que vou para o seguinte; e assim vou sonhando e passando de um pra outro". É uma noção semelhante à de um cosmo escalonado, das gnoses helênicas, como das sete *esferas planetárias*, ou aos diversos *shamayim* (céus) da literatura judaico-cristã, cujo número varia entre três, cinco ou sete e dez. Lembra também a viagem iniciática de Dante na *Divina Comédia*, em especial na parte em que o poeta italiano, guiado por Beatriz, vai ao Paraíso.

Sapaim disse-me, a respeito dos *mamaé*, que eles são tão antigos quanto Mawutsini (o Demiurgo); eles podem ser machos ou fêmeas, podem ter filhos e parentes, ficam velhos e vivem muito, muito tempo, embora um dia morrem. Tem os *mamaé* antropomórficos, que ensinam danças e transformam pessoas em pajés, e tem os *mamaé* selvagens, teriomórficos, mais vinculados à natureza, que atacam as pessoas e fazem o mal. Há mulheres-mamaé (*mamaécunhã*), que agarram homens na floresta com o objetivo de "fazer *kirim-kirim*" [sexo] até que eles morrem. Por isto, os homens levam consigo algum objeto pertencente a uma mulher, pois a proximidade do cheiro de mulher pode afastar estes espíritos femininos. Sapaim diz que elas são muito bonitas, enfeitadas de jenipapo e de cabelos negros e compridos. Uma delas – relata Sapaim nas palestras – está aparecendo na Aldeia Matutire dos kayapó, perto de uma cachoeira. Sapaim afirma que "mesmo na Europa e nos Estados Unidos (ele já viajou até o exterior) os *mamaé* são iguais aos do Xingu". Tem *mamaé* que vive dentro de uma árvore. Quando a árvore seca, ele se vai. Tem *mamaé* que vive dentro dos cupinzeiros e são como pequenos anões, parecendo crianças. São os *mamaé pitang* ("mamaé bebê"). Se alguém os matar, eles se transformam em cobras. Sapaim relata muitos casos e detalhes sobre os *mamaé*. Eis um deles: "Um dia, a gente foi até uma lagoa perto dos kamayurá chamada Miararé, a lagoa dos bichos. Fomos de canoa e tinha um *mamaé* macho que era o 'dono da lagoa'. Ele é muito branco e estava em cima de uma árvore. Ele saltou lá de cima quando viu a gente mergulhou dentro d'água."

Para Sapaim, os animais zoológicos são seres que tem ligação com um mundo regido pelos *mamaé, donos dos animais*. Estes donos dos animais são uma noção que se assemelha ao que, no ocultismo do Velho Mundo, se diz como "alma grupo". Uma alma grupo seria um indivíduo em si, cujas emanações constituem os diversos espécimes semelhantes. Uma alma grupo teria consciência individual e, teoricamente, poderia se comunicar com o ocultista, mantendo com ele um diálogo. Quando uma espécie entra em extinção, a sua alma grupo perde a forma de então, e assume outra forma, gerando outra espécie mais evoluída. Assim, as almas grupo morrem, ou melhor, se transformam.

O antropólogo Reichel-Dolmatoff (1975) descreve os espíritos *Vai-Mahsé*, dos índios tucano, como espíritos animais específicos, distintos dos animais (presas), com os quais os pajés devem negociar a caça. Os pajés tucano sempre negociam com as almas grupo se podem ou não caçar "seus filhos". Sapaim diz que nem sempre recorre a esta prática, de pedir ao *mamaé* permissão para caçar seus filhos. Mas, numa pescaria, vi-o rezar, junto com outros pajés, para o *mamaé* peixe para facilitar a captura dos seus filhos em troca de algumas coisas. Ele também se refere a um ou outro *mamaé* como "o dono de tal animal" – "O dono da anta", ou invés de "*mamaé* anta", por exemplo. Ou quando ele diz: "o *bem-te-vi* é pajé", estaria falando de Pitawã, o bem-te-vi, um pajé mítico que ajudou o demiurgo na criação, e que tem relação com os *bem-te-vis (pitangus sulphuratus*[13]*)*. Metonimicamente, Sapaim atribui a todos os pássaros *bem-te-vis* uma relação com o *mamaé* bem-te-vi.

Sapaim disse, numa de suas palestras, que "tem *mamaé* que é feito por gente". Isto implica numa outra significação para o termo. Um *mamaé* é também algo que pode ser produzido por alguma pessoa. Sapaim diz que é uma "energia" (um termo não indígena que ele aprendeu com os brancos, mas que serve para explicar a noção indígena de influência de um ser sobre outro). Além disto, Sapaim certa vez disse-me que seu *Inhan'g* [alma de um vivo] sai do corpo pela cabeça, quando ele sonha, e, assim, "ele vira *mamaé*". Sapaim disse-me que os *mamaé* só aparecem vestidos sob roupas xinguanas – os *ariru*. Despido do *ariru*, "ele fica parecendo uma pessoa mesmo". No Xingu, há *mamaé* comuns, que nunca são festejados, e há *mamaé* especiais, que sempre são festejados. Os heróis demiurgos, *Mawutsini*, *Kwat (Sol)* e *Yau (Lua)* também são definidos como *mamaé*. Os personagens dos mitos, como, por exemplo, Pakuen, o Gaivota, que ensinou às mulheres o plantio e preparo da mandioca, também são ditos serem *mamaé*.

Uma atribuição importante dada por Sapaim aos *mamaé* é a de que estes últimos são os verdadeiros autores de todo artefato cultural: são os *mamaé* que ensinam as músicas, as rezas, a fabricação de instrumentos musicais e de objetos domésticos. Os *mamaé* são entes criadores de cultura, além de "donos" de animais, de vegetais, de lugares e de coisas inanimadas. Os *mamaé* reúnem em si natureza e cultura. Todas as flautas sagradas xinguanas, a *yakui*, a *yakuicatu*, a *kurutai*, a *uruá*, a yokokó foram inventadas e dadas às pessoas pelos *mamaé*. Foram os *mamaé* que deram às pessoas a mandioca, que ensinaram sobre o tabaco e a pajelança, as danças e os adornos corporais.

Sapaim diz que todo pajé verdadeiro tem o "seu *mamaé*", ou seja, seu espírito auxiliar. Mas, não é o pajé quem manda no *mamaé*, mas o contrário. O pajé é que é o *xerimbabo*[14] do *mamaé*. O que Sapaim pode fazer é limitado à vontade e ao poder do *mamaé*. Sapaim disse-me que seu *mamaé*, cujo nome é *Ypotramaé*, o trata por "meu neto". Takuma, irmão de Sapaim, também grande pajé, deu-me informação análoga – seu *mamaé* é *Simuiakuiarí*, o Peixe-Agulha. E, nos mitos, sempre o *mamaé* protetor trata o humano por "meu neto". Aqui, a interação do pajé com o seu *mamaé* tutelar reproduz uma relação íntima e afetuosa de parentesco. A mesma ideia de um espírito-guia, ou *manitu*, ou *animal-de-poder* existe entre os índios meso e norte-americanos.

Sapaim afirma que os *mamaé* tem senso de humor, riem, jamais choram, mas ficam raivosos. Contou numa palestra que um dia seu *mamaé* apareceu ao lado de sua rede e sentou-se em um banquinho. Então, Ypotramaé perguntou-lhe: "Meu neto, você quer ver uma coisa bonita?". Sapaim respondeu que sim. Então, o *mamaé* o conduziu para a outra extremidade da aldeia. Lá, atrás de uma maloca, Sapaim viu um casal fazendo sexo, "a mulher estava por cima do homem". Sapaim riu muito ao contar isto e disse que teria sido uma brincadeira de seu *mamaé*. O homem que fazia sexo conduziu Sapaim de volta à sua rede, pois este se encontravam, na ocasião, "meio bobo" por estar, reconhecidamente, "virando pajé". Assim, Sapaim afirma que seu *mamaé* é capaz de pregar peças e de agir de modo jocoso, como um *trickster* (um espírito brincalhão).

Sapaim afirma que se uma pessoa comum avistar um *mamaé* de repente, ela ficará doente e poderá até morrer. Ela ficará doente "da doença daquele *mamaé*". Cada *mamaé* produz doenças específicas. Somente um pajé poderá salvá-la. E mesmo um pajé que vê um *mamaé* pode adoecer. O pajé, porém, saberá como livrar-se da doença. Assim, um doente e um pajé têm certa semelhança: ambos são vítimas da possessão por parte de um *mamaé*. Sapaim disse-me que os brancos que ficam loucos, na verdade, estão querendo virar pajé; e, como os brancos não sabem como lidar com isto, jamais os loucos se livram dos *mamaé*. Sapaim disse-me isto logo após fazer pajelança, na cidade, em um rapaz mineiro, portador de um evidente quadro psiquiátrico. Refletindo sobre isto, o termo ocidental, cunhado por Bleuler, "esquizofrenia" (onde *schizos*, "partido", e *frénos*, "alma" = "alma partida") também significa uma cisão entre duas vontades, dois instintos e duas entidades dentro de uma única pessoa, partidas e discordantes, uma, a pessoa racional, socialmente "humana" e outra, a pessoa irracional e humanamente a-social. A condição do *mamaé*-auxiliar do xamã é um processo de integração à sua condição, superada a patologia inicial que o contato com o *mamaé* produz no futuro pajé. Antropólogos já observaram que, nas sociedades dos brancos, sem xamanismo, a incidência de patologias mentais seria maior do que nas sociedades indígenas xamânicas.

Ao listar Sapaim os *mamaé*, vê-se de que não se tratam de seres individualizados, únicos, mas sim de espécies ou tipologias de espíritos. Por exemplo, quando ele relata o modo de se obter o "osso do *mamaé* Anhan'hu", amuleto capaz de tornar o portador invisível. O "osso" é encontrado nos lugares onde "muitos Anhan'hu" foram mortos. Eles podem ser mortos por envenenamento através de certas plantas ou queimados. Assim, não existe um único Anhan'hu, embora se costume falar do "mamaé Anhan'hu" como se fosse um indivíduo. Trata-se de uma espécie. Inclusive, acredita Sapaim, um humano portador de osso de Anhan'hu pode se transformar num deles. Evidentemente, o osso do *mamaé* é invisível.

Outro ponto que chama a atenção é que o doente que foi atacado por um *mamaé* torna-se, o próprio doente, em fonte reveladora daquele *mamaé*. "Quando a pessoa melhora, ela conta como é que aquele *mamaé* dança e a gente dança igual". Assim, o doente de *mamaé* adquire uma condição muito próxima da do pajé, ou seja, de um conhecedor de coisas que existem do lado de lá do mundo invisível. "O doente está quase virando pajé", diz Sapaim. E o pajé, por outro lado, pode ser compreendido como um doente que esgotou todo o processo. Cada *mamaé* determina uma diferente *síndrome*, ou seja, um cortejo de sinais somáticos e de sintomas psíquicos que lhe é característica, específica. Nem todas as doenças, entretanto, são causadas por *mamaé*. Há "doenças de branco", viroses, envenenamentos, acidentes, etc.

Sapaim e seu irmão Ayupu relataram-me, ambos, em ocasiões diferentes, o hábito dos feiticeiros se metamorfosearem em animais. Os feiticeiros dispõem, para que possam se transformar, de ervas mágicas que passam pelo corpo, realizam abstinência sexual e, o mais importante, tem que encontrar uma "roupa" (*ariru*) de animal. Estas roupas mágicas são encontradas no mato e foram criadas há tempos por *Mawutsini*, o Demiurgo. Não são roupas feitas por mãos de gente. Caso o feiticeiro faça sexo (*kirim-kirim*) durante o período em que usa a roupa, conforme o relato, a roupa o "engolirá" e ele se tornará bicho para sempre. Esta noção de uma veste ou forma mágica que transforma o portador em um ser diferente, uma metamorfose completa, parece incrível demais aos ouvidos do branco. Mas é uma certeza muito clara, entre os xinguanos, que estas roupas existem e que têm tal poder. Mas tal prática é condenada e relegada somente aos feiticeiros, os que praticam o mal.

Desenho de um mamaé, feito por Sapaim para o autor.

A *abdução dos dois meninos pelos mamaé*

Esta narrativa do rapto torna-se interessante por mostrar como, para o índio, reúnem-se a dimensão mítica dos *mamaé* e a dimensão dos acontecimentos cotidianos. Acredita-se que crianças podem sumir, abduzidas por espíritos. Há passagens mágicas entre o mundo encantado e o mundo comum. O *moronetá* tem semelhança com mitos ameríndios outros que falam do rapto de crianças por espíritos. O tema já foi descrito por antropólogos entre outras etnias. Os próprios kamayurá têm um relato sobre a menina Tacuavecê que foi levada por um *mamaé* Uaracim e ficou vivendo maritalmente com ele (Villas Bôas, 2000). Também encontramos estórias semelhantes nos contos-de-fadas dos irmãos Grimm, onde crianças são raptadas e levadas para a floresta, por encantados – estórias que provêm do folclore rural europeu e, em última análise, das crenças tribais celtas e germânicas antigas. Entre os ameríndios do Brasil, o caso não é único.

Takumã, irmão mais velho de Sapaim, relata o sumiço de um jovem matipu durante três meses, que ele próprio ajudou a recuperar. Este caso dos dois meninos é um marco na carreira de pajé de Sapaim, assim como também é para Takumã. Os dois meninos desaparecidos eram parentes de ambos. São vivos e adultos, atualmente. Atribui-se aos pajés o poder de descobrir o paradeiro de pessoas sumidas. Sapaim conta que, nestes casos, ele fuma até desmaiar, então sai do seu corpo e viaja em "corpo astral" – na linguagem do Velho Mundo – e assim voa por aí, até localizar o alvo. Como, neste corpo de sonho, ele pode atravessar paredes, ir ao fundo dos rios, sobrevoar montanhas, falar com *mamaé*, a capacidade de encontrar algo escondido se amplia. O próprio Sapaim já foi convocado a usar este poder, ele conta, para localizar o corpo de uma pessoa assassinada, na região norte do país, e, nesta ocasião, ele teria viajado no tempo, ou seja, visto na "crônica do Akasha"[15] – conforme a linguagem do Velho Mundo – o autor do assassinato e como teria sido o crime. Poderes de um grande pajé...

Na Aldeia Kamayurá, em 2003, pude conversar também com Takumã sobre este caso. Takumã disse-me que ele e Sapaim trabalharam juntos e com outros pajés. Todos fumaram, rezaram, cantaram, chamaram pelos nomes os meninos, horas a fio, até que as crianças apareceram. Ambos teriam sido avisados por seus *mamaé* de que o autor do rapto seria o *mamaé* veado: *Capimã Mamaé*.

Também pude conversar com o próprio menino raptado, que é "primo" de Sapaim e de Takumã. Hoje homem feito, Vaninté é chefe do Posto Kuluene, onde vive com suas três esposas e seus filhos. Viajamos juntos de barco, por várias horas. Vaninté diz não se lembrar muito, pois "era pequeno". Sua irmã vive hoje na Aldeia Tanguro, território kalapalo. Estive nesta aldeia à noite, mas não pude encontrá-la. Segundo Vaninté, seu pai falava muito que este deveria ser grato aos seus dois primos, Sapaim e Takumã, porque teriam sido eles que o salvaram, e à sua irmã, das garras do *mamaé* veado. A narrativa que obtive de Sapaim é a seguinte:

É a estória do Vaninté, quando ele tava menino. Ele e a irmã dele.

O primo deles estava preparando para ir pescar. Aí a prima fez beiju pra ele. Então este Vaninté, quando era menino, estava querendo ir com ele também. Ele disse: – Eu vou com você! – Aí ele o mandouele ficar. Mas ele não quis. Aí o pai dele falou pra ir com ele. Aí ele falou: – Então vamos! – E a irmã dele também estava querendo ir junto. Diz que ela falou: – Eu também vou! – Ele falou: – Você vai? – Vou! – Então vamos! – Chamou. Não foi ele que chamou, foi o pai que mandou ir junto com ele. Aí foram. Ele saiu e foram andando e falando, direção ao lago: – Primeiro peixe que a gente pegar vamos assar e vamos comer! – Ele disse: – Tá! Primeira vez que eu pegar um peixe vamos assar e vamos comer! – Aí andaram. Andaram pelo caminho, foram andando. E tinha uma fruta no campo. Ela queria catar aquela fruta. Então ele falou: – Não! Senão eu vou perder nossa pescaria! – Ai foi andando, andando. E chegaram ao lago. Ele viu que na beira do lago não tinha mais canoa. Ele falou: – Poxa, o pessoal levou a canoa! Como é que a gente vai pescar? – Todo mundo levou canoa. E ficaram lá. Então, ele disse: – Então, vocês ficam aí! Vocês me esperam! Vou procurar canoa pra nós –. Aí ele saiu. Foi na beira do lago, foi procurar canoa. Ele não conseguiu achar canoa. Quando ele estava pra lá, procurando canoa, aí veio um espírito, Mamaé Veado. A forma dele era igual à do primo das crianças, parecia igual ao primo, mesma coisa. Ele chegou neles e falou: – Não tem canoa pra nós. Agora a gente tem que voltar –. Eles viam que parecia aquele primo deles. Parecia. Aí ele falou: – Agora vamos voltar! Como não tem canoa pra nós, vamos voltar agora! – Aí eles voltaram com ele, voltaram com mamaé. Aí ele entrou no outro caminho dele, no caminho do mamaé, os levou. Aí o rapaz veio, o primo deles, o verdadeiro. Eles não estavam mais lá. Aí ele disse: –Aonde eles foram? Será que eles já voltaram pra aldeia? – Ele procurou rastro. Ele gritou, gritou. Nada! Aí esperou muito, esperou, esperou. Aí foi embora. Aí chegou lá na casa do pai deles, e perguntou se eles já tinham voltado de lá, da beira do lago: – Eu tava procurando canoa lá, na beira do lago. Eu mandei eles me esperarem. Esperaram-me, mas depois que eu voltei eles não estavam mais. Eu *pensei que eles tinham voltado –.* O pai deles falou: *– Não, não voltaram não! –* Ele contou que gritou, gritou, procurou lá. Aí o pai dele chamou o pessoal da aldeia, foram procurar. Aí todo mundo foi lá, gritaram, procuraram rastro. Ninguém viu rastro. E aí todo mundo entrou no mato, no outro caminho da beira do lago. Foram pra lá. E gritando, procurando. E todo mundo andou muito assim longe, no mato, procurando. E não conseguiram achar. Aí todo mundo voltou pra aldeia. O pai dele preocupou, preocupou muito. Esperou, esperou voltar. Mas eles não voltaram. E à tarde, ele preocupou muito. E ainda o pai dele não aprendeu a ser pajé. Aí ele falou: *– Poxa, como eu não sou pajé, como é que eu vou ver meu filho, minha filha, pra onde eles foram? –* Aí chamou todos os pajés da aldeia, da tribo dele. Aí todo mundo lá preparou charuto, no meio da aldeia, e começaram a fumar. O pai dele pediu pra fumar, pra ver. E todo mundo fumou, fumou, fumou. Todo mundo gritou. Todo mundo caiu, desmaiou de fumar. E o pai perguntou aos pajés: *– Onde estão? Onde você viu meu filho, minha filha? –* E aí todos os pajés falaram que não viram onde estavam. E um deles falou: *– Eu vi o seu menino! A onça comeu! Isto que eu vi, a onça comeu! –* Aí outro falou: *– Eu to vendo! A sucuri pegou sua filha! –* Outro falou que o espírito da água levou pro fundo. Então, o pai não acreditou ainda. Aí ele pediu pra fumar mais. Aí todo mundo fumou de novo. E mesma coisa eles falaram pro pai: *– Seu menino não vive mais. A gente não vê mais! Seu filho morreu! –* E o pai dele chorou. A família, pai, mãe, todo mundo chorou. Aí passou a noite. Mas ninguém sonhou onde estavam as crianças. Aí amanheceu. O pai foi lá no meio da aldeia e chamou todos os pajés: queria saber se os pajés sonharam, onde ta, onde foi... Aí ninguém sonhou onde tá. Aí ele pediu pra fumar mais. Aí todo mundo fumou de novo. Ninguém viu onde estão os meninos. Aí o pai deles mandou chamar o pajé dos matipu. Aí o pajé dos matipu veio, foi pra aldeia dele. E ele pediu pra ele fumar. Aí todo mundo fumou também com o pajé do matipu. Eles falaram a mesma coisa: *– Não tem mais! Seu filho morreu! Onça comeu! Sucuri engoliu! Espírito do céu levou pra cima! – pajé* falaram assim, porque eles não viram. E pai deles ficou mais bravo. Aí, de tarde, ele pediu pra fumar de novo, pajé da tribo e o pajé dos matipu.

Todo mundo fumou lá. Aí ninguém viu onde estavam. Todo mundo falou mesma coisa: – O menino já morreu! –... Aí o pai ficou muito bravo. Aí eles não viram se foi algum feiticeiro que fez isto com os meninos. Passaram dois dias: dois dias depois ele mandou chamar o pajé dos kuikuro. Aí ele mandou uma pessoa chamar o pajé dos kuikuro. Aí o pajé dos kuikuro chegou à tarde e todos os pajés contaram onde foram os meninos: outro falou que os meninos morreram, não tem mais, que não vê mais o menino. Todos os pajés falaram. Falaram pelo pajé dos kuikuro. Aí o pai dele pediu pra eles fumarem. Todo mundo fumou com o pajé dos kuikuro. E todo mundo caiu. Aí o pai perguntou: – Bom, eu acho que vocês podem ver meu filho, minha filha, onde estão? – Aí o pajé dos kuikuro falou a mesma coisa que o pajé matipu e o pajé da tribo. Falou mesma coisa. Passou outra noite, amanheceu e o pai saiu no meio da aldeia e chamou todos os pajés: pajé da tribo, matipu e kuikuro. Então o pai dele pediu pra fumarem, todos os pajés. Os pajés fumaram no meio da aldeia, todo mundo fumou ali. Todo mundo caiu e o pai perguntou. O pai dele ficou perguntando a cada pajé: eles falaram que não viram o menino. Ninguém viu. E ele falou: – Por que é que vocês não veem meu filho, minha filha, onde estão? – Então, todo mundo falou: – Não, a gente não viu seu filho, sua filha, porque eles morreram. A gente não vê mais as almas deles. Acabou a alma do menino e alma da menina acabou –. E ficou ainda todo mundo fumando. Continuaram fumando. E ficaram mais três dias. Aí ele mandou chamar o pajé dos mehinako. Aí outras pessoas foram chamar o pajé dos mehinako e chegaram à noite. E de noite mesmo o pai dos meninos pediu a ele pra fumar. Aí ele fumou, de noite. E o pai perguntou, onde estavam: – Onde tá meu filho, minha filha? Acho que vocês podem enxergar onde estão meus meninos? – Aí o pajé dos mehinako falou mesma coisa, mesma coisa que falou o pajé dos matipu, pajé dos kuikuro, pajé da tribo, mesma coisa. Não tem nem um que viu onde estavam. Aí ficou lá, sabe? Ficou. Aí passaram mais cinco dias lá na aldeia. Todos os pajés ficaram. Aí o pajé da tribo deles, o Kalapalo, sonhou que saiu (do corpo). Aí ele disse, chamou o pai do menino, e disse: ▯ Eu sonhei com seu filho e sua filha. Só que seu filho e sua filha o espírito da água pegou. Estão lá, no fundo da água. Agora nós vamos lá à beira da lagoa e lá a gente chama o menino! – Aí todo mundo foi lá. Aí limpou a beira do lago, todo mundo foi lá, os homens, mulheres, criança, todo mundo foi lá. Aí eles penduraram enfeite, colar, cocar, todas as coisas que eles tinham. Aí ficaram lá, mais cinco dias, fumando, tentando chamar. Mas, o menino não saiu da água. Diziam que o espírito da água não deixava eles saírem. O espírito da água tá segurando os meninos. E falando pro pai: – Espírito da água não deixa seu filho sair, sua filha sair. Então o espírito da água tá segurando. Mas, seu filho, sua filha não morreram. Estão lá dentro do fundo da água. Espírito da água tá segurando –. Aí ficou lá, ficou lá mais cinco dias, mais dez dias. E o pai dele falou: – Eu acho que você não viu meu filho, minha filha. Vocês todos os pajés dizem que meu filho, minha filha, estão aqui dentro da água. Meu filho, minha filha não estão aqui dentro da água! – Aí ele voltou pra aldeia, o pai do menino. Aí todos os pajés ficaram lá na beira do lago. Ficaram muito tempo lá, bastante tempo. Ficaram dez dias. E ele mandou o sobrinho dele, primo de Vaninté – este rapaz já morreu. Aí o pai dele falou: – Agora vai chamar o pajé. Eu acho que ele vai conseguir ver seu primo. Diz que estou precisando agora que ele venha até aqui, ou ele pode ver de lá – ele falou. E aí a gente tá sabendo que todos os pajés estão lá, pajés dos kuikuro, matipu, mehinako. Não saem de lá. Todo mundo na nossa aldeia já estava sabendo, toda a aldeia já estava sabendo. E ele mandou o rapaz. E o rapaz foi. O rapaz foi, chegou cedo. Quando eu tava na Aldeia Yawalapiti. Aí ele entrou na casa do meu cunhado. Conversou lá, sobre o Vaninté com a irmã dele. Ele contou que saiu com ele. Ele contou no dia que ele saiu na pescaria, ele saiu junto com a irmã, ele contou. E quando ele terminou de contar isto, meu cunhado me chamou. Chamou não, ele foi lá à minha oca. Eu tava fazendo um chocalho de pajé. Ele entrou lá e falando assim: – Cunhado, tem pessoa dos kalapalo que diz que menino e menina sumiu. Então, todos os pajés estão tudo lá, na aldeia dele. Então ele veio aqui, diz que o pai dele mandou pra você ver daqui se ele morreu ou não. Então ele veio saber se você pode descobrir pra ele! – Então eu falei: – Tá! Eu vou ver isto –. Aí eu saí com meu charuto, fui lá pra casa do cunhado e chamei o pajé dos yawalapiti e aí fomos à oca. Nós preparamos um charuto. Cada um fez três charutos. Eu fiz um charuto. Aí eu falei: – Agora eu vou fumar! – E ele estava junto, este rapaz. Aí primeiro ele contou pra mim: – O pai do menino me pediu pra vir falar com você. Eu vim aí pra você ver o menino onde está. Todos os pajés falaram lá que o menino morreu –. Aí eu falei: – Eu acho que não morreu, não morreu não. Eu vou ver. Se o menino morreu mesmo eu vou dizer, eu vou contar. Aí você leva esta notícia pro pai –. Aí eu falei pro pajé dos yawalapiti: – Agora eu vou fumar! Todo mundo vai fumar comigo! – eu comecei a fumar. Fumei. Aí todo mundo fumou comigo, fumou, fumou, fumou, fumou. Aí eu caí, caí. Eu desmaiei. Aí, o meu espírito saiu do meu corpo e viajou. Espírito foi diretamente onde estavam os meninos. O mamaé também foi junto, meu espírito, o meu mamaé-guia. Ypotramaé – o meu mamaé guia - também saiu comigo, ele foi junto. Aí, mamaé levou espírito do meu corpo, foi diretamente. Aí eu vi o menino. Já tá longe, fora da aldeia, muito longe. Aí o Mamaé falou pra mim: – Todos os pajé da tribo, kuikuro, katipu, mehinako, falaram pro pai que o menino morreu. Não morreu. Estão aí. Você viu! Estão ali, junto com Mamaé Veado –. Aí o meu espírito voltou pro corpo. Aí o espírito do mamaé vem também junto, mamaé vem junto. E eu recebi meu espírito, eu respirei, mas mamaé estava ali do meu lado. Eu respirei, eu fiquei assim tonto, ainda tonto, tonto, tonto. Eu acalmei. Aí o meu cunhado perguntou: – E aí? Você viu os meninos? Os meninos morreram? – Eu falei: – Não, os meninos não morreram. Os meninos estão lá. Estão junto com mamaé. Mamaé tá cuidando deles. To vendo. Os pajés das tribos, dele, o dos kuikuro, dos matipu, dos mehinako, eles falaram pro pai que os meninos morreram. Mas, meninos não morreram não. Não morreram. Eu não to mentindo. Os meninos não morreram. Estão lá –. Aí este rapaz, este Kalapalo, falou que era mentira. E eu falei: – Não. Eu não to mentindo. Eu não to mentindo. Você pode falar pro pai dele que os meninos dele não morreram. Estão vivos. Estão vivos ainda. Estão com mamaé. Por que o pajé de vocês não viu? Eu to vendo: o menino tá vivo! – Aí ele foi embora. Ele contou pro pai e aí o pai perguntou: – O que o pajé falou? – Diz que os meninos não morreram. Disse que os meninos tão vivos, vivos –. Aí o pai sentiu que os meninos não morreram. O pai deles sentiu que os filhos não morreram. Aí ele disse: – Eu acredito nele. Eu acredito que meus filhos não morreram! – Aí ficou mais dois dias. Aí ele mandou o rapaz de novo. Ele chegou cedo e ele foi diretamente à minha oca. Ele entrou e disse: – Eu vim buscar você! O pai do menino me mandou buscar você pra você ir comigo agora! – Eu falei: – Tá, eu vou! – Aí, fui falar com meu cunhado. Ele falou: – Eu também vou! – Eu chamei todos os pajés dos yawalapiti comigo, eles foram comigo. Aí quando a gente chegou lá era meio-dia. Não tinha ninguém. Só estava o pai, esperando. Aí a gente entrou na oca dele. Nós tomamos um pouco de mingau. Aí eu perguntei: – Cadê os outros pajés? – Os pajés estão todos lá na beira do lago. Tá todo mundo lá. Agora nós vamos lá –. Aí nós fomos pra lá. Todo mundo tava lá. Muitos pajés. Toda a tribo dele: homens, mulheres, crianças, todo mundo lá. Aí todos os pajés da tribo dele me receberam. Todo mundo falou: – Tem menino ali dentro da lagoa –. Então eu falei: – Tá! Eu vou ver isto depois. Vocês falaram pra ele que tem menino aí dentro da lagoa? Eu vou ver isto! – eles disseram que ia sair da água, que os meninos iam sair da água. Aí eu sentei. O pai deles me mandou sentar. Aí vieram todos os pajés. Todo mundo preparou o charuto pra gente fumar. Aí o pajé da tribo deu charuto pra mim. Eu digo: – Não! Eu não vou fumar pelo seu charuto. Este charuto é seu. Eu vou fumar o charuto meu, eu vou fumar –. Aí eu preparei, fiz um charuto lá, muito grande. Aí eu falei: – Agora, todos vocês vão fumar comigo. Vocês têm que fumar! Vocês também podem ver o menino onde está! Vocês também são pajés, vocês podem ver onde estão os meninos! – Aí eu comecei a fumar, sabe? Aí, os homens e mulheres vieram me cercar. Aí eu falei: – Não! Afasta um pouco, fica longe! Senão mamãe vai empurrar vocês. Mamãe não gosta de vocês me apertando! – Eles afastaram, longe. Aí eu comecei a fumar. Aí tinha um lá que eu senti o pensamento dele, ele falou: – Agora, este é pajé verdadeiro. Ele vai descobrir! – Eu to ouvindo, to ouvindo o que ela ta falando. – ele vai descobrir! – Aí fumei, fumei, fumei. E eu desmaiei. Agora, eles ficaram só gritando. Eles não desmaiaram não. Eles ficaram só gritando. Aí eu fiquei desmaiado um tempão, sabe. Aí eu vi os meninos num campo. Tinha um campo lá, atrás da aldeia, um pouquinho fora, como daqui até a cidade. Tem um campo limpo. Aí eu vi os meninos. Estavam junto com mamaé, Mamaé do Veado. Ele tava ouvindo o barulho. Mamaé do Veado ouve o barulho longe! Aí eu respirei, sabe? Respirei, respirei. E quando eu tava ainda tonto, tonto, ainda eu não fiquei assim bem, aí veio outro pajé, perguntou: – Você viu onde estão os meninos? Você viu os meninos aqui dentro da água? – eu disse: – Espera aí! Deixa-me acalmar! Eu vou falar pra você onde estão os meninos! – Aí eu acalmei. Acalmei e vi o pai. E ele falou, o pai dele falou (como Vaninté é meu primo), ele falou, me chamou sobrinho: – Sobrinho, você viu agora onde estão seu primo, sua prima? Você viu seu primo dentro desta lagoa? Todos os pajés falaram que tem menino aqui dentro, dentro desta lagoa. – eu digo: – Não! Eu não vi seu filho aqui dentro. Eu vi só peixe, muito peixe aqui dentro no lago. Seu menino, seu filho, sua filha, eu não vi. Sabe onde tá seu filho, sua filha? Lá! – eu apontei – seu filho ta lá junto com mamaé –. Aí ele falou: – Então vai pegar o seu primo! – Falei: – Espera aí, me deixe acalmar! – Aí todo mundo falou também: – É, a gente viu. O menino tá lá! O menino tá lá! – Mudaram, mudaram – a gente tudo fumando com vocês, a gente viu! O menino tá lá! – Aí mudaram (risos). Aí eu acalmei. Era já muito tarde já. Acho que foi pelas três e meia por aí, já era tarde. E o Patrick tá lá comigo, um francês. Ele viu quando eu fumei... Quem viu bem foi este francês, o Patrick. Ele fumou junto (risos). Aí eu corri. O Patrick correu também, atrás deles. Todo mundo correu, todos os pajés, os homens... Eu corri, e vinha todo mundo conversando, gritando. Quando eu cheguei perto dos meninos, aí Mamaé Veado viu o barulho de gente, ele pegou o menino pra cá e a menina pra cá e aí correu. Mamaé Veado correu. E eu corri de novo. Aí Mamaé do Veado se cansou, não sei onde. Tem uma areia assim, tipo de praia. Aí Mamaé Veado descansou. Deixou criança, outra. Aí eu corri, corri, corri. Com isto o Patrick vinha correndo comigo, sabe? Os outros vinham falando, gritando: – Vem pra cá, crianças! Estamos procurando vocês! – ficavam falando. E eu tava cansado, sabe? Aí eu parei. Aí de lá onde tava o Mamaé Veado, onde ele descansou, de lá ele levou mais pra longe. Eu parei lá. Todo mundo chegou: – Aonde foi menino? Aonde foi menino? –, eles falaram. Aí eu falei: – Ó, isto é rastro! – Todo mundo viu o rastro: – Poxa! É mesmo! Nós *vamos pegar! Nós vamos pegar! – Aí de lá mesmo eles saíram gritando, gritando, gritando. E o Patrick anotou, falando: – Pajé, isto eu não podia acreditar! Não podia acreditar! Com isto a gente tá tocando o menino mais pra longe! Eu to sentindo isto! – ele falou. Eu falei: – Pois é, eles que sabem! Se eu for falar eles não vão acreditar! – Aí correu de novo. Aí ele entrou no mato, matão grande. Entrou. O sol já tava baixando. Aí eu entrei um pouquinho no mato, como daqui lá. E já escureceu. Eu parei. Todo mundo foi lá. Aí eu falei: – Agora, a gente não adianta mais correr de noite –, eu falei. – Agora vamos voltar –. Aí lá eu falei: – Quando vocês ficaram atrás de mim, com isto os meninos foram embora pra longe! – A gente voltou, voltou de noite, na chuva. Cada um acendeu fogo pra iluminar o caminho. Foi na época da chuva. Tudo água cheia. E a gente andou pela água por aqui, na cintura. Pela água, sabe? Todo mundo foi pra minha frente, iluminando o caminho. E a gente chegou lá na aldeia meia-noite, quase meia-noite. E de lá mesmo eu fui embora pra Aldeia Yawalapiti, onde eu fico. Fui embora. Deixei a Aldeia Kalapalo. Aí eu voltei. Cheguei quatro da manhã na Aldeia Yawalapiti. E todos os pajés yawalapiti ficaram lá, nos kalapalo. Aí o meu cunhado, pai do Aritana, conversou com o pai dos meninos, aconselhou: – Chama o Sapaim de novo –, ele pediu. – Chama o irmão dele pra dar força, o Takumã. E ainda ficou dois dias assim. Depois de dois dias o rapaz, de novo, foi lá me chamar. E aí chegou lá: – O meu tio chamou você de novo! – Então todos os pajés estão lá esperando você. – Tá bom! – Aí eu mandei este rapaz que veio me chamar: – Então vai chamar o meu irmão que eu espero ele aqui –. Aí ele foi. Foi lá, conversou. Aí vieram. Aí vieram os pajés dos kamayurá, dez pajés. Todo mundo passou ali, na aldeia yawalapiti. E meu irmão Takumã perguntou: – Meu irmão, você viu pegar o menino? – Aí eu contei, né? – Eu não consegui porque foram muitos os pajés, os homens, foi gente gritando muito –. Então, como eles foram atrás de você gritando, falando, eles tocaram, tocaram criança, menino, pra longe. O mamaé leva mais longe! Vamos conseguir –, ele falou. – Vamos conseguir –. Aí a gente voltou. Voltou de novo. E no caminho a gente conversou: – O quê que a gente vai fazer agora? – Eu falei. – Não, vamos continuar atrás do menino –. Eu digo: – Não, não adianta agora a gente ir atrás do menino no mato. Sabe por quê? Todos os pajés do kalapalo, kuikuro, eles não vão entender não. Agora nós vamos chamar da aldeia, da aldeia mesmo! Os meninos vêm, vêm –. Ele disse: – Então, vamos fazer isto! – Aí a gente chegou à tarde, pelas quatro horas. Todos os pajés ficaram alegres. E a gente entrou na casa do pai do menino. E a gente conversou. A gente chamou todos os pajés, kalapalo, matipu e mehinako. E eles falaram: – Amanhã cedo, amanhã cedo, vamos atrás do menino! –, cada um falou. Eu digo: – Não, não é mais assim. Não é assim agora. Daqui de dentro da oca do pai do menino, vamos chamar! O menino vai vir, vai chegar, vai voltar! – Aí a gente dormiu, né? E já passaram quinze dias que ficaram no mato, já tinham passado. E a gente preparou um charuto, todos os pajés vieram fazer charuto. Aí nós falamos pro pai dele pra fazer muito mingau porque tinha muito pajé, e duas panelas de peixe para os pajés comerem. E a gente falou: – Agora, a família da sua oca tem que sair daqui e ficar na outra oca. Aqui vai ficar só pajé, só pajé –. Aí tirou a família da casa. E a gente começou. Todo mundo vai chamar o mamaé agora. Todos vocês podem chamar na sua língua. E a gente começou a rezar. Chamando pelo nome do mamaé, não nome do menino não. Cada pajé chamou ele pelo nome: – Pode trazer o menino, pode trazer –, chamando pelo pajé dele. Aí a gente começou a cantar, sabe? A gente cantou, todo mundo cantou. A gente chamou os meninos, onde tá os meninos. A gente cantou, chamou, chamou, fumou, fumou. Todo mundo fumando. A gente descansou, descansou um pouco. E continua chamando. A gente chama, chama, chama. A gente para um pouco pra descansar. A gente falou pra tribo da aldeia: – Ninguém sai. Ninguém vai pro caminho. Ninguém vai em lugar nenhum! Todo mundo tem que parar –. A gente continua, continua rezando, cantando, cantando. Aí a gente cansa muito. Aí eu falei pro meu irmão: – Vou descansar um pouco –. – Eu também –, ele falou. Eu deitei na rede, ele também. Aí veio o meu mamaé: – Menino tá chegando! Menino tá perto! O Mamaé do Veado tá ouvindo o barulho do chocalho do pajé. Meio dia o menino vai chegar aqui, aqui na oca! – Aí eu levantei, levantei e fui acordar meu irmão: – Olha, eu tava sonhando agora. O menino vai chegar daqui a pouco, meio dia –. Aí ele falou: – Ah é? Então* tá. Vamos chamar agora! – A gente continuou. E aí a gente não parou mais. Aí nós falamos pra todos os pajés: – Ó, o menino vai chegar por este caminho! Só que vocês não vão correr quando o menino cair no caminho! Vocês não podem correr! Se vocês correrem, o menino volta pra longe –. E todo mundo olhou pra lá. A gente cantou, chamou, chamou, chamou. Aí meio-dia, meio dia-mesmo, aí nós falamos pros pajés: – Agora vocês podem ver. Daqui a pouco o menino vai vir no caminho! – A gente cantou de novo, rezamos, chamamos. Todo mundo chamou, chamou, chamou, chamou. Aí Mamaé do Veado falou pros meninos: – Agora, pode embora. Seu pai e sua mãe estão preocupados. Eu já cuidei de vocês. Vocês não tomaram chuva. Vocês ficaram na minha oca. Podem ir embora! – Aí ele falou: – Vai! Vai! Pode ir! –. E os meninos saíram pelo mato e caíram no caminho. Todo mundo viu: – Olha lá os meninos! –. Eu falei: – Não corre! Não corre! Não corre! Deixem virem! –. Ninguém viu o mamaé, só os meninos, o Vaninté e irmã. Aí eu falei: – Pode chamar! – Chamaram, chamaram, chamaram. Aí o menino olhou pra lá, olhou pra lá pra oca, olhou mais pra lá. Aí o mamaé falou: – Vai! Pode ir! – Aí ele mandou correr: – Corre! Corre! – Aí o menino veio correndo, correndo. Veio correndo, veio correndo, veio correndo. Ele entrou na frente da porta. Sabe que a oca tem duas portas, né? Uma atrás e outra na frente. Ele correu assim, mas ele não entrou dentro da porta da oca. Correu pra lá e entrou na frente. Deu a volta, correu, e entrou. Aí pegaram ele. Aí todo mundo quietinho, não falou lá. Aí eu falei: – Falta a menina. Vamos chamar! – Aí outro segurou o menino pra ele não correr. Aí chamou, chamou, chamou, chamou. Chamou de novo. Aí o mamaé já deixou: – Agora você pode ir embora! Pode embora. Só que vocês dois não vão esquecer-se de mim não. Sempre você vai lembrar porque eu cuidei de vocês, já tirei fruta pra vocês comerem, eu fiz fogo pra vocês esquentarem, eu fiz tudo pra vocês. Eu não fiz mal pra vocês não. Pode ir embora! – Aí a menina olhou pra ele: – Não! Vai, vai, vai! Não me olha mais não! – Aí a menina saiu no caminho. Todo mundo apontou: – Olha lá a menina! A irmã dele! –. Digo: – Espera aí! Fica quieto! Fica quieto! Não corre não! –. Aí a gente chamou, chamou, chamou. Aí correu, né? Olhou primeiro pra lá, pra oca, pra lá. Olhou mamaé. – Não, vai, vai,

vai! Pode ir! –. A menina correu, com um caldeirãozinho assim, cheio de fruta dentro, fruta do mato. Aí ela vem correndo, correndo, correndo. Assim mesmo a gente reza e canta, não paramos ainda. Ela rodeou a oca. Ela entrou. Quando ela entrou, a gente parou. Aí todo mundo gritou: *– É! Ela já chegou! Já chegou! –*. Falaram muito. Mulheres choraram. A mãe veio, chorou, abraçou o filho, a filha, né? E a gente rezou, jogou fumaça. Fumaça nele, nela. Tava cheio de pajé dos kuikuro, matipu, mehinako, da tribo dele. Jogaram fumaça nele e nela. Depois que eles terminaram por último rezamos ela, ele. Rezou mãe, irmão. Pronto. A gente pingou um remédio nos olhos pra eles não ficarem mais bobos, sabe? A gente mandou dar um banho. Aí o pescoço da irmã do Vaninté tava cheio de carrapato grande, carrapato bem grande assim. Aí a mãe dele queria arrancar. Ela falou: *– Não, não, não. Não arranca não. Este é o meu colar! –* Aí a gente mandou esquentar água, dar um banho nela. Vai cair tudo quanto é carrapato. Aí ela esquentou água e deu o banho. Os carrapatos caíram todos. Depois que ela ficou bem, ela falou assim: *– Cadê meu colar? –* Ela procurou. Aí enterraram rede do Vaninté, rede da irmã. E tiraram rede do buraco. Tiraram rede dele e dela. (Risos) Vaninté tava com uma faquinha. Ele não larga. Ele nem tinha o corpo cortado de quem entra no mato. Limpo, limpo, limpo, limpo. Mas ele anda no mato e ele nem cortou a perna do menino, nem da irmã. Chegou limpo. Aí terminou. No dia mesmo que ela chegou a gente voltou. Aí todo mundo voltou. Voltaram tristes os pajés, assim triste porque eles não descobriram, não contaram direito. O pai dele falou: *– É! Eu já paguei todos os pajés à toa. E mais tarde, hoje mesmo eu vou resolver: colar, cocar –. – Coisa grande que eu tenho, hoje mesmo eu vou arrumar e mando este rapaz levar pra vocês –*. E a gente voltou pra aldeia. E acabou o trabalho. Eu é que fui trabalhar primeiro. Este era o meu trabalho. Esta é a estória verdadeira.

5. A Mama África

Precisamos ver a relação América-África em dois momentos. Num primeiro momento, há muitas eras atrás, o continente africano, como já visto aqui, tinha uma ligação geológica com a América do Sul. Eram gêmeos xifópagos, anteriormente unidos. Num segundo momento, ainda na Lemúria-Gondwana, houve a cisão por onde fluiu o Oceano Atlântico, fazendo duas de uma só terra original. Por conta desta origem comum, há muita semelhança geológica e biológica entre as duas terras, ancestrais comuns da flora e fauna nos dois continentes e um parentesco etérico. Por outro lado, após a cisão, seguiram caminhos evolucionários diversos, através do tempo, possibilitando também o surgimento de diferenças marcantes, principalmente na flora e na fauna, além das populações humanas. Outra diferença é que a América do Sul permaneceu isolada por muito tempo, como uma grande ilha gondwânica, enquanto a África relativamente cedo foi ligada ao Velho Mundo, interagindo com o mesmo através de um longo período.

Mapa antigo, desenho do autor.

A megafauna americana e a megafauna africana

"Megafauna" é o nome que os biólogos dão às espécies animais gigantescas, répteis ou mamíferos, que viveram no passado da Terra. Na Lemúria, viveram enormes dinossauros e mamíferos diminutos. Na maior parte da Era Atlante, viveram os ancestrais dos mamíferos atuais, que cresceram quase tanto quanto os dinossauros, enquanto os répteis diminuíram. Assim, em todos os continentes, na Era Atlante, tínhamos enormes felinos, enormes lobos, animais de casco do tamanho de um automóvel, etc. No Brasil, viveram preguiças gigantes do tamanho de um micro-ônibus, ursos, megatérios (elefantes peludos menores que os mamutes), felinos de sabre enormes, herbívoros parecidos com o hipopótamo atual, etc. Tudo era grande, expressando uma astralidade forte e indomada.

Quanto mais forte e agressiva a astralidade de um animal, mais terrível e monstruosa é a sua aparência. Por outro lado, quanto mais intensas as forças vitais de uma região, mais gigantescas serão as espécies vegetais e animais dali. Alguns animais são ou foram grandes seja por uma astralidade forte, seja por uma vitalidade exuberante, ou ambas as coisas. Também era assim na Eurásia, até uns dez mil anos atrás, e por toda parte do Planeta. Os índios conviveram com estes animais enormes e os desenharam em algumas cavernas, assim como os europeus pré-históricos também o fizeram. Mas, repentinamente, justo no final da Era Atlante, há dez ou doze mil anos, toda a megafauna das Américas e de boa parte da Eurásia desapareceu. Algo ambiental foi uma causa, mas também a astralidade forte se rarefez, certamente. Só ficaram os descendentes atuais destes animais, de tamanho menor, aqui nas Américas, na Europa e boa parte da Ásia e Austrália. Na Austrália, os mamíferos seguiram um caminho evolucionário mais lento, permanecendo num estágio mais antigo – que é representado pelos marsupiais australianos dominantes (canguru, vombate, o koala, o ornitorrinco e a equidna). Os marsupiais, como o gambá americano, são formas mais arcaicas de mamíferos. Isto indica que a Austrália guarda uma astralidade mais ancestral, embora não tão intensa quanto a que é expressa, na África, pela megafauna atual.

Na África, e em algumas poucas florestas da malásia, a megafauna não desapareceu, apenas algumas espécies foram modificadas. E assim, encontramos até hoje, basicamente em solo africano, de norte a sul, espécies de mamíferos, e também répteis (crocodilos), gigantescos, na forma ainda atlante. O que significa isto?

Hipopótamo, desenho do autor.

Uma observação interessante é que os elefantes africanos são considerados muito mais bravos e selvagens do que o elefante indiano, que é outra subespécie, mais dócil e domesticável.

A megafauna brasileira, e a americana em geral, desapareceram, enquanto a africana continuou existindo. Ou seja, na África, e também em alguns outros poucos locais do planeta, manteve-se uma astralidade arcaica ambiente ainda forte. Conforme o ocultismo, as almas que nascem em locais onde há uma astralidade ambiente assim intensa, produzindo formas animais grandes, terão o desafio de confrontar-se com esta astralidade ambiente. A alma coletiva de um povo que vive entre animais enormes é desafiada pela astralidade animal do entorno. A astralidade animal interage com o inconsciente coletivo, ou seja, com a alma humana coletiva.

Isto, do ponto de vista cármico-evolutivo, é uma dádiva, uma oportunidade, para que o ser humano assim confrontado trabalhe a sua própria alma, a sua própria astralidade. Uma astralidade ambiente muito forte, uma vez interagindo com o homem, traduz-se, coletivamente por culturas que veneram ou que temem os espíritos animais: o espírito do Leão, o espírito do Crocodilo, o espírito do Rinoceronte e do Leopardo, etc. Dizendo de outra forma, o homem, inserido num ambiente de criaturas selvagens, de passionalidade selvagem, tende a moldar e a ser moldado por culturas locais que de certa forma se sintonizam com esta passionalidade da região em questão. Ele desejará ser "bravo como o leão", e matará um leão para provar que é mais forte, por exemplo. O ser humano passa a sentir-se como parte da imensa e complexa cadeia natural de predação. E o seu desafio cármico será o de clarear, individual ou coletivamente, o elemento humano que se destaca da passionalidade animal. Outra coisa é que, em ambientes naturais onde vivem grandes animais, não há tanto a presença da cidade, do conforto urbano e a vida é rude, selvagem, intensamente marcada pelos riscos de se viver ou de se morrer. Jung dizia que a vida do europeu é como um "filme em preto-e-branco" e a do homem africano, que ele conheceu em suas viagens, é como um "filme colorido". O homem dito "urbano", que vive longe do elemento selvagem da natureza, não tem o privilégio de uma existência tão colorida, e dionisíaca. Sua relação com o vivo é mais desbotada e distante e seu desafio é um tanto menor. Por exemplo, o homem africano tribal típico tem de ir até a savana e matar o animal que ele comerá. O homem urbano escamoteia isto, adquirindo carne embalada, no supermercado. Não que o desafio não exista nas cidades ricas, pois muitas delas se tornaram verdadeiras selvas, mas, selvas de somente uma espécie predatória, a humana.

Esta condição anímica interna e externa da África tradicional tende, por outro lado, a criar dramas e conflitos humanos e sociais muito intensos também, tais como a pobreza, a ignorância, a violência, as guerras intertribais, além de problemas ambientais, gerando seca, fome, falta de recursos básicos, desnutrição, doenças epidêmicas e etc. A vida é dramática, porque intensa e também cruamente vivida. Além disto, os conflitos humanos e ambientais na África foram, após o século XVI, muito intensificados por conta da colonização desumana e vampiresca por parte das potências do hemisfério norte. A vida já tão dura em uma terra muito vital e muito astralizada foi intensificada pelo predação do colonizador sobre o colonizado. Aliás, considerando que não há mais animais selvagens enormes nas pradarias europeias, isto não significa que o colonizador ocidental superou suas paixões animais de modo melhor que o africano. Apenas significa que os seus desafios com a sua animalidade são mais interiorizados, e com menos representação ou ligação com as formas animais externas. Sua vida também, como colonizador, é mais confortável e menos dura, porque ele se tornou mais rico, inclusive com os lucros da colonização. Há quem ainda confunda uma vida mais confortável e menos inserida no selvagem com alguma suposta condição de evolução espiritual superior. Mas não é, necessariamente. Ele, o homem ocidental urbano, não se sentirá tão parte da "cadeia de predação dos seres", como parte da vida selvagem. Esta se torna distante para ele. Ele não precisa sair com um arco-e-flecha para matar uma zebra ou um veado para se alimentar. Ele dispõe de carne animal já previamente retalhada em açougues. Sua esposa não precisa andar quilômetros a pé com uma lata de água na cabeça para abastecer a cozinha. Ele, o ocidental rico, se revestirá de uma capa, apenas uma capa, de suposta civilização, um "fino verniz", na expressão de Freud, a qual tornará menos visível a sua passionalidade. Mas ela estará ali, por baixo, eufemizada por valores tais como "bravura", "heroísmo", etc. Basta uma guerra, uma revolução, uma turbulência social, para que a passionalidade reprimida apareça. Esta capa de civilização facilita a repressão dos instintos, sua ocultação, mas não os sublima, não os amadurece.

Assim, a África se tornou o palco de enormes dramas humanos. O continente praticamente inteiro, com diversas nações, foi conduzido a uma condição de sofrimento. O canto do africano, apesar dos momentos de alegria, expressa esta dor, em parte causada pela colonização. Só podemos entender isto à luz daquilo que o ocultismo denomina por carma e reencarnação, a lei cósmica que rege a evolução e o aprendizado dos seres. As almas que nascem na América, especialmente na América do Sul, não têm este aprendizado tão contundente da alma coletiva africana, embora haja lugar nas Américas que nada ficam a dever, quanto a isto. Aqui, além de um padrão econômico melhor, há mais exuberância menos "ctônica" de etérico, de vitalidade (expressando-se em forma de lindas e colossais florestas tropicais úmidas). Há uma astralidade forte também, mas é mais atenuada. Os animais das Américas, especialmente os da América do Sul, são menores, mais delicados, indicando uma astralidade menos intensa. Todavia, aqui ainda há uma fauna selvagem relativamente exuberante, indicando uma astralidade ainda presente – não há lugar nenhum do planeta onde não exista uma astralidade presente. Mas, a astralidade africana ambiental é a mais intensa de toda a Mãe Terra. É como se algo muito antigo, do passado atlante, ainda fosse manifesto, para ser superado daqui adiante. É preciso muito cuidado para não se confundir aqui as noções expressas. Não está sendo dito que "as pessoas da África têm um astral mais selvagem". Não são as pessoas. Não é uma questão propriamente humana, nem mesmo isoladamente étnica – embora etnia signifique também a forma de interação dos indivíduos com o meio em que vivem. Seria algo étnico num sentido mais amplo do termo etnia. Trata-se de algo geográfico, ou melhor, antropogeográfico. Não está nos genes, mas está na alma coletiva, na dinâmica entre etnias e o inconsciente psíquico coletivo que gera tendências repetitivas de uma geração para a seguinte. Por isto, quando o africano migra, leva esta disposição consigo. Está na cultura, entendida como inconsciente coletivo, na interação, e não "na raça" (não existe uma "raça africana", existe apenas o biótipo negróide e muitas etnias africanas). É a terra, o ambiente, o chão, o astral ambiental. As pessoas incorporam isto e assim são desafiadas e isto passa a ser parte da luta interior destas. Passa a ser parte do seu carma. As pessoas que nascem na África, segundo a nossa concepção reencarnacionista, podem ter nascido antes em qualquer outra parte da terra. As almas estão sempre migrando de um continente para o outro, às vezes permanecendo por algumas encarnações num mesmo continente, às vezes mudando, de uma encarnação para outra. O europeu de hoje é o africano de amanhã, ou o asiático, ou o sul-americano, e vice-versa. E cada continente oferece desafios diferentes para as almas que ali encarnam. Conforme o ocultismo, as almas precisam mesmo, como aprendizado, de diferentes tipos de experiências étnicas. O europeu colonizador de hoje, poderá ser o africano colonizado amanhã. O nazista antissemita de ontem, pode ser o israelita, ou o palestino discriminado de hoje.

Se, por outro lado, as almas que nascem num determinado continente migram, em vida, em vida física, se estas pessoas saem de um lugar e viajam para outro lugar, esta situação muda. E foi o que aconteceu durante o tráfico de escravos africanos. Houve uma diáspora negra. Milhões de pessoas foram retiradas deste ambiente e trazidas para as Américas, principalmente para o Brasil. O que acontece neste caso? Acontece algo semelhante, guardadas as devidas proporções, quando se transplanta alguma espécie de vegetal de um continente para outro: ele se aclimata e se adapta, ou morre. Por exemplo, o eucalipto, uma espécie originária da Austrália, foi transplantado, exclusivamente para o Brasil, no século XIX. Na Austrália, um eucalipto atinge sua forma adulta em trinta anos. Aqui, no Brasil, o eucalipto completa seu crescimento em sete anos. A espécie viva se comporta diferente, de acordo com o solo e gera modificações em outras espécies ao seu redor. Com seres humanos, isto é bem mais complexo.

A população humana na África subsaariana é principalmente a do biótipo negróide. É uma das populações mais antigas do planeta e naquela região. Falam os acadêmicos na presença negra na África em um tempo de cem mil anos atrás ou mais, o que levaria a se relacionar, simbolicamente, a ideia bíblica de Adão e Eva com o homem negro africano pré-histórico. Adão e Eva, metaforicamente falando, teriam sido um casal de negros africanos. O crânio mais antigo de *Homo sapiens* conhecido foi encontrado na África. Reconstituído, revelou-se negróide e teria vivido 160 mil anos atrás (Era Atlante).

Rudolf Steiner (Steiner, 1986) afirmava, a partir de sua clarividência de ocultista, que "a África demarca o ponto inicial de evolução física, ou seja, a forma definitiva do ser humano atualmente conhecido". Isto significa que o ancestral humano, antes disto, ainda não tinha uma forma física definida, havia muitas variações morfológicas e certa plasticidade física que, a partir de então, foi perdida. A África, para o ocultista, não produziu o primeiro homem, apenas foi o palco da elaboração da forma humana atual fixa, como a conhecemos. A origem do homem, em sentido mais amplo, estaria muito atrás, muito antes de a África existir, nas formações iniciais da Gondwana, afirmação esta inaceitável para a academia, por hora. Todavia, é fato que o tipo negróide se espalhou por grande parte da terra em tempos atlantes. Inclusive, chegou às Américas. A genética comprova que todas as atuais populações de todos os continentes possuem bagagem genética africana, dos ancestrais africanos. Isto indica a antiguidade linhagem africana, onipresente em todas as etnias do planeta, incluindo a do homem branco europeu. Uma lenda medieval afirmava que Caim, filho de Adão e Eva, teria sido negro. Este "negro" referia-se à ligação de Caim com a terra, em contraposição ao "branco" da luz celestial, a cor de Abel.

Uma questão interessante, neste sentido, é a aparência negróide das cabeças de pedra gigantes dos índios olmecas, que teriam vivido no México em épocas pré-colombianas. Suas feições são caracteristicamente negróides, o que não significa que fossem africanos. Teriam africanos negróides ou nativos negróides da Oceania migrado para a América? Não é impossível. Ou tais cabeças poderiam, por exemplo, demonstrar uma possível ancestralidade atlante-negróide na antiga América, considerando a origem igualmente atlante do tipo humano negróide que hoje é predominante nos países africanos? Ou seja, estes negróides teriam vindo da África, da Oceania ou da Atlântida? Ou de mais de uma destas origens? O mais interessante é que os mesmos olmecas do México, como foi visto atrás nesta obra, também produziram esculturas de aparência mongolóide (visitantes chineses) e ainda um tipo mais raro, caucasóide semita (visitantes fenícios?), além de outras de biótipo propriamente indígena. Já mencionei atrás a descoberta arqueológica, no Brasil, de tipos negróides pré-históricos, anteriores ao biótipo mongolóide indígena.

Cabeça Olmeca: croqui do autor

Ao longo do tempo, o biótipo negróide na África, os "filhos de Caim", conforme a lenda bíblica, produziu variações locais e, como mencionado, ondas migratórias por todo o Velho Mundo, e mesmo para as Américas, como alguns indícios paleoantropológicos apontam. É assim que vários povos da Ásia e da Oceania expressam um biótipo claramente negroide, como é o caso dos aborígenes australianos e dos nativos da Papua e Nova Guiné, mas um tanto diferente daqueles dos africanos. Nas ilhas ao sul da Índia, em Andaman, também há nativos de aparência claramente negróide.

A Alma Africana trazida para a Alma Sul Americana

Em geral, uma característica das diversas almas coletivas das etnias marcadamente negróides é o humor alegre e uma disposição dançante. São povos fortes, anímica e fisicamente, muito ligados à terra, como o metafórico Caim bíblico. O africano desenvolveu uma cultura, geração após geração, na qual ele tem uma intensa ligação com o chão, com o chão batido, com o pé que toca o chão, semelhante, mas não idêntica à postura do índio. E quando o seu pé toca o chão, o africano dança. Esta alegria dançante é tanta que nem mesmo as condições de vida ruins conseguem anulá-la. O índio também dança ao pisar o chão, mas a dança deste é algo mais contida do que a do africano em geral. São dois temperamentos distintos. O homem ocidental, por outro lado, não tem esta afinidade com o chão, ele usa sapatos e reveste o chão de pedras, de cimento ou de asfalto. O africano pisa o chão e isto lhe causa uma alegria de viver intensa. E uma evidência disto é o que aconteceu, ao longo dos últimos séculos, no tocante à escravidão nas Américas. Mesmo escravizado, o homem africano continuou rindo e dançando. Um mito yorobá conta, inclusive, que os dois Orixás gêmeos, os dois meninos *Ibejis*, conseguiram driblar o Orixá da Morte, *Iku*, dançando, rindo e tocando atabaque. *Iku* ficou tão contaminando pela alegria e pelo ritmo dos Ibejis que não conseguia parar de dançar e assim não podia mais matar ninguém nem causar o sofrimento do luto no mundo.

Já em 1532, os portugueses transportavam para o Brasil os primeiros africanos escravizados. Até então, os índios também podiam ser capturados e escravizados, ao lado do africano. A partir de 1640, o rei de Portugal proibiu a escravização de indígenas e incentivou o comércio de escravos com a África. Quando então o africano vinha para o Brasil, ele era arrancado de sua condição materna, de seu chão, de suas tradições, de sua alma coletiva, e inserido, forçadamente, no território de outra alma coletiva igualmente feminina, sim, mas diferente nos desafios. A alma africana tem uma feminilidade semelhante à alma sul-americana, mas com outro "tom". Por exemplo, viu-se logo que o índio escravizado preferia morrer a trabalhar como escravo. Caía e ninguém conseguia levantá-lo. O africano, por outro lado, submetia-se mais facilmente à escravidão. São diferentes, portanto, as almas africanas e a indígena, em duas variações de feminilidade. E também diferem da alma indiana e da alma australiana nativa, igualmente femininas, todas aparentadas, em termos de almas coletivas e antropogeografia, pelas suas raízes ctônicas, quais sejam, as do antigo continente mãe Gondwana. O africano, em sua terra, é caçador, comedor de carne e criador de gado, agricultor. Na América encontra-se, trazido como escravo, no antigo território do seu irmão, o índio, também caçador, mas originalmente sem gado, vivendo em uma floresta de vegetação mais exuberante do que a maioria das savanas africanas. Por causa da feminilidade destes povos do sul, todos foram mais facilmente colonizados por diversas vezes, e até hoje, de certa forma. Esta feminilidade é representada nestas culturas aparentadas por suas deusas, suas deidades fêmeas. No caso da África, sabemos hoje que os povos tribais africanos são diversos e se espalharam por diversas terras. Onde o biótipo negróide se estabeleceu, longe da África, ele criou ali uma qualidade diferente do que havia originalmente. Assim, por exemplo, os drávidas do Sul da Índia, dos quais um ramo descendente atual é chamado povo tâmil, portam genes africanos, além de uma mistura com indo-europeus. Seus ancestrais africanos migraram na era atlante para o sul da Ásia e são parentes dos aborígenes australianos. Os drávidas são descritos nos textos hindus antigos como pessoas de pele mais escura e muito voltadas para o culto da deusa mãe, *Kali-Durga*. "Kali" significa, em sânscrito, "a negra", uma deusa cuja pele é sempre escura. A imagem da deusa mãe negra revestiu-se no Brasil africano, sob outras confluências e aparências: ela é, por exemplo, a deusa (Orixá) *Iansã* (em iorubá, "Mãe de Nove"), indicando que é Mãe de diversos filhos diferentes. *Iansã* também é venerada na África, sob nomes diversos, e com o mesmo nome na costa atlântica africana. Mas aqui ela é mais central, ao lado de outras mães orixás, como *Iemanjá, Oxum, Ewá, Nanã*, e outras.

Um mito africano, que mostra a importância do feminino, conta que os Orixás masculinos decidiram que as Orixás fêmeas não mais participariam de suas reuniões celestes, nas quais decidiam sobre o andamento do mundo. E assim, as Orixás femininas ficaram de fora. Logo que isto aconteceu, todas as mulheres ficaram estéreis, o leite das vacas secou, nenhum animal dava mais crias, os campos secaram, as colheitas minguaram, não havia mais frutos, tudo secou. Os Orixás masculinos não sabiam o que estava acontecendo. Procuraram então o mais sábio de todos os Orixás, o mais velho, Olodumaré. Este, perguntou aos filhos se Oxum, a Orixá da beleza, estava participando das reuniões. Eles disseram que não, que as

Orixás femininas não participavam mais. Olodumaré explicou então que nada no Universo, nem mesmo as decisões dos deuses, pode dar certo sem a participação feminina. Os Orixás, então, convidaram novamente as irmãs Orixás, e tudo voltou ao normal...

Uma Orixá fêmea de guerreiros africanos, Iansã é também guerreira, senhora do fogo, do raio, manda no reino dos mortos (*eguns*), senhora dos ventos e das tempestades, e das paixões fortes. Mas, ao vir para o Brasil, Iansã abrandou sua índole. Sua braveza foi atenuada aqui, em troca da sua maternidade mais etérica e menos astral. E assim, via sincretismo, ela se tornou Santa Bárbara. A *Iansã* africana é bem mais "brava" que a daqui.

Iansã africana (Candomblé)   Iansã brasileira (Umbanda)

A deusa guerreira africana se transformou na cândida Santa Bárbara com sua espada de guerreira (que não é tão brava). Iansã é só um exemplo emblemático. Os Orixás africanos foram todos "abrandados" no Brasil, pelo sincretismo com os santos católicos, em parte, mas também por causa do "astral" relativamente mais brando, menos belicoso, do ambiente. Os iniciados do candomblé sabem disto, e por isto surgiram aqui as versões mais tênues dos cultos africanos, tais como a umbanda, já devidamente mesclada com elementos indígenas e católicos. A alma coletiva, ou, se quisermos dizer, a cultura aqui da America, exigiu uma forma de expressão menos belicosa, menos agressiva, do que é na África. Nos ritos de candomblé, que ainda guardam muito da africanidade e os *mantras* são em língua africana (o processo de abrasileiramento ainda não se concluiu) fazem-se sacrifícios sangrentos de animais, embora também ocorra em outra vertente brasileira chamada "quimbanda". Em algumas regiões da África, há relatos de sacrifícios humanos rituais, ou canibalismo ritual, ainda hoje. Na umbanda, todavia, é terminantemente proibido o derramamento de sangue de qualquer criatura, uma ética religiosa que lembra muito a indiana budista. E isto só aparece aqui, no Brasil. No vodu do Haiti e nas encantarias da América Central, que têm origem africana semelhante, mas já apresentando uma catolicização, ainda há o sacrifício sangrento de animais. Na religiosidade indígena brasileira, por outro lado, os pajés não fazem sacrifício de animais, como os xamãs andinos, sendo geralmente suas oferendas vegetais.

Os africanos arrancados de sua alma coletiva

Uma vez que o comércio escravo africano deu mais certo do que se escravizar o índio nativo, estabeleceu-se uma diáspora, na qual cerca de quatro ou cinco milhões de indivíduos foram trazidos da África para o Brasil (o maior receptor de escravos do mundo, por quatrocentos anos, para nossa mais profunda vergonha). Os EUA receberam dez vezes menos africanos do que o Brasil. Em Portugal também havia africanos escravos, mas em número pequeno, porque não havia tanta necessidade e mão-de-obra quanto aqui. O resultado é que o Brasil teve um aumento enorme da população negra em relação à lusitano-descendente. Viviam aqui mais negros e mulatos e cafuzos do que portugueses e descendentes brancos "puros". Então, não se pode falar numa simples "influência" africana no Brasil, mas numa imigração forçada maciça. Criou-se um elo cultural, espiritual, étnico, entre Brasil e África. Interessante é o fato de que se calcula que cinco milhões de indígenas tenham sido mortos no Brasil e, ao mesmo tempo, alguns cálculos indicam cinco milhões de negros africanos trazidos para cá, tudo num período de quatrocentos anos. Como se fosse uma substituição. Ao virem para o Brasil, diversas etnias africanas trouxeram suas tradições, línguas, costumes, religião, musicalidade, etc. O antigo tratado hindu de geografia, o Vishnu Purana, segundo sua interpretação mais comum, chama a África de "Terra da Garça Real" (*Krauncha dwipa*), e dizia que o africano não é um povo só, mas que deveria ser entendido com tendo sete subdivisões étnicas. Todavia, todos estes povos africanos têm um elo em comum: viveriam no solo africano, na astralidade africana, na mesma alma coletiva. Os escravizados falavam diversas línguas diferentes que, mesmo não sobrevivendo aqui, misturaram palavras com o português e, antes disto, com o nhengatu (a nossa língua primeira) e modificaram o falar brasileiro em relação ao de Portugal. Ou seja, a presença africana alterou marcadamente a alma coletiva, para outra direção, para outra tonalidade.

Na África, após uma expedição de traficantes, ou alguma guerra tribal, famílias inteiras, até então vivendo livres em suas aldeias, eram capturadas. Eram assim acorrentadas e transportadas em longas jornadas a pé, até os postos de comércio de escravos. Homens armados, apelidados de "pombeiros", guiavam os cativos. Eram então levados a pontos de comércio, como o que havia em Luanda, em Angola, ou na Guiné, onde os portugueses construíram instalações que chamavam de "presídios". Ali, os cativos eram colocados em galpões, até que viessem os atravessadores, desembarcados de navios lusitanos, ingleses, holandeses ou franceses. Num navio negreiro eram espremidos uns quinhentos indivíduos, sendo que muitos morriam durante a viagem de travessia do Atlântico, que demorava em torno de um mês. De Moçambique até o Rio de Janeiro a viagem demorava o triplo deste tempo. Em caso de adoecimento de uma "peça", o escravizado era atirado ao mar. Simples.

A vergonha da escravidão negra

Já em 1452, antes da "descoberta" das Américas, o Papa emitiu uma bula dando permissão, e até recomendando, que qualquer povo infiel encontrado por explorador europeu dito "cristão" poderia ser escravizado, entre outras possibilidades. Este "infiel" seria principalmente o mouro, mas, preventivamente, também qualquer outro "pagão". Naquela época, a África ainda era conhecida, como um todo, pelo nome de Líbia. Os europeus, então, conheciam pouco sobre a África subsaariana, mas conheciam bem as regiões mediterrâneas do norte da África. Por conta disto, já no século XV, os portugueses compravam e vendiam escravos africanos em postos de tráfico no Mediterrâneo e os empregavam como mão-de-obra, não no Brasil ainda, mas nas Ilhas da Madeira e nos Açores. Na África já havia o costume antigo de comercializar escravos, que eram pessoas capturadas em guerras intertribais. Nas Américas indígenas pré-colombianas, havia também algumas formas de escravidão, mas em geral ligadas à captura de inimigos ou ao pagamento de dívidas (uma pessoa em débito com outra poderia pagar trabalhando gratuitamente para ela, por certo período – um costume inca). Mas não havia escravidão na América como comércio. Na Europa, por sua vez, a escravidão foi mantida como prática comercial durante séculos pelos gregos, romanos, e na Idade Média a condição do "servo" feudal não era essencialmente muito diferente da de um escravo. Até o século XIX, na Europa, viviam nas grandes cidades trabalhadores brancos sem direitos, explorados em jornadas desumanas, sob regime de escravidão mal remunerada. Foi justamente isto que incentivou a propagação das ideias socialistas de Marx e Engels. Quanto à escravidão africana, uma minoria de europeus a viam horrorizados e acreditavam ser algo incompatível com os princípios cristãos.

Não se sabe exatamente quantos africanos foram retirados à força de suas aldeias, com famílias inteiras, separados e transportados em navios negreiros para o outro lado do Atlântico: milhões e milhões de almas. As cifras elevadas levam os estudiosos a falarem em "diáspora negra", que teria durado quatrocentos anos. Os africanos que vieram para o Brasil eram de várias nações e falavam línguas diferentes. Tinham muitos elementos culturais em comum, mas muitos outros elementos completamente distintos. Os grupos étnicos africanos mais comumente trazidos eram: sudaneses, negros de Serra Leoa, da Gâmbia e da Costa do Marfim, que eram formados por três etnias, o nagô (ou yorubá), os dahomey (ou gegê) e os ashanti (ou mina). Também eram trazidos nigerianos muçulmanos (os malés) e negros de etnia bantu, vindos do Congo, Cabinda, Benguela, Angola e do Moçambique. Na África, havia a divisão das terras em reinos. Em cada reino africano havia um rei, rainhas, príncipes e a nobreza. Assim, quando eram capturados, os africanos escravizados eram constituídos tanto por súditos de um rei, como o próprio rei, suas rainhas, seus sacerdotes e sua corte. Nações inteiras eram destruídas para serem seus súditos e seus altivos reis convertidos em mercadoria pelos traficantes de escravos, muitos deles, africanos também. Por isto há casos, no Brasil, de reis africanos que se tornaram escravos, como Chico Rei.

Os principais portos de entrada eram o Rio de Janeiro e Salvador. Em geral, os negros que chegavam (ou "peças", como eram chamados) ainda recentes, chegavam muito magros e abatidos física e moralmente. Então, eram "armazenados", engordados e leiloados.

Debret – africanos recém-chegados ao Brasil,
no mercado do Rio de Janeiro.
(Biblioteca Brasiliana Guita e José Mindlin)

O comprador branco interessado chegava ao mercado e, diante da amostra, escolhia a melhor "peça" que fosse de sua conveniência, homem ou mulher ou criança. O escravizado era posto de pé, o senhor branco olhava os dentes, a compleição, a beleza se fosse mulher; a musculatura se fosse homem, os dotes físicos, etc. Muitas negras jovens eram compradas como escravas sexuais. Então, adquirido o escravo e assinados os documentos de propriedade, era dado ao escravizado um "nome cristão" e seu nome africano era perdido para sempre. Em sua maioria, os escravizados eram passivos e submissos, com exceção dos malês, cuja fé islâmica os ensinava a jamais aceitar a injustiça. Os negros malês organizaram diversos levantes violentos, principalmente na Bahia, e planejavam tomar o poder dos brancos e estabelecer um califado negro no Brasil. Os malês eram vistos na rua trajando-se sempre de branco, usavam cavanhaque e cumprimentavam-se em árabe-crioulo: "Salamaléque!". E rezavam com o rosto no chão, dizendo "Alacubá!" ("*Allah hu acbar*", originalmente, em árabe). Em geral, falavam e liam árabe. E isto os colocava intelectualmente em posição superior aos seus senhores brancos, geralmente analfabetos. O traje típico das baianas de Salvador é de origem malê, e também os trabalhos em rendas e algumas comidas brasileiras. Os negros nagôs e iorubás eram mais dados, em suas formas de resistência, à fundação de quilombos, comunidades negras clandestinas nas montanhas e nas florestas, onde às vezes se associavam com índios. Até hoje, existem quilombos no Brasil rural, como herança cultural desta época. Conheci, nas matas de Parati, um quilombo praticamente vizinho de uma aldeia de índios guarani. Nas populações das duas aldeias, cafuzos: negros-índios e índios-negros.

Apesar de escravos, os africanos trouxeram consigo e praticavam nas senzalas e nos quilombos a sua espiritualidade, muito incrementada por elementos musicais, canto e dança, e que lhes permitia resistir ao sofrimento com alto teor de alegria, otimismo, fé e esperança, atitude característica de diversos povos africanos, em geral, tanto lá quanto aqui. A espiritualidade os mantinha vivos, por um lado, e era uma forma de resistir e afrontar o cruel senhor "cristão". Com o tempo, os africanos deixaram de sê-lo, na medida em que seus descendentes, igualmente escravos, até 1888, nasciam já no Brasil. Também foram surgindo ao longo dos séculos de diápora africana, especialmente no Brasil, outros biótipos humanos até então inéditos: o mulato, filho de escravo negro com senhor branco; e o cafuzo, filho de escravo negro com índio livre. Também surgiu o mulato-cafuzo e todo tipo de combinação. E isto é que vai constituir o biótipo diversificado que hoje se pode ver nas cidades do Brasil. Mais do que uma mistura de biótipos físicos, trata-se também de uma mistura de almas, uma mistura de culturas, uma mistura de simbolismos e de sensibilidades. Esta mistura, que para nós representa um enriquecimento, era vista, entretanto, como algo ruim na Europa de então. Valorizava-se a ideia de "pureza racial" e toda mistura comprometeria esta pureza. Sabemos hoje, graças à genética, que nenhuma "raça", ou seja, nenhuma etnia, das que existem ou das que existiram sobre o planeta, jamais foi "pura". Todas as etnias são misturas, todas.

A condição do africano escravizado no Brasil

Em geral, nas fazendas ou nas cidades, o africano não tinha um destino feliz. Separado de seus parentes, destituído de sua cultura, de seu nome, de sua língua, tornava-se, em alguns casos, menos do que uma pessoa humana, ou menos até do que um animal doméstico. As sociedades escravagistas, em geral, costumam ser cruéis com seus escravos. E isto não foi exceção no Brasil. A moral católica repressora e patriarcal do senhor branco contrastava com a religiosidade pagã e sem pecado, sensual, do africano. Esta moral católica dos tempos coloniais era a mesma que, na Europa, produzira a Inquisição e a perseguição ao feminino, a queima das bruxas e a tortura de hereges, judeus e mouros, não nos esqueçamos. A Inquisição, inclusive, foi trazida ao Brasil, assim como às outras colônias ibéricas, e não deixou de produzir aqui os seus vis autos da fé. Havia algo doentio no ar, acentuado por uma sociedade rural e inculta, abrutalhada pelo trato selvagem também com a animália e predatória em relação aos recursos naturais da terra. A crueldade desatinada, gerada por almas insanas e atormentadas pela obsessão em uma fé também doentia, além de hipócrita, caracterizou os atos brutais e sádicos com os quais os espanhóis e seus sacerdotes exterminaram a torturaram indígenas astecas e incas. Os nativos eram queimados vivos, castrados, enforcados, tinham braços e pernas cortados, olhos furados, orelhas cortadas, ao bel prazer de seus algozes, dotados então do poder material. Os portugueses foram apenas algo menos do que isto com relação aos índios. Os chamados bandeirantes, na verdade, não passavam de assassinos e raptores de índios e mercenários matadores de escravos quilombolas, apesar de apresentados nas escolas nacionais como heróis. Isto é algo que deveria ser revisto pelos educadores. E seus descendentes mamelucos herdaram esta crueldade, então descarregada sobre os animais e sobre os escravos da fazenda.

O Castigo, por Debret
(Biblioteca Brasiliana Guita e José Mindlin)

Gilberto Freyre nos conta, por exemplo, (Freyre, 2000) que as negras, geralmente, eram bem mais bonitas e mais sensuais do que as senhoras brancas. Isto porque estas viviam num constante regime de repressão sexual e afetiva e eram, de fato, mal cuidadas. Para compensar este desnível, era costume que se arrancassem os dentes das negras, para que ficassem tão feias quanto suas amas – em geral, desdentadas. Havia uma relação doentia de apropriação de outro ser humano. Uma relação sádica. O negro era um "animal" raramente bem tratado, em regra odiado, desprezado, ridicularizado e humilhado. Havia uma norma coletiva, um costume arraigado, que dizia que o escravo teria que ser sempre tratado com dureza, com crueldade. O Brasil colonial escravagista colocou em prática a frase contundente do filósofo inglês Hobbes (por sinal, um racista, que dizia que o negro é "claramente simiesco"): "o homem é lobo do homem". Bem, então tínhamos seres simiescos nas mãos de lobos ferozes, conforme a lógica de Hobbes. Deve-se assinalar, todavia, que esta não é uma questão racial, ou seja, que se resume em brancos maus *versus* negros vítimas. Havia senhores brancos bons e abolicionistas, que não se sentiam bem com a escravidão. Da mesma forma, havia negros que ao se tornarem libertos, juntavam dinheiro e compravam seus próprios escravos. Não é a raça, a questão, mas o nível de maturidade ética dos indivíduos. Como um país como o Brasil, que apenas há pouco mais de um século era formado por senhores e escravos, pode, atualmente, de fato ser constituído por um povo maduro eticamente? Não pode.

Os africanos destinados ao trabalho braçal nos canaviais, a principal economia do país, então, ou à mineração nas Minas Gerais, tinham uma perspectiva de vida curta. Entravam na labuta a partir dos doze ou treze anos e não paravam, até a morte, geralmente em torno dos trinta anos ou menos. Os escravos domésticos, chamados mucamos ou mucamas, tinham uma sorte melhor, especialmente se os amos se afeiçoassem a eles. Então eram adotados quase como um membro da família. Podia acontecer. Os filhos do senhor, então, usavam os negrinhos como brinquedos, e neles descarregavam suas raivas e suas curiosidades mórbidas, às vezes. As mães dos negrinhos também cuidavam dos sinhozinhos, e eram elas quem lhes davam banho, lhes davam a comida, quem os levava à cama e lhes contava estórias de quibungo (bicho-papão) e de mulas-se-cabeça, nas noites frias, para descanso da patroa. Vítimas de sevícias e de humilhações, os negrinhos, por sua vez, como relata Gilberto Freyre (idem), só podiam descarregar sua raiva nos animais, nos passarinhos, nos cães, nas galinhas, no gado, torturando sadicamente os bichos. A crueldade e o desamor do senhor branco produzia, em contrapartida, a crueldade e o desamor do escravo. A escravidão negra também foi um holocausto contínuo, lento, nem sempre de morte física, mas de morte da alma, transformando seres humanos em bestas, retirando deles sua dignidade, seu respeito próprio, sua esperança, sua fé, sua cultura. Tudo. Qualquer homem assim embruteceria, viraria uma fera humana. Mas não foi o que aconteceu. A espiritualidade forte do africano o salvou, manteve-o humano, seus Orixás e seus ancestrais o protegeram da desumanização. O branco, por outro lado, tornou-se um senhor cruel e hipócrita. É surpreendente que atos tão insanos partissem das mesmas pessoas que se diziam cristãs, que cantavam louvores de Natal e de Semana Santa, faziam jejuns e novenas e procissões, veneravam santos católicos. Todavia, com certeza a maioria dos senhores brancos era tão inconsciente, que sequer pensava sobre isto como contradição: "As coisas são como são." Darcy Ribeiro (Ribeiro, 1995) descreve a situação anímica do negro escravo, assim:

"Sem amor de ninguém, sem família, sem sexo que não fosse masturbação, sem nenhuma identificação possível com ninguém – seu capataz podia ser um negro, seus companheiros de infortúnio, inimigos –, maltrapilho e sujo, feio e fedido, perebento e enfermo, sem qualquer gozo ou orgulho do corpo, vivia a sua rotina. Esta era sofrer todo o dia castigo preventivo, pedagógico, para não pensar em fuga e, quando chamava atenção, recaía sobre ele um castigo exemplar, na forma de mutilações de dedos, de furo de seios, de queimaduras com tição, de ter todos os dentes quebrados criteriosamente, ou dos açoites no pelourinho, sob trezentas chicotadas de uma vez, para matar, ou cinquenta chicotadas diárias, para sobreviver. Se fugia e era apanhado, podia ser marcado com ferro em brasa, tendo um tendão cortado, viver peado com uma bola de ferro, ser queimado vivo, em dias de agonia, na boca da fornalha ou, de uma vez só, jogado nela para arder como um graveto oleoso. Nenhum povo que passasse por isso como sua rotina de vida, através de séculos, sairia dela sem ficar marcado indelevelmente. Todos nós, brasileiros, somos carne da carne daqueles pretos e índios supliciados. Todos nós brasileiros somos, por igual, a mão possessa que os supliciou. A doçura mais terna e a crueldade mais atroz aqui se conjugaram para fazer de nós a gente sentida e sofrida que somos e a gente insensível e brutal, que também somos. Descendentes de escravos e de senhores de escravos seremos sempre servos da malignidade destilada e instalada em nós, tanto pelo exercício da brutalidade sobre homens, sobre mulheres, sobre crianças convertidas em pasto da nossa fúria. A mais terrível das nossas heranças é esta de levar sempre conosco a cicatriz de torturador impressa na alma e pronta a explodir na brutalidade racista e classista. Ela é que incandesce, ainda hoje, em tanta autoridade brasileira predisposta a torturar, seviciar e machucar os pobres que lhes caem às mãos. Ela, porém, provocando crescente indignação nos dará forças, amanhã, para conter os possessos e criar aqui uma sociedade solidária."

Debret – a sala de jantar dos senhores, servidos pelos escravos, retrata o estatuto social do negro, estatuto este que ainda ficará tempos após a escravidão.
(Biblioteca Brasiliana Guita e José Mindlin)

Houve, em todo caso, uma constante resistência negra, temida pelos senhores. Uma opção do negro era o suicídio, ou o banzo (deixar-se morrer aos poucos). Outra opção era o assassinato dos senhores e a fuga, ou somente fuga para um quilombo. Alguns quilombos cresceram a ponto de ameaçarem a segurança dos senhores, o que determinou providências enérgicas das autoridades. Foi o caso do quilombo de Palmares, em Alagoas, liderado por Zumbi e então exterminado (1695). Muitos quilombos sobreviveram até os nossos dias. Havia também o caso da assimilação dos escravos como uma parte da família, caso os senhores fossem mais bondosos. Em situações assim, mesmo após a abolição, muitos escravos permaneceram com seus antigos senhores, como escravos voluntários ou como subempregados de fazenda.

O que manteve a escravidão negra por tanto tempo no Brasil foi a consciência coletiva de um pais rural inculto, por parte do fazendeiro e do burguês. Este modelo social brasileiro era uma adaptação rural-colonial do modelo europeu, por pura imitação. Os senhores de engenho e de fazendas de café, burgueses da colônia, ou do império, eram pessoas que realmente acreditavam que as coisas tinham que ser assim, não atinavam em mudá-las enquanto fosse cômodo, de geração a geração. Afinal, ter alguns escravos fazendo todo o trabalho pesado e todas as vontades é algo bastante cômodo. Cronistas da época relatavam que os burgueses e senhores brasileiros não tinham nada o que fazer e vagabundeavam, ou dormiam preguiçosamente o dia inteiro nas varandas. Seria necessária uma sociedade mais acordada para novos valores, mais atenta à possibilidade de reformas, para que esta mentalidade escravagista acomodada pudesse mudar e ser vista como errada: os defensores desta revolução eram, então, os abolicionistas. Os abolicionistas eram herdeiros diretos do iluminismo europeu. Este, no início do século XIX, trazia uma nova mentalidade de progresso, de um mundo mais livre e democrático e continha, em seus ideais, a aspiração a um mundo igualitário sem divisões de raças, credos ou colonizadores e colonizados. A Inglaterra foi a pioneira no movimento abolicionista. O gatilho desta mudança, na Europa, ocorreu após um dos mais terríveis episódios da escravidão, que foi a seguinte: um navio negreiro inglês, o *Zong*, em 1781, atravessava o Atlântico com cento e trinta e três africanos em seu porão. Muitos deles estavam doentes. O empreiteiro da carga, entretanto, enviou um comunicado dizendo que não pagaria por escravos doentes. Então, como solução para o impasse econômico, o capitão teve a infeliz ideia de atirá-los ao mar, infestado de tubarões, um a um. E assim ele o fez. Todavia, tal relato chegou à Inglaterra e, finalmente, mobilizou a opinião pública. O artista inglês Turner pintou uma tela, expressando o horror do episódio. Afinal, nem mesmo com animais alguém faria tamanha desumanidade. E os abolicionistas não perderam a chance a incrementar a sua campanha, estendendo-a, inclusive, ao Brasil, que dependia economicamente da Inglaterra.

Havia espíritos abolicionistas tanto aqui, no Brasil, como na Europa. De início, constituía uma minoria de indivíduos, quase sempre ligados à maçonaria que, em seu olhar esotérico, propunha a unidade fundamental do ser humano. Muitos eram abolicionistas porque eram mestiços e haviam sentido na própria pele a dor da desigualdade. Em meados do século XIX, a participação de negros e mestiços na guerra do Paraguai e com a vitória do Brasil, criou uma atmosfera mais simpática ao abolicionismo. Em fins do século XIX, a mentalidade abolicionista cresceu e se tornou popular, levando, então, a família imperial a decretar o fim da escravidão, por meio da *lei áurea*. A quem isto não agradou? Somente aos grandes produtores rurais que dependiam da mão-de-obra escrava. Para os demais, havia a noção de que a escravidão pertencia a um passado atrasado e ruralista do Brasil, algo incompatível com os novos tempos modernos e progressistas.

A África, vítima da doutrina racista colonial

Como é possível que povos que se definiam como "cristãos" tenham vivido a custa de mão-de-obra escrava, e assim prosperado em cima do sofrimento do outro? Que tipo de concepção sobre o ser humano explicaria tal comportamento? Estas eram as questões levantadas pelos abolicionistas e antirracistas do século XIX. Algumas coisas devem ser sempre ditas novamente, por horrendas que sejam, para que não sejam repetidas, pois às vezes a humanidade tem memória curta para certos erros. Um destes erros é o racismo, que gerou e justificou o colonialismo. É uma ideologia que causou enorme prejuízo espiritual e material, tanto no mundo ocidental quanto nos povos do hemisfério sul. É uma ideologia equivocada que deriva diretamente desta mencionada noção de "pureza racial", que vigorou nas nações colonizadoras até meados do século XX.

Uma das vertentes do racismo colonial é a sua feição esotérica, que permeou a maior parte das ordens de ocultistas europeus do século XIX. O racismo é muito antigo, e surge quando um povo, que se identifica como "raça", se acredita especial diante de outros povos. Mas, na era moderna ele foi incrementado com as cruzadas, primeiramente, onde os mouros eram os inferiores. Depois, continuou com as navegações do século XVI e a colonização da África, das Américas e da Ásia. Nestas, os europeus se depararam com outros povos "que não estavam na Bíblia" no caso, os índios, ou com povos que não eram considerados humanos de fato, como os negros africanos. Daí a justificativa europeu-católica para a escravidão, que já existia, entretanto, na própria África. Durante séculos, a cultura europeia, ou seja, a dita "cristandade ocidental" foi impregnada pela ideologia racial. Num primeiro momento, havia a justificativa religiosa, ou seja, o bom cristão (branco) tem a vênia papal para escravizar e explorar o pagão (índio ou negro). Depois do darwinismo, no século XIX, a justificativa mudou para uma dialética menos religiosa e mais racial, na qual o "mais evoluído" pode e deve dominar o "menos evoluído". Estas noções de "raça superior" e "raça inferior" foram, em grande parte, teorizadas por Herbert Spencer, evolucionista inglês, e não por Darwin. Foi quando, justamente, passou-se a fazer uso da palavra "raça" agora com um sentido evolucionista.

Já a ideologia do racismo esotérico foi incrementada, no século XIX, também a partir da interpretação unilateral de Spencer do evolucionismo. Todo europeu do século XIX tendia a acreditar numa suposta superioridade do branco sobre os demais povos. Isto também porque o branco europeu tinha tremendo orgulho de sua civilização, de sua cultura, e a considerava ímpar perante as outras civilizações. Entre esotéricos, a ideia é que somente espíritos mais evoluídos e maduros encarnariam entre povos mais civilizados. Espíritos mais imaturos, mais primitivos, por outro lado, tenderiam a encarnar em povos "menos civilizados". O que definiria, aqui, "civilização' é o ponto-chave. "Civilização" é a cultura europeia, assim era compreendido. E tudo depois dela seria menos civilizado ou então incivilizado. A melhor música do mundo é Vivaldi, Bach e Beethoven. A língua mais perfeita é o alemão, ou o inglês, ou qualquer língua culta europeia, além do grego e do latim. A forma mais digna e limpa de se viver é aquela europeia, em cidades industrializadas, com lojas, ruas, jardins e praças. A religião mais santa é somente a da cristandade europeia, o resto é "paganismo e idolatria". Os modos à mesa mais "civilizados" seriam aqueles do europeu e o resto, barbárie. Isto é o que se denomina por eurocentrismo. Não se cogitava, como hoje, que possa haver diferentes formas e expressões de civilização, todas equivalentes, todas com virtudes e defeitos. Imaginava-se a civilização europeia como ápice e, um dégradé do civilizado ao primitivo. Quando os ingleses invadiram a Índia e a tornaram parte do império britânico, viam como "primitiva" e "idólatra" a cultura hindu, cinco mil anos mais velha do que a deles, com sua própria literatura, medicina, ciências, artes, filosofia e religião. Não obstante, traduções dos textos esotéricos clássicos do hinduísmo, tais como os *Upanishades* e o *Bhagavad Gita* foram difundidos por toda a Europa oitocentista, causando assombro entre os amantes do oculto. E, neste clima, o ocultismo, em sua origem praticado por povos "primitivos" e "idólatras", foi depurado e assim tornou-se europeu e, melhor que isto, "cristão". As justificativas esotéricas do racismo europeu foram surgindo ao longo do século XIX. "Raça" tornou-se uma condição evolutiva do espírito que migra e reencarna. "Raças inferiores" guardam em seu bojo espíritos atrasados e "raças superiores', como as europeias, abrigam em si espíritos mais evoluídos. Espíritas ingleses e franceses pensavam assim, por exemplo, na primeira metade do século XIX. Quanto à teosofia, trazida da Índia para a Europa, logo surgiu uma interpretação eurocêntrica dos conteúdos de *A Doutrina Secreta* (1888), obra fundante de Helena Blavatsky. Seu conteúdo é basicamente o hinduísmo e o budismo esotérico, com elementos de outras tradições ocultas vivas e também algumas tradições mortas do passado, como a egípcia e a grega clássica. Esta grande ocultista europeia expressa, fora do contexto asiático original, algumas noções de desigualdade humana oriundas das castas da Índia, por exemplo. Esta noção das castas hindus é, então, imediatamente transposta de um sentido espiritual-evolutivo para um sentido "racial" biológico e estático. Na Índia, originalmente, as castas demarcavam níveis escalonados de evolução espiritual, conforme o aprendizado cármico, através da reencarnação. Um espírito (Atma) que houvesse desenvolvido virtudes nobres nasceria numa casta socialmente superior, obtendo uma boa casa, uma boa família, boa alimentação e instrução superior. Um espírito preguiçoso, embotado moral e espiritualmente, nasceria numa casta inferior, mais pobre, com mais sofrimento, com má alimentação e com carência de instrução. Mas, se este espírito preguiçoso realizasse um esforço moral em vida, poderia aspirar a "subir de casta", na vida seguinte. Um espírito moralmente relaxado, perverso, mesmo pertencendo a uma casta superior, poderia regredir e renascer, na vida seguinte, numa casta mais baixa ou até sob uma forma animal (metáfora esotérica da ligação entre o corpo astral humano e o reino animal)[16]. Os níveis espirituais não são fixos, mas móveis, na Índia. A mensagem, aqui, é mais moral do que propriamente racial. Mesmo na Índia, entretanto, a massa dos não-iniciados, os que vivem na condição *paçu bhava*, praticou sempre uma interpretação racista da antiga doutrina esotérica das castas, gerando enorme sofrimento social. Na interpretação ocidental, o espírito original foi distorcido: a casta superior seria aquela biologicamente de origem "ariana", e as castas inferiores seriam aquelas originárias de migrações negróides primitivas. A mobilidade de se passar de uma casta para outra foi desfocada ou mesmo perdida, e a desigualdade foi fixada como um escalonamento estático: quem é "superior" ficará sempre assim, e quem é "inferior", será sempre assim. No ocidente, a ênfase caiu sobre a casta enquanto "raça", biologicamente falando. Uma alma atrasada corresponde a uma suposta raça atrasada, uma alma evoluída, a uma suposta raça evoluída. Assim pensavam muitos ocultistas influentes. Juntando forças a esta noção teosófico-colonialista que passou a ser defendida como verdade esotérica por diversos ocultistas europeus do século XIX, outro personagem importante foi Artur de Gobineau. Este se tornaria um dos mais importantes teóricos do racismo e do futuro nazismo, embora tenha vivido uns oitenta anos antes do nacional socialismo existir. Já mencionamos, atrás, este indivíduo, no que tange ao processo de genocídio dos índios das Américas. Na verdade, Gobineau era um farsante inteligente. Sabe-se que conseguiu ingressar na carreira diplomática, na França, fazendo amigos influentes e forjando um falso título de nobreza. Em 1869, Artur Gobineau veio para o Rio de Janeiro, capital do então Brasil imperial, como diplomata francês do governo de Napoleão III. Já tinha ideias racistas, como a maioria de seus contemporâneos europeus, mas o que viu no Rio de Janeiro reforçou suas ideias e fantasias. Detestou o Rio de Janeiro no momento em que desceu do navio; nada do que viu o agradou, em especial a mistura étnica. Seu melhor e talvez único amigo passou a ser o próprio Imperador Dom Pedro II. Claro, um homem culto só poderia conviver entre os poderosos, num país bárbaro. Escreveu, então, um livro sobre a "desigualdade das raças", no qual descreve um Rio de Janeiro sujo, imundo, cheio de "negros e mulatos", uma gente feia e degenerada, pobreza, ignorância por toda parte. Previu que o Brasil rapidamente entraria em "processo degenerativo", pois era um exemplo visível e triste do que acontece quando as raças se misturam, principalmente raça branca europeia com raças inferiores e animalescas, tais como negros e indígenas. O caminho seria a bestificação, em velocidade rápida. Os brasileiros seriam macacos em poucas gerações, ironizou Gobineau, evocando uma interpretação equivocada de Darwin, embora ele próprio se afirmasse um descrente na teoria da evolução. Como teórico loquaz, numa época em que o racialismo era uma ideologia marcante na cultura ocidental e mesmo nas colônias, Gobineau seduziu as elites do poder no governo brasileiro. E esta influência da ideologia de Gobineau continuou até mesmo quando o Brasil se tornou republicano. O francês deixou aqui a sua herança ideológica, no sentido de "ajudar a salvar o país" da mestiçagem. A mentalidade dos governantes seguia a filosofia gobineauniana. Para tanto, o programa proposto seria excluir os "inferiores" da possibilidade de um lugar na sociedade (daí o desemprego e as favelas a que, desde então, estariam condenados os negros e os mestiços). Uma solução contida neste programa de "salvação do país" seria também importar gente de pele branca da Europa para ocupar o campo e o comércio nas cidades e a cultura local. E isto foi implementado a partir dos governos republicanos, após a abolição da escravatura (em 1888), e seguintes, o que estimulou ao máximo e abriu as portas para a imigração italiana, alemã, polonesa, portuguesa, etc., facilitando as condições de vinda de imigrantes, e estabelecendo mecanismos que dificultavam ou até impossibilitavam que negros e mulatos tivessem ascenção social. Entre os médicos ligados ideologicamente ao programa, estabeleceram-se as concepções da *eugenia*, ou seleção racial, inventados pelo médico norte-americano Galton, que chegou a cogitar até sobre a possibilidade da castração de negros e de mulatos, além dos "retardados", e o estímulo à reprodução livre da população clara, loura e de ascendência europeia. Ou seja, havia ideais nazistas atuantes nas América, antes de Hitler.

Voltando à Europa, Gobineau descreveu o que vira no Brasil e tornou-se amigo, por exemplo, de Richard Wagner, o compositor alemão que buscava as raízes nórdicas da "raça" germânica pura, não contaminada pela miscigenação, em obras como o *Parcifal, o Anel do Nibelungo*, etc. Gobineau também teve contato com escritores teosóficos, como o dramaturgo e historiador Edouard Schuré (1841-1929). Este, por sua vez, vai se aproximar de Rudolf Steiner via Maria von Sivers, respectivamente pai e mãe do movimento antroposófico. Schuré era um racista esotérico e escreveu obras onde dá um traçado histórico ao ocultismo, como em *Os Grandes Iniciados*, ou ainda em *A Evolução Divina da Esfinge ao Cristo* (Schuré, 1982), cuja edição original (1912) foi dedicada a Rudolf Steiner. Em suas obras do gênero podemos ver toda a ideologia esotérica da "raça ariana superior", que saiu da Atlântida, conforme os anais teosóficos, e se impôs espiritualmente sobre as demais, desde a "Antiga Índia", "a Antiga Pérsia" "Egito", "Grécia" e Europa. Uma frase de Schuré típica em suas obras seria: "o ariano de origem atlante, inteligente, superior espiritualmente, se impõe sobre as raças inferiores de pele escura, e assim estabelece a cultura ariana antiga". Neste período da Europa ainda não existia o nazismo, bom salientar. Cabe aqui observar que Rudolf Steiner, embora amigo de Shuré e eurocêntrico como todo europeu culto de sua época, superou em diversos momentos de sua obra a ideologia racialista esotérica vigente. Apesar do eurocentrismo de Steiner, este não comunga com a ideologia do escalonamento fixo de "raças", mas seu pensamento é mais "indiano", no sentido de uma transmigração reencarnatória entre "raças". Steiner também foi um dos primeiros ocultistas a propor o uso do termo "povo" como mais adequado do que "raça". Segundo Steiner, "raça" remeteria a um passado da humanidade, onde a herança física era importante. "Povo" seria mais adequado às civilizações mais recentes, nas quais é a cultura o mais determinante do que a herança genética. Portanto, a história absolve Steiner, ao contrário da atitude de condenação por racismo que lhe imputam certos adversários da antroposofia, até hoje. A visão de história oculta do mundo em Steiner manteve-se eurocêntrica, como seria de se esperar de qualquer homem europeu de sua época. Ele, de fato, via a Europa moderna como ápice da evolução espiritual mundial. Mas era também assim que pensavam homens como Hegel, Goethe, Kant, Nietzsche, Heidegger, e muitos outros. Todavia, ele percebeu o desvio do racismo esotérico, não de início, mas a partir de certo ponto de sua caminhada, e passou a não mais usar o termo "raça" como sinônimo de "povo" e escreve em sua obra, redigida em 1910, *A missão das almas dos povos* (Steiner, 1986) que "etnia" seria mais adequado do que "raça", para avaliar as sociedades modernas. Ele não nega a noção de "raça", mas não a considera capaz de explicar as características de um povo. Às vezes, ocorrem em suas obras mais antigas, principalmente as do período teosófico, o arriscado termo "raça" de modo típico do século XIX.

Gobineau, embora não ligado ao ocultismo, viria a ser uma das principais referências teóricas do nazismo. Wagner, seu amigo também racista, tornar-se-ia o músico que Hitler e seu grupo tanto apreciariam, décadas depois. Neste período pré-nazismo, na Europa e na França, principalmente, a ideologia racista esotérica subdividiu-se em correntes menores, por exemplo, "ariasophia" (em mãos de nazistas), a "sociedade do thule", ou a "sociedade do vril" – esta última, tendo por objetivo a pesquisa de supostas antigas tecnologias atlantes, como interessantes para a futura hegemonia de um terceiro reich. Foi um destes grupos esotéricos nazistas que enviou ao Brasil, na década de 1930, arqueólogos alemães para pesquisarem supostos antigos indícios de tecnologia atlante entre os índios amazônicos.

Enquanto isto, na África...

As nações europeias, no final do século XIX, haviam se reunido, em Berlim, e estabeleceram um acordo sobre como dividiriam a África entre si. A crença de que os negros africanos e tribos árabes eram selvagens e atrasados, teorizada por Herbert Spencer, diante do adiantamento tecnológico do europeu, era a justificativa moral para a colonização. A motivação das potências do hemisfério norte era, todavia, somente a de expansão econômica. A França manteve seu controle sobre grande parte do norte da África. A Itália ficou com a Líbia e a Etiópia, mas seu exército foi derrotado pelos etíopes nativos e se contentou com a Líbia. Espanha e Portugal também ganharam pedaços da África. A Inglaterra manteve seu pé firme na Índia (depois de tomá-la dos franceses) e em enorme parte da África. A partir de negociações, a Inglaterra repassou o sudoeste da África (a Namíbia) aos alemães. Os alemães lucraram com a riqueza mineral do solo da Namíbia, mas o problema eram os negros, que resistiam à ocupação germânica na região. Ao chegarem à África, os administradores alemães estabeleceram leis absurdas de impostos, sobre um povo que não tinha como pagar, já empobrecido pela colonização inglesa anterior, e a obrigação, sob penas duras, de que todo africano chamasse o europeu de "buana" (senhor). As terras dos nativos, em geral, pastores, foram confiscadas e repassadas a colonos alemães, estimulados a migrar em grandes levas para o continente africano. Os antigos moradores nativos, então, eram empregados em trabalho escravo, tendo como senhores os colonos europeus. A partir de 1903, os nativos namíbios se revoltaram e passaram a atacar os ocupantes germânicos. O kaiser alemão reagiu, mandando tropas. Sangrentos episódios ocorreram, com a progressiva derrota dos nativos. Execuções, aprisionamentos em campos de concentração, torturas, mortes em massa por inanição, enfim, os direitos humanos foram totalmente ignorados. Havia o não fornecimento de víveres, matando de fome os nativos, prisioneiros em sua própria terra; ou o transporte de lotes de pessoas para os desertos, para deixá-las morrer de sede. Construíram-se campos de extermínio, entre 1904 e 1907, onde cerca de cinquenta mil nativos, segundo algumas cifras – homens, velhos, mulheres e crianças – foram envenenados ou simplesmente deixados para morrer. As viúvas dos executados, quando sobreviviam, tiveram que se prostituir para os colonos alemães. Daí, a explicação para a população de mulatos namibianos, por conta desta miscigenação. Os estudiosos europeus, nas universidades, colecionavam crânios de negros namíbios para estudos anatômicos, tendo o atual governo africano da Namíbia solicitado a devolução dos restos dos seus mortos e uma indenização por parte do atual governo alemão, solicitação esta, até onde sabemos não efetivada. Evidentemente, na época, houve pessoas na Alemanha que protestaram contra o que se noticiava como tratamento cruel para com nativos da colônia africana. O governo alemão pediu desculpas aos namíbios em 2004, mas não pagou nenhuma indenização. Quanto aos crânios, não se sabe se foram devolvidos ou não. Este foi considerado o primeiro genocídio do século XX, comparável ao holocausto judeu, quarenta anos depois. O que produz algo macabro assim? A ideologia que define outra "raça' como inferior e a crença na superioridade da própria "raça". Mas há também, além disso, um ódio, um sentimento de agressividade diante de outro ser humano, que não é como eu, que tem uma aparência ou costumes diferentes dos meus. Este mesmo ódio aparece na escravidão no Brasil. O senhor de escravo era fundamentalmente um torturador cruel e sádico que, pelo que a história nos conta, odiava o escravizado, desprezava-o, por vê-lo com criatura inferior.

Quando então, houve a construção de campos de concentração para judeus na Alemanha nazista, a partir de 1940, a engenharia militar germânica já tinha a experiência similar dos campos africanos. A engenharia militar inglesa, por sua vez, tinha experiência semelhante com campos de concentração na Índia e na África do sul. Episódios como este servem para que entendamos qual é o espírito por trás de uma cultura escravagista e colonial.

Voltando à Europa

As ideias racistas-esotéricas teosóficas foram encaixadas perfeitamente na ideologia do racialismo europeu (inglês, alemão, francês, principalmente) e também ao norte-americano (justificando a ideologia protestante de direita que tinha como programa o extermínio ou exportação dos negros norte-americanos de volta à África (para a Libéria). Esta última ideologia elaborou também a justificação histórica e esotérica para o extermino dos indígenas, "a raça vermelha, já decaída, teria desaparecido de qualquer forma e o homem branco tem o destino de herdar a terra". Um episódio emblemático se deu com o fundador de certa ordem esotérica norte-americana. O líder desta ordem foi convidado, nos anos 1930, antes da guerra, por Himmler e Goebels – articuladores da ideologia nazista e profundamente interessados em ocultismo –, a realizar uma pesquisa que provasse que Jesus Cristo na verdade não era judeu, mas um ariano puro de alguma forma metido no meio dos judeus na época romana. Tarefa difícil. Mas, ele aceitou e "provou" que Jesus teria sido louro de olhos azuis (o que ele diz ter visto no *akasha,* a memória cósmica do planeta). As noções de "raça superior" ou de "raça inferior" não eram exclusividade dos nazistas, mas era um lugar comum presente até mesmo nas universidades alemãs, francesas, inglesas, italianas, norte-americanas até os anos 1940, e depois. Isto porque as ideias de Spencer eram apresentadas como verdades inquestionáveis. O problema norte-americano era o negro (a questão indígena já havia sido resolvida com o quase-extermínio do pele vermelha), assim como o problema europeu era o judeu. Os nazistas apenas se apropriaram da questão, ou compartilharam, e levaram a noção à máxima consequência. Ou seja, havia um clima racialista generalizado na época, próprio da cultura moderna ocidental. Para os nazistas, cujas lideranças eram afinadas a um ocultismo racialista, a raça nórdica seria a herdeira direta dos arianos atlantes, cuja inteligência superior e grau mais elevado de evolução determinaram o progresso material e espiritual dos povos. Em contraste, havia as "raças inferiores", sendo algumas destas classificadas como "untermenschen" (sub-humanas), porque representavam almas atrasadas, residentes em corpos ainda não completamente humanizados. Dentre estas sub-raças, havia as mais atrasadas, que seriam a "raça negra" e a "raça judia", estes dois classificados como *Lebensunwertes Leben ("vida indigna de ser vivida")*. Tudo isto era incrementado pelo poligenismo, ou seja, da crença de que as "raças" teriam surgido separadamente, uma raça surgiu aqui, outra ali, outra acolá, sem mistura. Estaria ausente a noção, atualmente comprovada pela genética, da grande miscigenação e unidade entre todos os povos. E havia ainda um forte ideologismo esotérico que propunha que, afinal, as raças expressam os diferentes níveis de adiantamento ou de atraso dos espíritos que se encarnam, conforme a seguinte formulação: "espíritos elevados só se encarnam em raças puras e brancas, espíritos atrasados, em raças impuras ou de pele escura". Segundo este raciocínio, Gandhi, Martin Luther King ou Nelson Mandela, este um hotentote típico, todos os membros de "raças subumanas", seriam, portanto, inferiores espiritualmente. Todas estas crendices do século XIX, que passaram ao século XX, no campo do esoterismo ocidental, demonstram o quanto se deve ter um enorme senso crítico, e a necessidade de que estejamos atentos. Uma ideia muitas vezes repetida por Rudolf Steiner é que o mal atua através do ser humano quando este dorme em termos de consciência moral e conhecimento. Muitas vezes, o mal aparece sob a forma de grandes ideais de melhorias sociais, com a maior das "boas intenções"...

Justiça seja feita, no hemisfério norte colonialista havia espíritos esclarecidos que compreendiam perfeitamente a injustiça do racismo e do colonialismo. Havia espíritos que se opunham abertamente a tudo isto, alguns homens da igreja católica, inclusive papas, artistas, filósofos, intelectuais e ocultistas. Talvez não devêssemos contar aqui os europeus de cor negra, como Franz Fanon, médico psiquiatra que, na Argélia, viu os horrores do racismo e do colonialismo de seu país, a França, e descreveu a situação como sintomática de uma psicopatologia coletiva, gerada pela situação de poder colonialista. O mesmo se pode dizer de Nelson Mandela, na África do Sul, e Martin Luther King, nos EUA, ou Gandhi, na Índia. O negro e o não-branco tinham motivo de sobra para se posicionarem contra a ideologia racialista. Então, contando não-negros, listaríamos, entre os ocultistas anti-colonialistas, a contribuição de Annie Besant (1847-1933), escritora e ativista inglesa dos direitos humanos, que veio a se tornar presidente da sociedade teosófica, amiga de Gandhi e membro do parlamento indiano. Besant é criticada por manter a noção de "raça", em seus textos esotéricos e, assim, favorecer a ideologia racista. Mas, a noção de "raça" de Besant é a mesma da noção esotérica indiana de casta, ou seja, a alma pode migrar de uma "inferior" para outra "superior". É uma condição móvel, uma passagem, e não uma condição fixa. Fora isto, Besant foi uma revolucionária, feminista e anticolonialista, que contribuiu com Gandhi, pessoalmente, para a libertação da Índia, indo contra os interesses de seu próprio país, a Inglaterra. Outro espírito emblemático, anticolonialista e antirracista, foi o escritor norte-americano Mark Twain (1871-1910), que escrevera: "Se Cristo estivesse aqui agora, com certeza não seria um cristão". A lista de nomes não é pequena, mas fica aqui registrada a existência de uma mentalidade contrária à postura racista e colonialista europeia de então.

Neste quadro, do pintor Brocos e Gomes, de 1895, intitulado "A Redenção de Can", está expressa a ideologia da branquização: a cor negra da avó, diminui na filha (mulata), que, ao se miscigenar com um homem branco, gera um bebê branco..."redenção". (http://ptwikipedia.org/wiki/Pardos)

A contribuição africana à Alma Brasileira

O que seria do Brasil sem o africano? Não teríamos aqui a musicalidade que temos, nem a mesma espiritualidade alegre que mistura dança, religião e sensualidade num todo dionisíaco. Assimilamos do africano a capacidade de rir, quando deveríamos estar chorando. Assimilamos a capacidade de dançar, de gingar perante a vida e seus misteriosos ditames. Seriamos, talvez, um povo mais mameluco, tudo bem, porém menos colorido. Seriamos um povo mais melancólico, menos risonho, sem a herança africana.

O fluxo anímico africano nos deu, além disto, um falar peculiar, cheio de diminutivos, que, somado aos elementos tupis do nhengatu, gerou um português caçangue todo cheio de dengo e que se expressa com uma musicalidade estranha a Portugal, mais ou menos assim:

"O sinhozim só qué ficá zoiano as nigrinha no terrêro, pruquê a sinhá num sabe fazê as vontade dele. E as nega sabe tudo. A sinhá num gostô e fez ruindade das pió: mandô arrancá os dente branquim, branquim, das nigrinha. Ficaro tudo banguela, tadinha delas. Ingual nega veia. Isso, pra o sinhozim num vê mais belezura nenhuma nelas. Mas diz que a sinhá tumém apricia buliná cos nigrim, escondidim do patrão. Si um deles fala, a sinhá pode fazê a maió quizumba, manda sangrá inté. E, foi assim, zi fii, dessas arte, que nasceu essa mulatada tudinha aí, tudinha que zanza por aí, tudo moleque, fii de sinhô cum nega. É tudo fii de nega sem pai, ih, ih, ih! – Dizendo assim, o Preto Velho Tião fumou seu pito."

As dádivas que o africano deu à alma do Brasil foram imensas e inúmeras. No ritmo e na melodia das músicas populares e na própria musicalidade do brasileiro. Na alma dançante que produziu o carnaval daqui, assim como o reisado, a congada, o jongo e o maracatu. Na culinária, as comidas e os temperos africanos, antes dedicados aos Orixás, como oferendas (ebós), transformaram-se em pratos típicos brasileiros. Até o costume do homem brasileiro mais simples, de conversar assentado sobre as próprias pernas, ou seja, de cócoras no chão, é uma herança africana. E também o falar em diminutivo. Quantas vezes, nos tempos antigos, eram as negras que amamentavam o sinhozinho, para a comodidade das sinhás. A languidez dos burgueses do Rio de Janeiro, que Gobineau relatou, devia-se ao fato de que os brancos pouco tinham o que fazer, sendo todo trabalho duro, nas casas ou nas ruas, destinado aos negros escravizados. E isto contribuiu para a disposição que Mário de Andrade coloca na fala do personagem Macunaíma: – Ai, que preguiça! – Ou seja, o ócio criativo, embora o brasileiro seja, fundamentalmente, um trabalhador. Na religiosidade da alma brasileira, a alma africana foi sendo transformada e fundida no calor da herança indígena e da herança católica lusitana, gerando um tipo de espiritualidade mestiça, que trato adiante.

Candomblé: a iniciação, na espiritualidade africana

Dioniso é o deus grego de uma forma de espiritualidade horizontal, do animismo, um deus da natureza. Na religiosidade dionisíaca, sagradas são as águas, as cachoeiras, o mar, as matas, as pedras, os animais, tudo. Na Índia, é o deus Shiva, cujos adeptos se identificam traçando linhas horizontais na testa (=). Há, por outro lado, também uma religiosidade vertical, que consiste na veneração por deuses e por espíritos ou almas que descem dos sete céus para a terra, ou que ascendem da terra aos céus. Seres divinos, celestiais, angélicos, avatares ou almas dos falecidos. Esta espiritualidade vertical é regida, nas imagens mitológicas gregas, por Apolo, o deus da música e da matemática celestial. Na Índia, é o deus Vishnu, cujos adeptos se identificam através de linhas verticais, na testa (//). Assim, dizemos que uma prática espiritual é "vertical', ou "horizontal', ou ainda, respectivamente, "apolínea" ou "dionisíaca", conforme sua inspiração seja dirigida aos seres invisíveis do céu ou aos seres invisíveis da natureza. A espiritualidade africana produziu, em suas origens e aqui, uma religiosidade predominantemente dionisíaco-horizontal. Ela venera a força invisível que rege a vida e a alma da natureza – o *axé*. E também venera os seres elementais que regem os fenômenos naturais. Por outro lado, também nos trouxe uma espiritualidade vertical, seja através do culto dos mortos, os *eguns*, seja através do culto dos Orixás celestes, tais como Oxalá, o Sol, por exemplo. Mas mesmo esta espiritualidade vertical-apolínea africana é vertida para fora, para a natureza, para o frescor e para a força da vida manifesta na terra. Também se cultuam elementos totalmente "verticais", tais como um *Orum*, um céu estratificado no qual residem deuses, Orixás, e uma cosmogonia, ou seja, uma mitologia que conta as origens a o destino do universo. Nos mistérios horizontais africanos há uma presença fortíssima de elementos da magia. Geralmente "magia branca", mas, às vezes, "magia cinza" (por exemplo, quando se pratica o sacrifício sangrento de animais). Na umbanda, a magia torna-se completamente "branca" quando são abolidos os sacrifícios de animais. Por que se diz isto? Porque, explica o ocultismo, o sangue de vítimas de sacrifício ritual atrai e alimenta, basicamente, entidades elementais horizontais de baixo escalão que, em troca, farão algum favor a quem promoveu o sacrifício. E, usar-se outro ser senciente em sacrifício, para benefício próprio, por mais justificado que seja, no enfoque do ocultismo, seria um ato egoístico e, portanto, não constitui um procedimento puramente "branco". O mesmo raciocínio pode ser aplicado a qualquer forma de culto, africano ou não, bom dizer. O cordeiro ou o pombo que seja sacrificado num ritual judaico ou islâmico, ou hindu, também se encaixa em um ato "cinzento" de magia.

A magia, no caso da africana, baseia-se na manipulação psíquica de seres elementais do cosmo horizontal. Há os Orixás de cima e há os Orixás de baixo, ou seja, os verticais e os horizontais, respectivamente. Até hoje, em qualquer cidade brasileira, pode-se ver numa esquina um "ebó" (oferenda), um rito de magia, com galinha morta, cachaça, velas, farofa, flores, etc. Na umbanda, não há animais mortos em sacrifício sob hipótese alguma; a magia foi sublimada, tornou-se totalmente branca. No candomblé, entretanto, isto é possível, conforme a tradição africana. Mas também há formas e ritos mágicos extremamente sutis e "amansados" também no candomblé brasileiro.

No Brasil, a principal religião oriunda dos africanos, de forma mais pura, é o candomblé. Este não deve ser confundido com a umbanda, que é nativa do Brasil e será vista logo à frente. A palavra "candomblé" é da língua bantu chamada *kimbundo* e significa "ka" (pequeno templo) + "ndombe" (negro,africano) + "mbele" (iniciado, iniciação), portanto, *kandombele*, ou seja, "pequeno templo de iniciados africanos". O candomblé é uma confraria iniciática típica, que se rivalizaria com qualquer loja esotérica de origem europeia, também com símbolos sofisticados, arquitetura específica (o *ylé*, o templo, a casa sagrada), música, cantos e indumentárias e sete graus de iniciação, com ritos e provas iniciáticas completas. O iniciado mais alto se chama *ashogum*, seguido pelo sexto grau, chamado *babalaô*, e este, pelo quinto grau, chamado *babalorixá*. Se for mulher, neste grau, se chama *yalorixá*. Os graus menores são de iniciados auxiliares e existem os graus de postulantes, exatamente como as lojas rosacruzes europeias ou certas confrarias secretas orientais. Certos conhecimentos e ritos são públicos, outros, secretos. Brancos também podem ser iniciados no candomblé. Não há racismo. Podem ser iniciadas quaisquer pessoas, desde que, indistintamente, passem nas provas iniciáticas e tenham o perfil (o "ori") adequado. Na África, o templo de candomblé é consagrado a um único deus entre vários (a um só Orixá). Já no Brasil, um mesmo centro de candomblé é consagrado a diversos Orixás ao mesmo tempo. Isto é emblemático de uma pluralidade anímica daqui que não existe na África. O iniciado no candomblé acredita que existe um mundo físico (*ayê*), que é considerado muito bom e abençoado de se viver (o que dito por povos tão sofridos é muito estóico). O ayê é uma escola de evolução e também uma dádiva. E existe um mundo anímico-espiritual (*orum*), que ocupa o mesmo espaço dimensional do ayê, onde vivem os Orixás e os mortos (*eguns*). Cada ser humano vivo no ayê tem o seu *egun*, residente no orum, como uma espécie de contraparte espiritual ou si mesmo oculto. Esta noção de um segundo *Self* espiritual oculto em cada ego terreno é lugar comum em várias correntes de ocultismo. E há também os *eguns* dos humanos que já faleceram. *Eguns*, ou ancestrais, e Orixás adoram este mundo físico. Este mundo, conforme os mitos africanos, num remoto tempo passado era unido ao mundo espiritual. Antigamente, não havia separação entre *ayé* e *orum*, mundo anímico-espiritual e físico eram misturados. Mas os vivos puseram "mãos sujas" no *orum*, sujaram a casa dos Orixás, e então o Sol (Oxalá), que é um deus criador, pediu ao Pai (Olorum, ou Zambi) que separasse o mundo espiritual do mundo sensorial. E desde então um abismo, criado pelo sopro do Pai Olorum, separa os espíritos e deuses do mundo dos vivos. Eis o equivalente do mito bíblico da *Queda Primordial*, na linguagem africana. Mas, como os eguns-mortos gostam daqui e precisam voltar a viver (*atunwa*, "reencarnação"), estão sempre por aqui novamente, porque os Orixás fazem-lhes corpos novos para suas almas viverem na Terra. De certa forma, os Orixás invejam os *eguns* porque eles podem voltar a ser vivos e saborear as delícias deste mundo de cá, outra noção esotérica profunda, comum à cabala dos judeus e ao esoterismo cristão: a inveja que os deuses têm dos homens. E assim, os Orixás pediram ao Pai Olorum e ao Sol, Oxalá, uma forma de quase estarem aqui também, afinal, também são filhos de Deus. E assim, a Orixá Vênus, Oxum, deusa de raríssima beleza, vaidosa como ela só, veio até a terra e iniciou as mulheres – as yaôs ⬛ para que fossem aptas a entrar em transe e assim, através delas, os Orixás podem pisar o sagrado chão da Terra, o ayê. Mesmo que por alguns momentos, enquanto dure o transe, os Orixás podem sentir o que sentem os viventes. Até hoje, o transe (*ojuran*) é parte dos mistérios de Vênus-Oxum. Existem vários tipos e graus de transe, adequados a cada Orixá. Há desde o transe comum dos não-iniciados, que é inconsciente, até o transe controlado dos adeptos, no qual o iniciado sabe exatamente o que está se passando e tem autocontrole total (que os tibetanos chamam de "tulku").

Interessante imaginarmos, no Brasil colonial ou imperial, a convivência de um povo escravizado, com uma espiritualidade iniciática altamente sofisticada (que incluía as concepções de carma, reencarnação, evolução e mundos espirituais), sob o domínio de um povo praticante de uma espiritualidade exotérica, ou seja, fracamente dotada de vivências e de representações esotéricas. No seu exoterismo, por outro lado, o catolicismo do senhor de escravos era rico em formas externas (muitas festas coloridas católicas eram vigentes no Brasil). A veia esotérica cristã do Velho Mundo não chegou ao Brasil, de forma exuberante a ponto de deixar sua marca, a não ser que consideremos alguns elementos secretos da maçonaria. O africano estava aqui, com toda sua tradição esotérica pagã, convivendo com seu algoz e senhor totalmente crente numa vertente exotérica do cristianismo. Situação curiosa.

Quando nascia uma criança negra, escrava, o Babalorixá, ou a Yalorixá, era chamado, ou então o iniciado em algum grau dentro da senzala. Então, ele via o "ori" da criança e saberia qual a sua história reencarnatória – isto era um ritual chamado "mimo ori momo" (saber a origem da criança). Em geral, gostava-se de saber que uma ancestral africano havia reencarnado na criança e por isto, "reencarnação" também é chamado no candomblé, até hoje, pelo nome yorubá "yaya omo" (voltar a ser criança). Esta noção é muito parecida com o que ocorre entre os índios guarani, que têm no pajé o identificador a origem celeste da criança. Interessante é que a reencarnação na concepção africana nunca é total, somente uma parte da entidade espiritual encarna em nova existência, pois é bom viver aqui (mesmo sendo escravo, porque a vida aqui é transitória e as dores passarão logo). Porém, como já visto acima, outra parte da entidade espiritual continua no *orum*, velando por sua parte que encarnou (o Eu superior, dos ocultistas europeus, o Atma oriental, o "anjo da guarda" do esoterismo cristão). As duas partes da pessoa são ligadas por uma conexão espiritual. Por isto, todo vivo tem um *egun*, uma parte espiritual que vive no *orum*. Quando um idoso morre, o Babalorixá ou Ialorixá diz aos filhos do morto, ritualmente: "que seu Baba (pai) ou Iyá (mãe) voltem logo" ("babá (iya) a yá a teté ya ó"). Isto é feito assim até hoje, na Bahia e onde a africanidade se conservou com pouco sincretismo.

Uma contribuição importante da espiritualidade africana presente no candomblé e que, de certa forma, foi diluída e se espalhou pela alma brasileira em geral, é o culto das deusas, das Orixás. Ao lado do marianismo de origem católica, grandes multidões veneram e prestam homenagens a Yemanjá, no seu dia, por exemplo. Esta veneração pela face feminina da divindade, pela alma do mundo, resgata na alma brasileira a sensibilidade em relação à polaridade feminina, que é da sua própria natureza.

Sensibilidade esta que, de certa forma em vão, foi reprimida durante séculos pelo catolicismo e pelo protestantismo e, agora, pelas denominações evangélicas (que repelem o culto de Maria ou de qualquer representação do divino como feminino). A alma brasileira é palco de uma luta espiritual, entre as formas patriarcais, medievais e machistas de cristianismo exotérico, contrárias à deusa, e a veneração por Mamãe Oxum, pela Rainha do Mar, por Iansã e por outras orixás.

Os iniciados do candomblé andam pelas ruas, anônimos. Em tempos passados, eram presos e até mortos, porque sua religião era considerada diabólica pela Igreja e crime pelo estado escravagista e racista. São hostilizados, às vezes, ainda hoje, quando reconhecidos, sob rótulos, como "macumbeiros", assim como os umbandistas. Todavia, detêm um conhecimento esotérico dos mais respeitáveis e cheios da mais profunda e bela sabedoria, além de um invejável otimismo e de uma entusiástica alegria diante da existência terrena.

A umbanda

A religião umbandista constitui um foco de reflexão dos mais interessantes para entendermos a alma brasileira e sua conformação. Isto porque a umbanda é uma religião tipicamente brasileira. Diferente do candomblé, por exemplo, que tem raízes na África, que fala yorubá, e que foi importado para cá com os escravizados, a umbanda nasceu no Brasil. A umbanda assimilou todas as misturas, mais ainda do que o candomblé o fez, e fala português.

Segundo alguns estudiosos, a palavra "umbanda" vem de língua africana e etimologicamente significaria "roda do curandeiro". Há, entretanto, outra versão esotérica, da própria umbanda, que traduz a palavra como junção de *Aum + bandha* (do sânscrito). Assim, a palavra "umbanda" teria o significado, na verdade, de "aumbandha": o mantra da criação (AUM) e o termo indo-europeu e sânscrito "conexão" ou "banda" (bandha). Ou seja:

"nós, os da banda de Deus". Tal palavra teria sido inspirada, conforme alguns adeptos, por iniciados orientais atuantes fora do corpo físico, os quais pertencem à denominada "linha do oriente". Esta *linha do oriente* seria um colégio de sábios, de várias tradições do Velho Mundo, principalmente Índia, encarregados de elaborar uma espiritualidade brasileira genuinamente esotérica e nova (Marsicano e Vieira, 2010). De qualquer forma, a umbanda é também uma religião iniciática e genuinamente mestiça. Uma das queixas dos umbandistas quanto ao espiritismo kardecista, com o qual também tem alguns elementos comuns, é que, nos centros kardecistas, a brasilidade das entidades indígenas e africanas não é bem aceita. O kardecismo espírita é considerado pelo umbandista como uma religiosidade modelada na cultura europeia, nas entidades que se comportam ao modelo da civilização ocidental. A umbanda apareceu simplesmente, a partir do início do século XX, 1908, em Niterói, estado do Rio de Janeiro, na casa do médium Zélio de Moraes. Possui antecedentes nas práticas mágicas dos escravos, que nas senzalas sincretizavam candomblé com catolicismo. Mas, já apareceu como algo muito elaborado em si. Uma entidade, o Caboclo Sete Flechas, manifestou-se através de um médium e ditou a cosmologia umbandista e seus princípios. O próprio nome da entidade já indica uma síntese, pois cada uma de sete flechas representaria uma dentre sete correntes espirituais, ou "linhas" fundamentais. Evidentemente, aos poucos, a cosmologia umbandista foi sendo aprimorada, ao longo das décadas. Em todo caso, teria havido uma revelação via mediúnica, e que consistiria em resumo, nas seguintes noções peculiares de uma corrente de ocultismo, sob uma forma mais popularizada: a noção de reencarnação e de carma (considerando um Brasil predominantemente católico do início do século XX, uma crença até então muito restrita); a proibição de sacrifícios rituais de animais (ao contrário do candomblé); a existência de planos sutis anímico-espirituais; a utilização da via mediúnica como transe induzido por cantorias, batuques e danças (algo parecido com o candomblé, mas com formas de transe mais profundas); uma linguagem pictográfica esotérica completa e inédita, além de ritos e de símbolos orais e gráficos. A umbanda é uma religião mágica, isto é, magia, e tem elementos práticos. O fundamento filosófico da umbanda é sempre o de uma síntese, de uma fusão de sete diferentes linhas ou correntes espirituais. Esta noção expressa a intenção destes iniciados fundantes de acolher, num todo cognitivo, cosmológico e espiritual, todas as diferenças, todas as facetas, todas os contrastes. Cabem, no todo formado pelas sete correntes, o índio, o mameluco, o negro africano, o negro brasileiro, o mulato, o branco católico e o branco ocultista, o espírita, e até o branco imigrante europeu. Cabem ainda, os "antigos", os do mais além dos mares, o mouro e o judeu, o hindu, o chinês, o cigano... Enfim, todos, amarelos, vermelhos, negros e brancos. Estas "linhagens espirituais" recebem nomes que definem etnias distintas, evocando, por exemplo, os indígenas – a poderosa e marciana "linha dos caboclos"; ou evocando escravos falecidos – a sábia e saturnina "linha dos pretos-velhos" e outras mais, como a linha dos santos católicos, a linha de entidades do oriente, a linha de entidades da natureza (Orixás), com subdivisões, entre outras, tudo junto. Estas "entidades astrais" das diversas linhas incorporam-se através de médiuns e comunicam-se através dos corpos destes. Por outro lado, existiriam todas estas entidades num plano invisível, astral, e velariam e atuariam pelos viventes e pela terra do Brasil, sempre vigilantes. Este plano astral é escalonado, existindo "acima", onde estariam seres angélicos os mais luminosos, níveis intermediários e níveis "muito abaixo", residência de seres trevosos e demoníacos, denominados *kiumbas* (termo bantu: "bruxos", "malignos").

O Pai Preto Velho e a Mãe Preta Velha (do autor).

Tais entidades da umbanda, assim como os orixás do candomblé, também podem ser entendidas, se adotamos um ponto-de-vista psicológico, como *arquétipos*, como padrões étnicos, que se repetem e se manifestam em todos os lugares onde sejam evocadas, às vezes ao mesmo tempo. Ou seja, o "Pai Tobias" hipotético, é um preto-velho, uma entidade, que se manifesta em vinte terreiros de umbanda, simultaneamente, na mesma hora, na mesma noite, que se expressa da mesma forma e que canta os mesmos "pontos". Seriam também, do ponto-de-vista do ocultista, não apenas ou necessariamente entidades individualizadas, embora possam ser isto também, mas, ao mesmo tempo, expressões astrais da alma coletiva multifacial do povo brasileiro. Ou, numa linguagem mais esotérica, e também outra possibilidade, "vestimentas astrais" ou "roupas" (ariru, como dizem os índios), usadas por individualidades que não se mostram em si mesmas. Tanto é que elas podem se manifestar simultaneamente em mais de um lugar (em mais de um centro), ao mesmo tempo, assim como acontece com os orixás do candomblé. Ao conversarmos com uma entidade típica de umbanda, que não existe no candomblé, o preto-velho, este se expressa como um humilde ex-escravo de senzala que se posiciona de forma fisicamente curvada, típica, e que teve sua passagem por aqui há mais de duzentos anos, e tudo mais. Mas ele revela uma sabedoria incomum, sabe ler a sua alma e a alma do outro, ele sabe de coisas que você não tinha contado, sabe dos seus segredos, e tem uma aptidão e um conhecimento, um poder mesmo, para atos mágicos muito complexos e cheios de simbolismos. O preto-velho, assim como o caboclo-índio, é especialista no conhecimento etnobotânico medicinal, conhece profundamente as ervas medicinais. Diante de um preto-velho, ou ainda de um caboclo (o índio astral), por exemplo, mas diante de qualquer entidade benfazeja da umbanda, sempre se tem a sensação de que há algo maior e mais complexo atuando por detrás daquele fenômeno mediúnico. Não é simplesmente o corpo astral de um falecido escravo, parece ser algo mais complexo do que isto. Um índio xinguano diria que se trata de um *mamaé*, que vem acompanhado de toda uma coorte invisível. Um corpo astral de um falecido escravo, ou de um índio, seria mantido por tanto tempo, duzentos anos, trezentos anos, intacto? Sim, mas, conforme o ocultismo, só através de uma preservação intencional. Não seria bom para nenhuma individualidade falecida que ela fosse mantida tal como era quando faleceu por mais de cem anos. Isto a prenderia por tempo excessivo no plano terrestre e seria nocivo. E quem teria ou estaria perfazendo isto, manipulando formas e vestimentas astrais para se praticar o bem? Alguém que sabe fazer isto... Outra manifestação misteriosa envolvendo a umbanda são as curas espirituais, cirurgias espirituais que mobilizam milhões de brasileiros e, em muitos casos, "quando o carma permite" (ou quando não se trata de fraude), veem-se resultados espantosos. Não há tanta psicografia mediúnica, comumente, como acontece no espiritismo kardecista (tipo fenômeno Chico Xavier), mas a tônica da umbanda são as manipulações mágicas e também, menos comumente, curas e cirurgias mediúnicas (também presentes no espiritismo kardecista). Umbanda se caracteriza, portanto, como legítima magia branca brasileira, sincrética, de múltiplas faces, como a alma brasileira mesma. Quando não isto, há em todo terreiro de umbanda sessões de "passes magnéticos" e "descarregos". Isto é baseado na noção oculta do Velho Mundo de que todos nós formamos ou produzimos, constantemente, *elementais*, criados por nossos (ou de terceiros) desejos bons ou ruins, pensamentos bons ou ruins, sentimentos bons ou ruins. Estes elementais criados pululam na atmosfera anímica invisível ao nosso redor. Se a pessoa está susceptível, um elemental ruim vagabundo sintoniza-se com sua estrutura psíquica, ou seja, com seus corpos sutis, gerando um mal estar, uma doença, uma desequilíbrio qualquer. No espiritismo kardecista estes elementais são denominados "maus fluidos" e na umbanda se diz "pegar uma carga". Então, uma das atividades básicas das entidades na umbanda é a de "limpar" a atmosfera humana dos elementais pesados e negativos, o que se denomina "descarrego" (retirar a carga). Estes elementais são extraídos, através de "passes" muito semelhantes aos que são feitos por pajés indígenas. *Passes* são manipulações sutis do corpo etérico e do corpo astral. E os resíduos psíquicos ruins são, então, dissolvidos no "mar" (um nome simbólico para o mundo astral, mas que pode coincidir, de fato, com o mar físico). Estas operações mágicas de capturar e dissolver elementais ruins são geralmente realizadas por entidades marcianas, guerreiras, os caboclos. Quando se tratam de conselhos espirituais, os indicados são os pretos velhos. Estes também são especialistas fantásticos (como já testemunhei) no conhecimento de plantas medicinais, de uma forma diferente dos iniciados de *Ossaim*, do candomblé (que geralmente só conhecem ervas de origem africana). Quando as cargas-elementais são muito pesadas ou frutos de magia negra (muito praticada no Brasil sob o nome de "trabalho de macumba", ou "despacho"), chamam-se os mercuriais *exus*, que lidam com lixo psíquico. *Exus* não são demônios, como se entende erradamente, mas entidades horizontais mercuriais, ou seja, seres elementais que fazem que tudo flua e que nada permanece parado. No candomblé, *Exu* é um Orixá. Na umbanda, *Exu* é uma classe de entidades elementais.

As entidades ligadas ao passado colonial brasileiro, caboclos e ex-escravos, vêm de um plano invisível chamado "Aruanda" (etimologicamente, "Luanda", capital de Angola, o último porto que o africano via antes de sair da África no navio negreiro). Mas, agora, Aruanda é o mundo espiritual, um lugar bom e verdejante onde vivem as boas almas luminosas que vêm auxiliar os viventes. É equivalente a uma "Terra sem Mal" guarani. Lá vivem os índios que foram abatidos e os ex-escravos, que agora lá são felizes e livres. Há nisto como que uma imagem poética, um resgate, ou uma utopia, de uma sociedade espiritual brasileira onde a "Terra sem Mal" dos índios guarani finalmente foi encontrada e existe. Mas Aruanda não é aqui, pois aqui só houve sofrimento e grilhões, mas no plano astral, ou antes, no plano etérico do qual o brasileiro sofrido tece os seus sonhos: o "inconsciente coletivo". Parafraseando o poeta Manoel Bandeira, "vou-me embora pra Aruanda, lá sou amigo do rei".

A umbanda tem incorporado conhecimentos ocultos e assim ampliado a sua cosmologia, a partir da sabedoria indiana, da teosófica, da rosacruz e feito, ou continuado, uma espécie de síntese, onde se fala de Cristo Cósmico (Pai Oxalá), *chakras*, corpo etérico e astral, forças elementais, evolução do cosmo etc. Assim, surge uma "umbanda esotérica" que vai se tornando complexa, em constante construção, e carregada de significados, formando uma síntese nova que nunca existiu antes. Certamente, assistimos a uma vertente oculta nova em pleno processo de formação, em direção a algum futuro espiritual. Esta vertente da umbanda espelha, fielmente, a alma mestiça brasileira, aberta inclusive ao mundo globalizado. Uma das coisas importantes na umbanda é uma concepção de Cristo totalmente diferente da europeia católica ou protestante. Aqui, Cristo ou Oxalá, é o Ente Solar onipresente na natureza, tornado uno com os elementos naturais. Ele tem até duas formas, uma mais infantil (Oxaguian) e outra de aspecto mais idoso (Oxalufan), o que simboliza o ser em início e o ser no final, o primeiro e o último Adão, esotericamente ("eu sou o alfa e o ômega"). Não é um Cristo-Oxalá que vive nos céus, mas um Orixá de todos os elementos e acima de todos os outros Orixás. Foi criado diretamente pelo Pai Olorum, sendo, portanto, "Filho do Pai". O cajado de Oxalá tem três níveis, simbolizando os três mundos das tradições ocultas (o físico, o anímico e o espiritual), análogo ao *tripura* carregado pelo deus sol hindu, Surya. Este cajado (opaxorô) tem o poder de ligar o céu (*orum*) com a terra (*ayê*), de reunir novamente o que foi separado, no início dos tempos, pela Queda. Seria correto dizer que o Oxalá do candomblé é muito mais sofisticado e mais complexo, esotericamente, do que o Jesus, "o meu amigo", das religiões ocidentais ditas cristãs. Oxalá nunca é representado como um Jesus crucificado e morto, mas sempre como uma divindade irradiante, viva e onipresente, como o Sol. No culto de Oxalá, usa-se no pescoço um cordão de 108 contas, idêntico ao *japa-mala* indiano que, no oriente, representa os 108 nomes da divindade. Tal como o Osíris egípcio, o mito reza que Oxalá um dia foi morto e partido em muitos pedaços por um escravo invejoso. Pai Olorum pediu a Exu, Orixá mercurial importante (e não um diabo, como se pensa), que recolhesse os pedaços, assim como no mito egípcio antigo é a deusa Ísis quem recolhe os pedaços do deus sol Osíris. Mas Exu não encontrou todos os pedaços de Oxalá. Por isto, Oxalá está até hoje espalhado pelo mundo. Esta condição de Oxalá espalhado faz parte, nas imagens do ocultismo tradicional, da sabedoria que diz que cada criatura carrega consigo uma parte originalmente saída do Ser Divino. Oxalá está espalhado e diluído por toda parte, como Osíris e como o Logos esotérico do Velho Mundo.

OXALÁ (croqui do autor).

Não significa tudo isto que a umbanda seja a religião ideal para todo brasileiro, mas significa a evidência de uma dinâmica peculiar à espiritualidade daqui, evidência de uma postura de síntese, de mestiçagem, que é totalmente distinta da postura segregacionista da América do Norte. Seria bem mais difícil a umbanda nos Estados Unidos ou na Europa, onde as pessoas são "cerebrais" demais e segregacionistas demais. Por outro lado, a atmosfera da umbanda, além da sua relação com o candomblé africano, evidentemente, também lembra a de alguns *pujas* do hinduísmo, onde há uma veneração muito parecida para com a espiritualidade feminina, ou seja, as devis ou deusas. Há uma forte presença do feminino, semelhante ao candomblé, do elemento *anima*, como sensibilidade espiritual. Alguns elementos imagéticos são muito semelhantes aos do hinduísmo. Assim, por exemplo, a entidade indígena protetora da mulher arrojada, a Cabocla Jurema, é muito semelhante à Durga indiana, com os mesmos atributos. Ambas cavalgam um felino. Da mesma forma, Yemanjá, senhora das águas, é semelhante à Ganga hindu, a mãe divina que rege o rio Ganges, por sua vez a imagem física do fluir cósmico. A imagem do Caboclo guerreiro, com sua flecha em riste, evoca a imagem indiana do herói Rama, ambos com as mesmas qualidades anímicas: coragem, determinação, ousadia, dignidade, etc. Evidentemente são tradições religiosas diferentes, pertencentes a contextos culturais distintos. O hinduísmo é milenar, a umbanda é jovem. O hinduísmo desenvolveu todo um caminho teórico e prático de interiorização em direção a estados de consciência mais sutis, que permitem a união com o Divino interior, o caminho yogui. A umbanda não desenvolveu tal caminho, ainda, constituindo uma forma de espiritualidade "para fora", em direção à união com os deuses da natureza, e não "para dentro", como o caminho do yogui. Todavia, há imagens convergentes e, em alguns casos, assumidamente adotadas pela umbanda, partindo do hinduísmo. Também, por outro lado, nos *pujas* hindus há cantorias, danças, velas, incensos e oferendas sob forma de flores ou de alimentos, muito semelhantes aos que são praticados na umbanda. Os estados de transe, embora centrais na umbanda, não são exceções nem raridades em *pujas* hindus. A religiosidade de transe é encontrada entre todos os povos, principalmente os de tradição xamanística, mas até mesmo no cristianismo europeu e norte-americano (cultos evangélicos), mas não com a mesma centralidade, com a mesma ênfase mediúnica e com o mesmo detalhamento cosmológico que temos nas religiões africanas e afro-brasileiras. Na Índia, o estado de transe comum é denominado *mohavashta*. Em geral, indica a unificação entre a alma do devoto e uma divindade ou algum ser superior. Para o povo tâmil, do sul da Índia, é considerada uma honra sagrada se, durante um *puja* ou um cântico, o devoto for abruptamente possuído pelos deuses ou pelas deusas e assim rolar pelo chão, falar coisas estranhas, dar conselhos, cantar, dançar desvairadamente, ou espetar-se sem sentir dor. Todavia, o hinduísmo distingue tais formas comuns e populares de transe daquelas formas superiores de transe, quando a alma do indivíduo se une ao Ser Divino, o "samádhi". Este é um tipo específico e bem mais sofisticado de transe, exclusivo dos iniciados, que resulta de anos e anos de trabalho consciente do yogui, um transe consciente, em que seu espírito se unifica com o Si mesmo divino. Adeptos da umbanda têm uma distinção semelhante entre transes conscientes e inconscientes, embora não esteja presente, na umbanda, uma teoria envolvendo meditação e formas de introspecção, como há no hinduísmo. Por outro lado, o que significariam as semelhanças entre umbanda brasileira e hinduísmo? Significam um compartilhamento dos mesmos arquétipos e da mesma atitude feminina, traduzidos por povos distintos, cada qual para a sua linguagem imagética peculiar. Somos, nós e os indianos, povos que têm em comum uma alma feminina coletiva. Esta feminilidade também se traduz pela disposição da alma ao transe, ou seja, à susceptibilidade de receber a divindade em si mesmo, a atitude mística passiva que recebe o sagrado no próprio corpo e aceita que ele assuma o controle. É a *anima* do devoto que se entrega ao transe, o seu lado feminino. Religiões mais racionais e norteadas pelo *animus* não têm a prática do transe e da entrega. É assim que as imagéticas do hinduísmo e da umbanda apresentam algumas convergências, no mínimo, instigantes, para o ocultista. Algumas entidades da umbanda e *devas* hindus são muito parecidos.

Cabocla Jurema e Durga Ma (croquis do autor).

Tanto a Cabocla Jurema da umbanda, quanto a deusa hindu Durga, representam a energia divina feminina, que domina e direciona a força instintual inconsciente – a fera –, e a canaliza para a libertação da mulher. A representação é a mesma nas duas culturas.

Deusa Ganga, Índia Yemanjá (croquis do autor).

O mesmo se pode dizer das representações da deusa hindu Ganga e de Yemanjá. São duas deusas das águas primordiais, duas mães aquáticas. Ambas são figuras femininas que flutuam por sobre as águas cósmicas e que levam as impurezas cármicas dos sofredores para o grande mar infinito de purificação e de perdão.

Caboclo Flecheiro – Índio Rama Arqueiro Índia   Croqui de baixo-relevo

Algumas representações do Caboclo flecheiro da umbanda são muito semelhantes às do herói divino Rama, o arqueiro. Ambos são guerreiros, enfrentam com energia espiritual os demônios e libertam a alma que, na epopeia hindu Ramayana, é Sita, a esposa de Rama, raptada pelo demônio Ravana. Ambos expressam o arquétipo coletivo do herói que combate a escuridão. Na umbanda, os *kiumbas*, seres do mal, temem a força e a braveza do Caboclo, seu inimigo. Da mesma forma, na Índia, Rama é invocado como o guerreiro do bem que combate os *asuras*, seres do mal.

A disposição religiosa da Europa, o catolicismo e o protestantismo, que recebemos do português e do imigrante, tende a uma desconfiança ou mesmo repressão dos estados de transe. Isto porque esta forma de religiosidade é predominantemente centrada no *animus*. O *animus* não tem o impulso de se entregar ao divino, mas sim de querer compreendê-lo racionalmente. Mesmo entre ocultistas modernos, como Rudolf Steiner e outros, que mencionam o transe como algo "atávico" e priorizam a cognição, é este *animus* quem está falando. O comportamento mais contido e mais racional é considerado mais desejável, na postura religiosa europeia, desde a Idade Média. Toda expressão mística irracional estaria sujeita a uma séria avaliação crítica. Não poucos místicos, especialmente mulheres, que entravam em transe foram condenados à fogueira pela inquisição europeia. Deveríamos rever, no ocultismo, esta dicotomia questionável entre "espiritualidade atávica de transe" e "espiritualidade cognitiva", que classifica as formas de espiritualidade universais em "do presente" e "do passado", impedindo assim uma compreensão mais humana e mais abrangente da complexidade e da diversidade étnica do mundo. Isto porque as duas experiências fazem parte do humano, não do humano antigo em contraposição ao moderno, mas, todas, do humano atual masculino e feminino. Uma tem a natureza feminina, receptiva e muitas vezes de natureza caótica, dionisíaca. E o outro tipo de experiência tem a natureza masculina, reflexiva e ordenadora da realidade através do pensamento, apolínea, portanto. As duas polaridades são necessárias à espiritualidade humana, convivem atualmente e fazem parte das almas dos povos. Todavia, há uma tendência maior ao masculino, no hemisfério norte, e ao feminino, no hemisfério sul, como já postulamos aqui, com inversões ocasionais. Assim, aos moldes europeus da Igreja, a experiência religiosa tendeu a ser sempre mais reprimida, enquanto a religiosidade mais "cerebral", mais masculina, mais contida e mais bem comportada foi mais incentivada. No protestantismo, oriundo da Alemanha, isto também foi assim. A mística, na Europa, tendeu sempre a ser uma reação, uma válvula de escape, a esta religiosidade contida. No Brasil colônia, esta espiritualidade contida, mais "apolínea", trazida pelo colonizador, teve que conviver com a espiritualidade feminina e sentiu-se ameaçada pela postura mais dionisíaca, mais sujeita ao transe, à catarse e à dança do escravo africano e do mestiço que também trazia raízes indígenas. O indígena também convive com estados místicos de transe. Por outro lado, o próprio lusitano trazia consigo certa tendência dionisíaca (ele carregou sempre certa tendência mística, por sua herança moura igualmente mestiçada com a África). Junto a isto, o Brasil colônia desenvolveu uma forma de catolicismo "festivo" demais para os padrões morais europeus. Muita procissão, muitas irmandades negras deslumbradas pelo Divino, muita tendência a uma espiritualidade feminina, provocou uma reação da cúria católica. E assim, no final do século XIX, elaborou-se, na Europa, o plano conhecido como "romanização" e que consistiria na reeducação religiosa dos fiéis brasileiros. Para tanto, enviaram-se para cá missões ligadas às ordens religiosas redentoristas, jesuítas e salesianas. Diziam os líderes da Igreja, em Roma, que o povo do Brasil, os mestiços daqui, em sua maioria, eram liderados por beatos, curandeiros, rezadeiras, místicos ignorantes e havia um desconhecimento das doutrinas corretas da fé e do bom comportamento do cristão. Para combater isto, as irmandades católicas negras foram reprimidas (nem se fale então dos terreiros de candomblé) e o espírito místico mestiço também, a partir de programas postos em prática nas dioceses, nas escolas católicas, nas catequeses e nas homilias. O estado cooperava com esta campanha. Enfim, a mística brasílica que se desenvolvia foi remanejada para o padrão romano, europeu. Analisei aqui o candomblé e a umbanda como referências desta mística brasílica, deixando de lado outras manifestações assemelhadas, tais como terecó, tambor-de-mina, pajelança, etc.

Salamu kutoka kwa Mama África!
("Saudações da Mãe África", em língua swahili)

6. O português e o imigrante europeu

Já em meados do século XV, a escola de navegação de Sagres, chefiada pelo filho do rei Afonso de Portugal, o Infante Dom Henrique (ambos iniciados na ordem dos templários, então rebatizada com o nome "ordem de Cristo"), anunciava suas intenções de alargar os horizontes marítimos do Velho Mundo, em projetos de exploração tanto para o oriente quanto para o ocidente. Mesmo antes que as Américas fossem oficialmente declaradas "descobertas", ainda no século XV, o Papa emitiu a bula *Romanus Pontifex*, em 1454, cujo objetivo era o de dar sinal verde para a exploração e subjugação de qualquer nação "não-cristã", com o aval da Igreja. Diz assim um trecho da bula:

Não sem grande alegria chegou ao nosso conhecimento que nosso dileto filho, Infante Dom Henrique, incendiado no ardor da fé e zelo pela salvação das almas, se esforça por fazer conhecer e venerar em todo o orbe o nome gloriosíssimo de Deus, reduzindo à sua fé não só os sarracenos, inimigos dela, como também quaisquer outros infieis. Guinéus e negros tomados pela força, outros legitimamente adquiridos, foram trazidos ao reino, o que esperamos progrida até a conversão do povo ou ao menos de muitos mais. Por isso nós, tudo pensando com devida ponderação, concedemos ao dito rei Afonso a plena e livre faculdade, entre outras, de invadir, conquistar, subjugar a quaisquer sarracenos e pagãos, inimigos de Cristo, suas terras, seus bens, a todos reduzir à servidão e tudo praticar em utilidade própria e dos seus descendentes. Tudo declaramos pertencer ao direito *in perpetuum* aos mesmos D. Afonso e seus sucessores, e ao Infante. Se alguém, indivíduo ou coletividade, infringir determinações, seja excomungado (...)[17].

Retomemos em tempo breve algumas questões já vistas nesta obra, como o objetivo de nos situarmos no contexto da Europa no início da colonização da América. Assim, não se pode entender a aventura ibérica exploratória sem se imaginar a conexão entre os reis, as ordens católicas, como a dos templários, e a Igreja. Não se pode também deixar de considerar que era a Igreja então detentora de toda verdade, para o europeu. Era a igreja católica quem dava a permissão. Era a Igreja a fonte de toda moral que permitia ou não o atuar humano. A Igreja estava acima mesmo dos reis. As ordens católicas que detinham conhecimentos secretos, ou heréticos, por conta disto, tinham que funcionar sob certa clandestinidade ou camuflando intenções sob uma máscara de catolicismo piedoso. A Inquisição vigiava de perto e estava sempre aberta às denúncias e suspeitas. E neste jogo de forças, muitas vezes cruel e complexo, é que podemos imaginar o navegador lusitano e o espanhol dos séculos XV e XVI. Como já foi visto nesta obra, havia uma tradição nórdica semiesquecida, sobre rotas de navegação para *Vinland*, as terras do oeste. As tecnologias de navegação mais requintadas, entretanto, como a bússola, o astrolábio, ou os mapas que faziam referência às Américas eram coisas do oriente, mas poderiam ser adquiridos por europeus através dos árabes. A igreja manteve a Europa cercada por um muro de obscurantismo e todo conhecimento e sabedoria mais sofisticados estavam extramuros.

Em Portugal, a realeza estava já há pelo menos uns duzentos anos ligada às ordens de cavalaria, em especial à ordem dos templários. Quando esta ordem foi perseguida e extinta na França por ordem do papa e do rei francês, não ocorreu exatamente que tenham os sobreviventes fugidos para Portugal, como comumente se pensa. Na verdade, a ordem templária já estava em Portugal há séculos. Naquele reino, a ordem de Cristo, outro nome da ordem dos templários, deveria ser chefiada, conforme um antigo acordo entre os poderes, pelo próprio rei ou pelo seu infante (este, o príncipe que herdaria o trono). Pouco antes da época das descobertas, o rei de Portugal era Dom João I e seu infante era Dom Henrique, o Navegador, fundador da escola de navegação de Sagres. Rei e infante pertenciam, por sangue, à Casa de Avis, cujo símbolo heráldico era, justamente, a cruz templária em cor verde. Portanto, a cúpula do poder real, em Portugal, era ao mesmo tempo a cúpula do poder templário. Isto significa dizer que os reis, na península ibérica, tinham acesso a um conhecimento esotérico sobre navegação e existência das Américas. Este conhecimento tinha origem nos árabes, os quais, por sua vez, o obtiveram de fontes mais antigas, como a Índia e o Egito e a China. Era um tipo de conhecimento, inclusive, que abria certas possibilidades econômicas interessantes.

Infante Henrique de Coimbra
(desenho do autor).

Havia o conhecimento prévio das Américas, como já visto nesta obra, através de uma tradição nórdica, em parte, e através de mapas secretos adquiridos no oriente, pelos templários. Era uma questão de tempo até que a América e o Brasil fossem redescobertos. E isto era então uma necessidade. As jazidas de ouro e de prata dos europeus estavam minguando. A economia da Igreja e dos reis estava ameaçada. Era urgente que fossem encontradas novas jazidas de ouro e de prata. E, "por coincidência", Cristóvão Colombo descobre a América, no mesmo período. Todo o ouro e toda prata dos astecas e dos incas seriam então levados, saqueados, para a Europa. A Igreja tinha direito, conforme acordos, a uma boa parte do saque. Então, apesar de proibições anteriores, seria bom para a Igreja, neste momento, que o conhecimento da rota para as Américas fosse agora liberado. No Brasil, todavia, não se encontrou ouro nem prata, de início, mas apenas o relativamente valioso pau-brasil, de melhor qualidade do que aquele então importado da Ásia – também para manufatura de um corante vermelho chamado, desde o século XI, pelo nome de "brasil". Os portugueses ficaram um tanto decepcionados por não haver tanto ouro no Brasil. E isto foi um dos motivos por que deixaram um tanto de lado a nova colônia. O mesmo não ocorreu com os espanhóis, que, sortudos, encontraram montanhas de ouro e de prata entre astecas e incas.

A chegada de Colombo em 1492 não significa que aventureiros, ou mesmo templários, antes disto, não possam ter vindo até aqui. Um sinal, embora não uma prova, de que os templários conheciam algo sobre as Américas, bem antes de Colombo, está na famosa capela de Rosslyn. Trata-se de uma capela construída na Escócia, em 1456 por sobreviventes da ordem (destruída pela Igreja e pelo rei da França, oficialmente, em 1314, mais de um século antes). Vendo-se as janelas da capela, reconhecem-se espigas de milho, planta típica das Américas, até então desconhecida pelos europeus. A ligação da ordem templária com a sabedoria esotérica dos árabes da Terra Santa (os quais, por sua vez, tiveram acesso ao saber da Índia e da China), explicaria a origem de tal conhecimento sobre as Américas e talvez possíveis visitas da ordem ao Novo Mundo. Este conhecimento templário passou, então, à escola de Sagres.

Em 1314 a ordem dos templários foi oficialmente extinta, seus líderes mortos na fogueira, ou desaparecidos. Os tesouros da ordem, inclusive conhecimentos, mapas e caravelas, entretanto, foram levados para Portugal ou para a Escócia, principalmente. No mesmo ano em que os templários foram suprimidos, 1314, o rei de Portugal, Dom Diniz, nomeou o primeiro almirante de esquadra lusitano, Manuel Peçanha, embora até então Portugal não tivesse uma esquadra. Os navios eram aqueles mesmos da esquadra templária e mantiveram o símbolo da ordem, a cruz vermelha estampada em fundo branco. O nome da ordem foi alterado para "ordem de Cristo". Em 1417, o filho do rei de Portugal, o Infante Henrique funda um centro de navegação em Sagres, sob proteção da ordem de Cristo, a qual era chefiada por ele mesmo.

Dotado de extrema coragem, o navegador lusitano lançava-se ao mar, disposto a desbravar o "desconhecido", numa empreitada mística e, ao mesmo tempo, economicamente interessada. Até o século XVI, os navegadores lusitanos limitavam-se, entretanto, às viagens curtas ou apenas de contorno costeiro das terras banhadas pelo Atlântico ou pelo Mar Mediterrâneo. De repente, surgiram novos conhecimentos de navegação, justamente na escola de Sagres, que havia herdado os conhecimentos secretos dos templários, conhecimentos estes obtidos no oriente, durante as cruzadas. Com isto, à coragem do lusitano somou-se o conhecimento da rota. Já em 1418, os navegadores da escola de Sagres chegaram à Ilha da Madeira, Açores e Canárias, mais longe do que, até então, já tinham ido. Nos anos seguintes, durante o século XV, os lusitanos, aos poucos, vão percorrendo o contorno africano, estabelecendo feitorias. Outra motivação era a de se encontrar o Preste João, um personagem lendário do Oriente, com o qual se poderia manter um pacto interessante, em termos de conhecimentos e de mercado. Preste João seria o "Padre João", na verdade, um sacerdote cristão que governaria teocraticamente uma lendária nação do Oriente: a Etiópia, para alguns; a Índia, para outros; a Mongólia, para alguns. A existência do tal Preste João foi uma informação que os templários obtiveram dos árabes, na Terra Santa. E tal lenda fazia parte do imaginário ligado à gesta do Santo Graal, e ao conhecimento esotérico que não era estranho aos sarracenos. O sacerdote João seria, na verdade, um Alto-Iniciado, descendente direto de Baltazar, um dos três reis magos do relato bíblico. Preste João detinha, entre outros tesouros, a fonte da juventude. Aquele cavaleiro que se banhasse nesta fonte experimentaria o rejuvenescimento e a vida eterna. Trata-se de uma metáfora relativa ao conhecimento iniciático e à iniciação. Preste João detinha, ainda, a sabedoria hermética dos três mundos e o conhecimento secreto a respeito da encarnação de Cristo. Encontrá-lo virou uma gesta.

Em 1468, o Infante Dom Henrique faleceu, mas seus sucessores, sob ordem direta do rei de Portugal, mantiveram seu espírito de aventura. O objetivo seguinte, uma vez contornada a África e iniciada a exploração comercial deste continente, seria a chegada à Índia e o encontro do Preste

João. Neste espírito, em 1498 Vasco da Gama chegou à Índia, contornando a África. O italiano Cristóvão Colombo procurou, então, o rei de Portugal, Dom João II, para que este financiasse uma viagem pelo lado atlântico, e não contornando a África. Mas, os portugueses estavam interessados mais na Índia do que em se aventurar pelo grande Oceano Atlântico. Colombo, também membro da ordem de Cristo, conseguiu convencer os reis católicos da Espanha, que recentemente haviam expulsado os mouros de suas terras, instigados pela Igreja. E, assim, em 1492, Colombo chegou às proximidades de Cuba. Evidentemente Colombo sabia mais ou menos exatamente em que direção deveria seguir. A questão era que, para os portugueses, ele estaria deixando o certo pelo duvidoso. O certo era, na época, as rotas de comércio com as Índias Orientais, onde estaria também o Preste João. O duvidoso seria a rota para as Índias Ocidentais. Como que para dar razão aos portugueses, Colombo não relatou nada de interessante comercialmente aos reis espanhóis, deixando-os decepcionados. Havia, entretanto, uma disputa de poder entre Espanha e Portugal. Novas terras exigiam novas medidas, nesta disputa. Assim, prevendo-se futuros conflitos, decidiu-se a questão por força de um tratado que dividia as terras do oeste em uma parte para a Espanha e em outra parte para Portugal – o Tratado de Tordesilhas (1494). Por este tratado, os espanhóis ficariam com a parte oeste, que dava para o lado do Oceano Pacífico, e os portugueses ficariam com a parte mais leste das novas terras, até a costa africana. Enquanto isto, o rei da Inglaterra também começou a enviar expedições à terra nova. Ele enviou, por exemplo, o italiano Giovanni Caboto até as terras que hoje pertencem aos EUA (em 1497). Isto despertou uma reação preventiva, tanto em espanhóis quanto em portugueses. Houve uma disputa que envolvia Espanha contra Portugal, de um lado, e ambos contra a Inglaterra, de outro lado. E foi neste clima que o rei de Portugal enviou uma armada inteira ao que hoje é o Brasil, chefiada por Pedro Álvares Cabral, também iniciado na ordem de Cristo. Quando então o fidalgo templário Pedro Álvares Cabral, que, conforme se descreve, tinha um metro e noventa de altura, chegou às Terras de Santa Cruz, provavelmente ele já sabia para onde estava indo, e o relato de que teria se desviado acidentalmente da rota para a Índia seria um embuste.

Quem são os portugueses?

São uma etnia mestiça desde tempos pré-cristãos. Descendentes de celtas, por um lado, também de norte-africanos mestiços, por outro lado; de romanos, por um terceiro lado; de godos e visigodos, por mais um lado. Ainda por outro lado, são descendentes de moçárabes, cristãos amestiçados com mouros. E os mouros que viveram em Espanha e Portugal, e que se misturaram com as gentes cristãs de lá, já eram, por si, mestiços entre semitas norte-africanos (líbios e árabes), visigodos migrados e negros, ou seja, berberes. Esta proximidade com a África deu aos portugueses, e espanhóis também, o biótipo moreno de cabelos anelados e olhos escuros, mesclados com tipos alourados (de origem mais visigoda ou celta). O nome de Portugal, segundo alguns portugueses, é celta-romano. Ele seria, etimologicamente, "Portus Calesh" ou Porto Cales. Quem é Calesh ou Cales? A deusa mãe dos celtas ibéricos. De qualquer forma, esta palavra *Cale* é celta, ou seja, indo-européia, e parente de palavras como "Gales" ou "Galícia" ou ainda "Gália" (o nome celta da França). O lugar tinha este nome, Porto Cales, ou ainda Porto Gales, mas o povo que o habitava era chamado pelos romanos de "lusitanum", nome também celta, e que tem relação com "Lug", ou "Loki", um deus da luz adorado pelos celtas. "Lusitanos" seriam o povo de Lug. Este povo tinha sacerdotes druidas e praticavam sacrifícios humanos, até a chegada dos romanos, que os conquistaram e introduziram a língua latina, da qual se originou o português. O fato de Portugal estar situado na ponta que dá para o Atlântico, uma porta aberta para o mar, estimulou e facilitou que, desde muito antigamente, os lusitanos fossem navegadores ou mantivessem contato com povos navegadores da Europa e África, como os fenícios, por exemplo. Por um lado, conta Gilberto Freyre (Freyre, 2000) que os portugueses, até mesmo depois da chegada ao Brasil, ressentiam-se por certa baixa auto-estima em função desta natureza mestiça, em relação aos "louros e puros" norte-europeus. A grossa camada de portugueses que veio para o Brasil era basicamente moçárabe ou descendente direta de moçárabes. Mesmo quando os mouros foram expulsos da Ibéria, no século XV, deixaram marcas profundas na cultura e nas almas lusitana e espanhola. Por exemplo, os galegos ibéricos ainda contam os dias da semana conforme os nomes dos planetas (domingo, dia do sol; segunda-feira, dia da lua, etc.), enquanto os portugueses assimilaram dos árabes a contagem da semana em "segunda-feira", "terça-feira", "quarta-feira", etc.. Outro fato é a sonoridade do fado e do flamenco, como soam musicalmente "mouros" estes cantos; como também é o caso a viola portuguesa (parente da guitarra hispânica), descendente do alaúde árabe, que veio dar na viola caipira brasileira. Os judeus portugueses, perseguidos pela Igreja, assim como os mouros, também tiveram uma presença fundamental na leva lusitana que veio colonizar o Brasil. E assim, veio para cá um povo já amestiçado, e acostumado a lidar com o diferente, mais do que outros povos europeus.

Bem diferente foi, por exemplo, o contato entre ingleses a índios americanos, se imaginarmos o inglês como uma etnia muito fortemente ligada à questão da "branquitude britânica" e dos símbolos étnicos que representam a realeza e o "sangue azul". Todavia, outra coisa que veio junto com o português foi a Igreja, ou seja, o catolicismo. E, como tal, a Igreja tinha um poder que ia acima das etnias européias, um poder supra-étnico na Europa, centralizado em Roma. E a questão fundamental da Igreja de então consistia na fundamentação do poder espiritual da instituição, unido ao poder secular e também ao poder econômico da mesma instituição, tudo unido num único pacote, e conforme a filosofia "quem não é por nós está contra nós". Era esta a postura da Igreja, numa época que acabara de sair das cruzadas contra os mouros, das perseguições da Inquisição contra judeus e hereges cátaros, e do perigo do protestantismo que se espalhava rápido por toda parte. Assim, vieram para a América os lusitanos mestiços, seus padres e, logo a seguir, a Inquisição católica. Não sem que antes tivessem vindo para as Américas judeus e hereges fugidos da perseguição católica na Europa. As Índias Ocidentais representavam, para judeus e hereges, uma nova chance, longe das garras da Inquisição católica. Mas, a Igreja veio logo a seguir, também atrás dos judeus e dos hereges fugidos. E foi assim no Brasil, em Angola, no Moçambique, na Guiné Bissau, e em Goa, na Índia.

O português que veio para cá era basicamente burguês (e não nobre de sangue azul, como muitos colonos espanhóis), e pouco achava estranhamento em índios nus, pois já tinha contato com gentes estranhas há séculos, já eram navegadores e exploradores desde o século XII. Tanto é que o lusitano não teve problema em se acasalar com as índias e produzir filhos ilegítimos. A questão era mais aguda para a Igreja: como lidar com as almas pagãs indígenas? E, no caso dos africanos, a questão: têm os negros alma? Tais questões foram motivos de concílios, organizados pelos bispos da igreja católica.

A colonização

Uma das coisas que os templários haviam introduzido, há séculos, em Portugal foi a implantação de latifúndios – ou seja, a noção de território lusitano subdividido em enormes latifúndios. Bom lembrar que Portugal é um país minúsculo, em territorialidade, se comparado ao tamanho do território brasileiro. E acostumados a esta forma de territoriedade de latifúndio, chegaram os lusitanos ao Brasil. Aqui então, viram uma terra enorme, sem fim; e uma coisa se encaixou na outra: um único português se tornava dono de uma extensão enorme de terras. Ele mantém sua gleba de terra, inicialmente sob o regime da escravidão indígena, auxiliado por seus filhos ilegítimos com índias – os mamelucos. Isto porque, de início, poucas mulheres portuguesas vinham para cá. A grande maioria era de homens. A colonização não tinha, inicialmente, o objetivo de ocupação, mas somente de exploração: explorar as riquezas da nova terra e enviá-las para Portugal. O bom português amava Portugal e não tinha intenção de deixar sua pátria em troca de uma terra hostil e selvagem. Então, os encarregados da exploração procuravam companheiras entre as índias e, pouco mais tarde, entre as africanas. O mameluco era o filho de índia com lusitano e que se envergonhava de ser índio, considerado um ser "atrasado", um "bugre". Mas o mameluco também se envergonhava por não ser português. E assim, tinha ódio dos outros índios, seus parentes, e respeito servil, ou um sentimento de amor-ódio pelo português, também seu parente. Depois, a ele foi acrescentada a figura do mulato, filho de escravo africano com português. E assim, iam se constituindo as primeiras gerações de filhos da terra brasileira: descendentes de portugueses, inicialmente degredados, e índias e de portugueses e africanas, e alguns poucos descendentes somente de portugueses.

O grande antropólogo judeu-alemão-americano do início do século XX, Franz Boas, fez uma pesquisa em seu povo, o judaico, referente à seguinte questão: qual o efeito da migração do judeu em relação às mudanças de seu biótipo, nas diversas regiões do mundo? Ele registrou em sua pesquisa que imigrantes judeus que vinham para a América, por exemplo, tinham uma mudança de biótipo já na geração seguinte. Segundo suas aferições, o formato do crânio mudara e a estatura aumentara, estatisticamente. Depois, Boas descobriu o mesmo fenômeno das mudanças pela migração em outras etnias, como em sicilianos nos EUA. E, por fim, ele concluiu que todo imigrante muda física e psiquicamente, de geração a geração, quando migra de sua terra natal para outra terra. Isto também é pertinente ao caso do africano trazido para o Brasil. E foi o que aconteceu com o português no Brasil, ou com o inglês na América do Norte. As condições geoclimáticas, e aquilo que denominamos por "etérico coletivo" e "astral coletivo" da terra, afetam o biótipo do imigrante, além de afetarem a sua cultura original. O biótipo moreno do mediterrâneo português foi mudando, à parte a miscigenação com índios ou negros, o português propriamente europeu foi mudando, mudando, e virou uma das variações do caipira.

O caipira ex-lusitano

Passamos a ter, aqui, senhores de engenho caipiras, com o costume templário de administrar latifúndio, cercado de servos (aqui, escravos) e com o costume moçárabe de se acasalarem com as servas (gerando mestiços caipiras). Ou então, passamos a ter um caseiro de fazenda caipira, um sapateiro caipira, um artesão caipira, ou dono de quitanda caipira, um alfaiate caipira. Originalmente, "caipira" (do tupi, "o que corta mato") seria o nome aplicado ao mestiço que veio para a cidade. Mas, no contexto colonial, também se aplicava ao ex-lusitano, geralmente analfabeto (o reino não permitia escolas aqui, a não ser os seminários), desdentado e rude. O ex-lusitano cultivava aqui o seu catolicismo rigoroso, com o calendário de festas agrícolas adaptado aos trópicos (com as estações do ano invertidas, mas com as festas mantidas em sua data original), adotando, com o passar das gerações, não mais a língua portuguesa matricial, mas o dialeto caipira e mesmo o nhengatu. Descendente de bandeirantes, ou de degredados lusitanos, ou de cristãos-novos (judeus convertidos à força ao catolicismo e enviados para cá) o caipira branco – convivendo com os mestiços caipiras mamelucos e mulatos – tinha o sentimento de uma dignidade de outrora agora decaída, de algum título de nobreza perdido. Talvez por isto sua musicalidade seja triste, como um lamento que lembra melancolia do fado. O lusitano aclimatado foi ficando parecido com o mameluco e com o mulato, fisicamente e culturalmente, e miscigenando-se com eles também. O ex-lusitano urbano, o burguês de Salvador, de São Paulo ou do Rio de Janeiro ou de Vila Rica, sentia-se dividido. Em parte, procurava imitar as modas e a estética europeia, em parte sentia-se distante demais da "civilização", exilado numa terra rural e atrasada destituída dos benefícios do Reino. O brasileiro burguês vestia-se, nas cidades daqui, de forma semelhante ao modo de se vestir do europeu, sem qualquer adaptação às intempéries tropicais do clima mais quente daqui. As mulheres brancas daqui usavam diversas anáguas e roupas de baixo que não eram compatíveis com o clima quente. Da mesma forma, os trajes masculinos, bons para um clima temperado, faziam suar o cidadão brasileiro que assim se sacrificava em nome da elegância. A estética europeia chegava ao Brasil, às vezes com certo atraso, e sofria ligeiras mudanças. Os escravos, em seus molambos, vestiam-se mais adequadamente à vontade que seus amos. A viola portuguesa transmutou-se em viola caipira e o canto mudou a entonação. O estilo barroco chegou aqui com algum atraso e continuou por um bom tempo, quando já havia terminado em Portugal.

ALMA BRASILEIRA

O caipira, retratado por Almeida Júnior, em 1893.
(http://pt.wikipedia.org/wiki/Caipira)

Inicialmente, nas primeiras levas de lusitanos, não sentiam estes ligação profunda com a terra. Saqueavam o pau-brasil, matavam ou escravizavam índios e iam embora. Ou, caso se estabelecessem, tinham certo ódio da terra selvagem e saudades da urbanidade de Lisboa. Aos poucos, o ex-lusitano foi se considerando parte da terra hostil, e cada vez mais ligado a ela. Acabou ficando e sentindo-se mais daqui do que de lá. Foi quando, nesta metamorfose, foram surgindo os primeiros "brasileiros", nascidos aqui, filhos de lusitanos, e que não viam com seriedade um governo distante que não os respeitava, que só levava daqui as riquezas sem investir no povo daqui mesmo. O ex-lusitano daqui amava e odiava, invejava e desprezava a burguesia lusitana que esnobava os modismos civilizatórios à francesa ou à inglesa. Portugal proibia qualquer desenvolvimento cultural no Brasil. Quem quisesse ou pudesse estudar alguma profissão liberal teria que partir daqui para Coimbra ou Lisboa. Não havia imprensa, nem bibliotecas. A economia era totalmente dependente do Reino. A liberdade era restrita, vigiada pelas forças armadas ocupantes e pela Inquisição católica, sempre presente e farejando heresias. Era visível a corrupção e a hipocrisia dos governantes, que não eram daqui, mas apenas passavam por aqui e depois partiam. E talvez daí venha a falta de crédito do brasileiro, até hoje, nas instituições que dizem velar pelo povo. Ainda mais que o índio e o mameluco já tinham o trauma e a desconfiança de qualquer branco ou instituição de branco, e o mesmo para o negro, que também só foi uma vítima nesta história toda. Nos episódios em que as terras brasileiras foram invadidas por outros europeus, como os holandeses fizeram no nordeste, esta alma brasileira em surgimento deu suas primeiras mostras de vida. Portugal não reagiu à invasão conduzida pelo nobre holandês Maurício de Nassau, no nordeste brasileiro. Deixou a reação a cargo dos nativos, no caso, ex-lusitanos e mestiços. Sem querer, o colonizador permitiu que despertasse, na colônia invadida, um espírito de nacionalismo até então apenas esboçado. E os holandeses foram expulsos por uma gente então reconhecida como "brasileiros", na famosa batalha dos Guararapes. Coisa pouco significativa na história universal, marcante na história do Brasil. Daí, aos poucos, foram surgindo as irritações do então brasileiro contra a exploração da colônia portuguesa.

Até o final do século XVIII não havia um "Brasil" como um sentimento de uma nação, ou de um povo, em si. Do ponto de vista do homem branco, era apenas uma colônia portuguesa cheia de índios, escravos negros e de mestiços, pagando impostos e enviando suas riquezas para a terra colonizadora. Para os índios sobreviventes, aqui era a sua terra, como sempre foi, mas estes se viam não como um só povo, unido, mas como nações distintas. Logo começaram, então, a surgir os primeiros sentimentos coletivos de que "somos um único povo". Isto significa esotericamente que a alma coletiva começa a dar mostras de sua ação conformadora de um povo. Houve uma rebelião contra a coroa portuguesa, em 1798, a chamada inconfidência baiana. Seguiu-se outra rebelião, no Rio de Janeiro, em 1794, e mais outra, em Minas, em 1789 (o episódio supostamente chefiado pelo Tiradentes). Em Pernambuco, seguiu-se outra rebelião, no século XIX, em 1817, quando a família real portuguesa já residia no Brasil, fugindo das guerras napoleônicas na Europa. Desnecessário dizer que todas estas rebeliões foram duramente punidas e rechaçadas de forma bastante cruel pelas forças portuguesas colonialistas. Os revolucionários não queriam apenas a independência em relação a Portugal, mas também a construção de universidades e escolas, a participação econômica e cultural do Brasil como nação livre e independente no rol das então nações ocidentais, a abolição da escravatura e outros ideais semelhantes a aqueles da revolução francesa e da revolução norte-americana. A maçonaria brasileira estava geralmente presente, nos bastidores de tais revoluções. Por trás de tais ideais de um novo mundo não-colonial, não-escravagista, estavam os Iluminati, na Europa. Os Iluminati eram iniciados rosacruzes, ou maçônicos, que conspiravam contra o poder da igreja, contra as monarquias, e sonhavam com um novo mundo mais humano, mais racional, e livre dos arcaísmos medievais. Sua ação conspiradora, por certo, chegou às colônias americanas e ao Brasil. Não apareciam publicamente, jamais, mas atuavam nos bastidores dos governos e das instituições, geralmente infiltrando-se nas mesmas. E assim, de certa forma, atuam até hoje...

O índio, habitante da antiga Pindorama – a terra das palmeiras – não tinha a noção de uma territorialidade brasileira extensa. Não existe a noção ou a palavra "país", em tupi ou em qualquer língua indígena. Em nhengatu, a palavra *amana*, o mais próximo disto, significa "gente", "família', "clã", "grupo", "parentes", "tribo", algo mais restrito. A palavra tupi-guarani *retama* (cujas variantes são: *retam*, *rama* ou *aretama*, que aparece em "pindo-rama") significava apenas o território habitado por um *amana*, por uma nação específica, por uma tribo, e não coincide com a noção europeu-ocidental de "país". Noções tais como país ou nação são algo bem mais complexo do que a noção de tribo. Para o índio, sua noção territorial tinha a ver com a de seu território de caça e a de seus aliados e inimigos, sem grande extensão e sem mapeamento.

O africano era um estranho na terra, prisioneiro do engenho, não tinha noção de nada. O português e sua descendência foi quem trouxe as noções europeias de "país", de "estado", de "povo", de "nação", de "colônia" e de "governo". Foi ele quem trouxe também o dinheiro, o capital, e a ideia de "religião" como uma instituição em si e a noção de cidade em oposição à mata selvagem. Para o índio e o africano, a espiritualidade não constitui uma instituição, mas uma prática que se mistura com o cotidiano. O português trouxe a noção de religião como algo à parte da vida cotidiana, embora fortemente influenciadora dos hábitos, da moral e do comportamento dos indivíduos.

Evidentemente, o lusitano nos deu muitas coisas boas, e foi através dele que o Brasil se vinculou ao mundo ocidental dito "cristão". Aliás, tanto, que até nos acreditamos ocidentais, e nem mais andamos nus. Seria um feito espiritual importante reconhecermos que não somos exatamente "ocidentais", que não pertencemos ao mundo ocidental. O mundo ocidental é aquele do hemisfério norte. Foi a influência lusitano-colonial que nos fez pensar assim. Somos algo mais diferente e um tanto mais complexo do que isto: somos sul-americanos. Todavia, ao longo da colônia e do império e mesmo da república, construiu-se uma nação por muito tempo perversa, sádica, desigual, não-cristã em seu comportamento, cristã em sua retórica, como, aliás, foi sempre a prática comum do mundo ocidental ao longo da sua história. Construiu-se aqui aos poucos uma nação de escravocratas rurais e de escravos. Construiu-se uma nação de gente de origem complexa cultural e espiritualmente, mas perversa no sentido humano do tratamento à natureza e ao outro. Um exemplo disto é o trato cruel que o escravo recebia do senhor branco, o trato cruel para com o índio até hoje e o trato cruel em relação à natureza, a postura predatória para com os animais e as plantas. É como se algo precioso de um passado comum às três etnias, o melhor de cada uma, das três fundantes, tivesse sido perdido aí no meio da história e tivesse ficado muito do que é o pior de cada uma. A alma brasileira precisa resgatar o melhor das suas raízes, e exorcizar o pior destas.

Alma Lusitana e Alma Brasileira

A primeira coisa a se observar que a alma lusitana é completamente distinta da alma brasileira. Até mesmo o português falado em Portugal é distinto do falar brasileiro, por causa disto. O sotaque é um sinal de peculiaridade anímica. Os temperamentos dos dois povos são distintos. Da mesma forma, a alma lusitana é bastante distinta da alma hispânica.

Uma das formas interessantes com que Rudolf Steiner aborda as qualidades distintas dos povos é a de se atribuir "qualidades planetárias" a determinado povo. Assim, Steiner avaliava povos (que, no início de sua obra, ele ainda denomina "raças") a partir da noção de sete qualidades ligadas à noção esotérica de "planetas" (Steiner, 1986). Um povo "saturnino' é introvertido e tem um Eu bastante centrado em si mesmo – Steiner elege o "índio americano", como expressão disto. Para ele, um povo "jupteriano" seria um povo "de nariz em pé', um tanto pleno de si – e ele elege o "povo inglês", para tanto. Um povo lunar, por outro lado, é aquele ligado às tradições do passado – e Steiner elege, aqui, o povo judeu. Um povo venusiano é aquele voltado para uma atitude mística aberta à totalidade anímico-espiritual do mundo – e ele elege, para isto, o "povo malaio". O africano seria, nesta classificação de Steiner, a "raça de mercúrio" – caracterizada por certa mobilidade dançante e leveza. O "povo mongólico" seria, por outro lado, marciano, porque expressa os pendores bélicos do samurai, conforme a inspiração do deus da guerra. Sempre me pareceu que tal forma de classificar os povos, incluindo num mesmo biótipo planetário culturas e subculturas muito diferentes entre si, é um tanto generalizante e unilateral demais. Todavia, também não deixa de ser uma forma válida, na linguagem do ocultismo, de se tentar expressar os arquétipos anímicos que regem a história de um povo, com todas as limitações do método. Neste sentido dos planetas, diríamos que a alma portuguesa tem caracteres venusianos, por um lado, contrastando com a alma mais marciana do hispânico. E a alma do brasileiro, diferente das duas almas ibéricas, herdou do africano um forte teor mercurial. O português é um povo amante, aberto ao todo, aberto ao diferente e também um povo místico em sua expressão católica. E isto soa como venusiano. O povo espanhol é um povo mais impositivo, mais explosivo, de fala mais dura, que aprecia o sangue derramado na tourada. E isto soa mais como marciano. E o povo brasileiro, diferentemente dos dois, tem aquela "ginga" africana, modulada pelo venusianismo lusitano e por certa tendência lunar (e não saturnina) do indígena sul-americano. Se o índio norte-americano, como propôs Steiner, é saturnino por seu silêncio e imersão em si mesmo, o indo sul-americano é quase o contrário, risonho, aberto ao contato físico e afetivo, e assim bastante ligado à família (características do arquétipo lunar, portanto). O brasileiro se configurou aos poucos como uma mescla disto, havendo, entretanto, variações fortes de região para região do Brasil.

Também podemos, por outro lado, ampliar e detalhar mais esta forma de classificar os povos pelos arquétipos planetários, lançando mão dos amplos recursos imagéticos do ocultismo, através da classificação dos quatro temperamentos (originalmente postulados por Hipócrates, o pai da medicina, como parte de sua semiologia médica) e fundamentados na filosofia de Empédocles, dos quatro elementos do cosmo: terra, água, ar e fogo. Para Empédocles: "Terra" corresponde ao temperamento melancólico; "Água", ao temperamento fleumático; "Ar", ao temperamento sanguíneo ou nervoso; "Fogo", ao temperamento colérico. Nestes termos, um povo fleumático (água) é um povo que expressa certa calma em seus hábitos, como um lago tranquilo, com certa lentidão no falar e no agir, como o baiano, misturado à sua mercurialidade ou com outro tom planetário, como o português em geral. O índio brasileiro, em geral, é bastante fleumático (diferente do índio norte-americano, mais melancólico ou colérico). Um povo sanguíneo (ar), ao contrário, é um povo agitado, apressado, inquieto, como o vento – como o espanhol, ou como o carioca – sendo o primeiro, todavia, marciano em termos planetários, e o segundo, mercurial, que se expressa no seu pendor para o samba, revelando assim a sua vocação africana. Um povo colérico (fogo) seria aquele "esquentado", que reage de uma forma explosiva, agressiva, guerreira – como o espanhol outra vez, que acumula dois temperamentos mesclados à sua "marcianidade". O gaúcho, no sul do Brasil, tem certo fogo colérico. Um povo melancólico (terra) tenderia à atitude de saudades de um passado melhor, uma tristeza em sua musicalidade e uma tendência à introversão, menor sociabilidade e pouca conversa. O português também não deixa de ter um segundo temperamento melancólico (podemos sentir isto no fado, por exemplo, se comparado ao ardor colérico do flamenco espanhol). O mineiro e também o paulista do interior, inspirados pela moda da viola caipira, que herdaram do jesuíta na época colonial, a qual ele toca ao som da lua cheia e lamenta e chora o amor perdido no antigo rancho abandonado, tem este lado melancólico.

Uma questão: Portugal é pequeno, em termos territoriais, enquanto o Brasil é enorme. Em Portugal, no pequeno território, há menos possibilidade de variações tipológicas "planetárias" ou "temperamentais". A homogeneidade é maior. No Brasil, há grandes variações de temperamento e de qualidade planetária, porque a população expressa, ao longo de uma enorme extensão territorial, diferenças de "sotaque" e de origem étnica. Por exemplo, na região amazônica e do pantanal mato-grossense há uma forte influência lunar-fleumática do indígena. No nordestino brasileiro, mesclam-se qualidades melancólicas e coléricas – de forma oposto-complementar peculiar – haja vista a eleição do cangaço, tão marciano, como imagem representativa da cultura nordestina, ao mesmo tempo em que há um lamento do fundo da alma pela seca e pela terra morrendo. O brasileiro não é o mesmo ao longo de todo o Brasil. Se o português já é um povo mestiço e variado, muitas vezes mais o é o brasileiro.

A maçonaria

Além dos ideais de libertação nacional, comuns a Dom Pedro I, José de San Martin (Chile e Argentina), e Simon Bolívar (Peru, Bolívia, Equador, Venezuela, Colômbia, e Panamá) os três tinham em comum o fato de serem maçons. A maçonaria defendia os ideais trinitários desde o século XVIII – liberdade, igualdade, fraternidade – que inspiraram a revolução francesa e a americana. Os mesmos ideais inspiraram Tiradentes e seu grupo maçônico, nas Minas Gerais, no final do século XVIII. Já fiz referência, atrás, aos Iluminati, uma ordem secreta muito enfronhada nas questões políticas, além das espirituais, e que atuava por trás da maçonaria, dentro dela, e fora dela, superpondo-se.

De onde a maçonaria, uma organização europeia semissecreta de livres pensadores e anticatólicos, tirou tais ideais? Segundo a tradição maçônica, quando a ordem dos templários foi extinta, seus conhecimentos e sua estrutura iniciática foram repassados a outras ordens, a diversas outras ordens. Uma das ordens secretas que recebeu parte da estrutura e dos ideais dos templários, principalmente na Inglaterra, na Irlanda e na Suíça, foi a maçonaria. Daí que, em alguns ritos maçônicos, alguns símbolos são os mesmos dos templários, assim como alguns rituais iniciáticos. A maçonaria já existia na época dos templários. Mas, para não perder suas tradições e conhecimentos, estes foram repassados de contrabando pelos templários aos irmãos maçons, que se tornaram assim herdeiros dos templários. E, como tal, a maçonaria passou a atuar politicamente, como faziam os templários, nos bastidores dos grandes acontecimentos de Europa e das Américas, até hoje. Os primeiros maçons vieram para o Brasil na onda migratória lusitana que colonizou a nação. A seguir, outras ondas de imigrantes reforçaram as fileiras da maçonaria no Brasil. Ela se disseminou e assumiu um lugar importante nos movimentos político-sociais ao longo da história brasileira. É, de fato, o movimento de cunho esotérico, embora um tanto empalidecido neste aspecto, mais fortemente atuante no cenário histórico e cultural do Brasil.

Já logo depois da independência dos diversos países, começou a imigração europeia para os mesmos. Esta imigração fazia parte, por um lado, de uma noção de que os países sul americanos só seriam de fato civilizados se copiassem o padrão de civilização europeia, caso contrário viveria, digamos assim, na "caipiragem eterna", povoados por mestiços incultos. Havia, portanto, já antes da abolição da escravatura no Brasil, a ideia de se europeizar Brasil e toda a América do Sul.

A própria maçonaria é uma instituição culturalmente européia e este pensamento da excelência da civilização ocidental sobre as demais não escapava ao imaginário de seus líderes, que atuavam por trás de muitos políticos e revolucionários. A independência do Brasil de Portugal teve o toque da mão maçônica. Fundou-se no Brasil o ramo maçônico nacional, denominado então, já no início do século XIX, "Grande Oriente do Brasil". E dele fizeram parte brasileiros ilustres, como José Bonifácio (conselheiro de Dom Pedro I e intimamente ligado ao processo de independência), por exemplo. Aliás, Bonifácio foi o grão-mestre da ordem. Os maçons propunham uma sociedade igualitária e não escravagista, tanto que estiveram diretamente envolvidos com as revoluções e movimentos de cunho abolicionista. Mas, como europeus-descentes, também acreditavam na noção de que, mesmo livres da colonização europeia, não havia como não se viver bem e civilizadamente sem que se adotassem os padrões civilizatórios europeus. A maçonaria também esteve por trás da passagem do Brasil imperial para o Brasil república. E os ideais de liberdade de consciência maçônicos não foram compatíveis com as ditaduras então implantadas no Brasil republicano, tais como a de Getúlio Vargas e, mais tarde, a ditadura militar. É bastante comum para quem viaja pelo interior do Brasil encontrar, nas entradas de pequenas cidades, pórticos de "bem vindo" com o símbolo maçônico do compasso, do esquadro e do "G" (geometria sagrada), sempre ali presente.

Os imigrantes europeus

Tanto na Europa, quanto nas ex-colônias sul-americanas, o estilo civilizatório indígena, ou "crioulo" era visto como primitivo, bárbaro, atrasado, por todo homem culto do século XIX, e boa parte do século XX. Não se compreendia que civilização é algo passível de diversidade de formas e que a civilização ocidental não é necessariamente a melhor ou a mais perfeita e que outras formas de civilização também podem produzir uma vida social harmoniosa e com boa qualidade de vida, tanto, ou mais do que a ocidental. Tanto é assim que o homem ocidental se autodefine como "o civilizado", porque se acredita detentor da civilização única, ingenuamente ignorando que não há "a civilização", mas sim "civilizações". No jargão da antropologia, este sentimento é denominado etnocentrismo, ou seja, o indivíduo sente que a sua civilização, ou a sua etnia, é o ponto central de toda a humanidade. A civilização indígena, por exemplo, é primorosa no sentido de dar ao índio uma qualidade de vida, em muitos aspectos, superior à qualidade de vida do homem branco. Aspectos bárbaros de comportamento existem em todas as civilizações. Os cristãos criticavam os hindus por venerarem ídolos "monstruosos" de muitos braços e muitas cabeças, não vendo que eles próprios, os cristãos, veneram um corpo mutilado e ensanguentado, pregado numa madeira, imagem da morte e do sofrimento eternos. Os ocidentais criticam a civilização muçulmana por envolver demais a mulher em panos, por escondê-la, sem perceberem que os muçulmanos criticam, por sua vez, o ocidental por expor demais a mulher.

Assim, movido por um sentimento etnocêntrico ocidentalizante, próprio do século XIX, os próprios líderes políticos e culturais sul-americanos não só imitavam os estilos europeus, na moda, nas artes, nas ciências, na filosofia e em tudo mais, como também gostariam de implantar nas Américas os mesmos modelos europeus, a mesma estética, a mesma atmosfera. Imitar a Europa era parecer civilizado e evoluído. E assim, a imigração de europeus para as Américas seria uma forma de se incrementar a realização deste ideal etnocêntrico, em certo sentido, um tanto ao contrário: o modelo referencial não é a minha sociedade, mas a sociedade alheia, a qual devo imitar. O que isto traduz? Traduz o fato de que o brasileiro, como a maioria dos povos sul-americanos, não encontraram até então a sua própria alma cultural. É mais ou menos como um adolescente que, passando pela natural imaturidade que o transporta da infância para a vida adulta, não encontrando referências em si mesmo, busca imitar um ídolo. Em boa parte do século XIX, a referência mais idealizada de civilização era, no Brasil, o modelo francês, ou parisiense. Depois do início do século XX, a referência francesa foi substituída pelo modelo norte-americano, muito também por influência do cinema hollywoodiano. Mesmo na revolução cultural de 1922, no chamado movimento antropofágico, idealizado por artistas, escritores e intelectuais brasileiros em busca de uma identidade própria, que negasse os modelos europeus, a estética e a retórica tupiniquim não conseguiu se libertar totalmente dos mesmos modelos europeus. É como querer negar as raízes ibéricas, embora se continue falando português, por exemplo. O índio idealizado pelo nacionalismo do século XIX, na verdade, seria um branco fantasiado de índio, como o educado índio Peri, do romancista José de Alencar, que se apaixona pela lusitana Ceci. Todavia, a busca por esta identidade nativa é algo inegavelmente válido. E, de fato, é muito difícil tentar mudar ou encontrar padrões culturais diferentes estando-se do lado de dentro de uma cultura. A cultura não é apenas a arte e a literatura, mas é todo um condicionamento ao qual o ser humano é submetido desde a sua gestação. O ser humano pensa, sente e age, come e respira, vê e escuta, conforme a cultura a que foi condicionado. E tentar ser outra coisa, ou tentar descobrir se é ou não outra coisa, a partir dos próprios condicionamentos, é uma façanha iniciática dificílima. Mas a intenção quanto a isto existia, da parte de almas ligadas às artes, à literatura, ao refinamento intelectual no Brasil moderno. E foi isto que produziu as obras de pintores como Tarsila do Amaral, de escritores como Mário de Andrade e Monteiro Lobato, entre outros. Esta busca por um espírito nacional, de certa forma já vinha com o romantismo do século XIX, no índio guarani à francesa e à italiana do compositor Carlos Gomes, ou na Iracema, também em estilo romântico europeu, de José de Alencar.

Qual o papel espiritual das levas de imigrantes diversos, principalmente em fins do século XIX e início do século XX, na identidade espiritual do Brasil? Este papel é tão fundamental que, em muitas regiões, a cultura do imigrante, principalmente a alemã e a italiana, tornaram-se a expressão marcante da cultura local, suprimindo a cultura nativa. No Brasil, assim, o imigrante foi o elemento que veio reforçar a vinculação cultural com os povos do hemisfério norte. Por outro lado, esta presença europeia do imigrante ajudou a diminuir a identidade indígena-africana no Brasil, considerando que, até o século XIX, a maior parte da população daqui era de afrodescendentes e de mamelucos. O imigrante veio modificar esta composição étnica colonial. Isto, aliás, foi intencional, parte da chamada "política de branquização". Esta onda migratória ajudou, igualmente, a terminar de diminuir, ou quase suprimir, a presença indígena no Brasil, tanto em relação ao território físico, quanto em relação à cultura. Grandes porções de território indígena sobrevivente foram tomadas pelo estado brasileiro, fortemente etnocida em relação ao índio. Estes territórios tomados foram, então, cedidos com facilitações aos imigrantes de pele branca. O imigrante europeu, todavia, ao aqui chegar, muitas vezes assumia hábitos e trejeitos próprios dos nativos, "caipirizando-se" em poucas gerações. O português configurou o mais numeroso contingente de imigrante europeu, já a partir do século XIX. Vieram então comerciantes, alfaiates, médicos, advogados, padeiros, tintureiros, sapateiros e também granjeiros e toda ordem de trabalhadores lusitanos, numa segunda onda pós-colonial de lusitanização do Brasil. Mas, devido à mentalidade racialista hegemônica no século XIX, os governos sul-americanos, não só o do Brasil, tinham forte preferência pelo imigrante mais centro-europeu, que seria seduzido a vir para cá, e assim "branquear" a população do Brasil. Vieram também imigrantes indesejados pelos governantes, cuja chegada não pôde ser impedida, como os japoneses, os chineses, os coreanos e os sírio-libaneses. Estes não eram do interesse prioritário dos estadistas e dos idealizadores do Brasil civilizado. O branqueamento seria mais perfeito se realizado a partir da matriz racial europeia. Este branqueamento racial seria um fator importante, conforme se acreditava, para que o Brasil se tornasse uma nação plena de "ordem e progresso", afinada ao mundo ocidental industrializado e que havia superado a economia rural escravagista vigente até então.

Mais uma vez, podemos identificar como "mundo ocidental" ou simplesmente "Ocidente", todos os povos do Velho Mundo ao norte do Equador, e os Estados Unidos da América, onde foi muito bem sucedido o processo de europeização das terras americanas. Assim, nós, sul-americanos, não somos, de fato, "ocidentais". Nem tampouco "orientais". Somos, como os nossos irmãos africanos, "sul-equatorianos", ou melhor, sul-americanos. Esta distinção do que não somos é fundamental para que entendamos o que somos. Não somos um povo ocidental, como o europeu ou o norte-americano. E seria mais coerente nos referirmos a estes povos por "eles, os ocidentais", como fazem Nelson Mandela e os nossos vizinhos da África. A nossa tendência é a de nos sentirmos como ocidentais, dizendo "nós, ocidentais". E isto é um resquício do pensamento do calunga em relação ao buana, do século XIX. Os ocidentais de fato não nos vêem como iguais, e com razão, pois não o somos. E isto não precisa ser um critério de valor, de ser "mais" ou de ser "menos". Precisa ser apenas um critério de constatação de diferenças culturais. Todo critério de "mais" ou de "menos", como uma comparação, entre diferentes povos, é, no mínimo, suspeita de forte etnocentrismo tendencioso. Mesmo no campo do ocultismo, Rudolf Steiner propõe, por exemplo, que os povos sul-americanos seriam motivados coletivamente, por uma "alma das sensações", enquanto que o europeu (mas não tanto o europeu ibérico, por exemplo, ou o italiano, mas o europeu central) seria motivado coletivamente por uma "alma da consciência (Steiner, 1986). A relação entre estas duas almas, a da sensação e a da consciência, seja individualmente, seja coletivamente, é de "imaturidade' para "maturidade". A alma da consciência é, na psicologia antroposófica, o aspecto psíquico do homem maduro e apto para uma socialização democrática e consciente. A alma da sensação é própria do jovem, do homem imaturo, não tão apto a uma vida democrática e consciente, mais apto a uma vida psíquica norteada para as sensações, buscar o prazer, evitar o sofrimento, sem grande aptidão reflexiva. Penso que aqui há equívocos e generalizações exacerbadas possíveis. Somente em termos de uma cultura política, e não de alma individual, poderíamos falar assim, e, mesmo assim, com reservas. A cultura política do europeu foi sim orientada pelo individualismo democrático, ao longo da sua história, que gerou o racionalismo europeu, e a economia capitalista liberal, entre outros frutos modernos. Mas também gerou reações "atávicas", como o colonialismo, o racismo e o nazismo, uma ideologia de retorno ao clã racial nórdico. E isto não significa que uma pessoa nascida na cultura ocidental democrática do Eu necessariamente tenha um Eu amadurecido, em termos individuais. Não é porque um indivíduo nasça na suposta cultura da alma da consciência, onde valores democráticos são propostos, que ele, individualmente, alcança tais valores. A cultura política do sul-americano, o colonizado, não é tão democrática e centrada na ideologia do Eu, conforme a europeia. Há razões históricas e geográficas para isto. O andamento histórico dos valores aqui foi diferente do que foi na Europa. Aqui, a mentalidade coletiva de massa tem sido propensa aos ditadorezinhos corruptos e oportunistas típicos de repúblicas fragilmente democráticas e à submissão popular cega a ideologias não-democráticas da coletividade mais inculta que a coletividade europeia, porque mais pobre. As minorias intelectuais, por outro lado, pensam como ocidentais que se julgam ser. E assim, aqui tendemos a ser uma população ex-colonial de mestiços tradicionalmente mal-educados por menor escolaridade e menor acesso à informação, num clima quente e predominantemente tropical, que determina uma propensão coletiva aos valores e aos atrativos das "sensações", mais do que aos da reflexão. Certo, mas isto é uma imensa generalização. Também não significa que um indivíduo nascido na América do Sul ou na África não tenha, necessariamente, um Eu amadurecido. Um Eu amadurecido significa sensibilidade e valores internos éticos e democráticos, de certa forma inatos. Assim como não significa que no Ocidente supostamente civilizado não haja retrocessos possíveis à democracia e à ideologia do Eu. Como também não significa que um ocidental qualquer seja incapaz, individualmente, de pelo menos compreender as implicações de uma sociedade igualitária e democrática. E também não significa que na América do Sul não possa haver movimentos perfeitamente democráticos e amadurecidos, em termos individuais ou mesmo coletivos, em direção a uma humanidade mais madura do que aquela da tribo de mestiços, alimentados por pão e circo, que vive da veneração cega pelo caudilho ditador ou pelo ídolo estrangeiro. Uma religiosidade inculta das massas, intolerante e ignorante, pode prosperar aqui, entre a coletividade imatura para certos valores espirituais e só capaz de alcançar formas ingênuas e literais de dogma religioso. O mundo ocidental no hemisfério norte, tão reflexivo e rico em filósofos e livre-pensadores, também não está livre de tais mazelas. As coisas não são assim, compartimentalizadas e estanques, "eles, os adiantados" e "nós, os atrasados". Abolindo-se certas leis, no mundo ocidental dito civilizado, será o cidadão de tal mundo ainda assim tão "civilizado"? Não foi o que se viu em episódios tais como as guerras.

Desde o contato com os europeus do século XVI, a América do Sul era um bolo dividido entre potências ocidentais. Primeiramente, entre Portugal e Espanha, pelo tratado de Tordesilhas. Mas, logo vieram a França, a Holanda e os ingleses. E a América do Sul tornou-se, como a África, um bolo fatiado entre potências coloniais até o século XX.

A América do Sul começou a se tornar autônoma em relação à Europa, no início do século XIX, com a luta contra a Espanha promovida por Simón Bolívar, maçon que, inspirado na revolução americana (organizada pelos maçons), liderou a libertação de seis países sul-americanos do domínio espanhol. Também José de San Martin, outro maçon, fez o mesmo com Argentina e Chile, junto com O Higgins, igualmente maçon. No Brasil, a independência da Europa se deu com Dom Pedro I – maçon, novamente –, brigado com as cortes portuguesas. O Uruguai fazia parte do Brasil, de início, e logo após a independência de Portugal, em 1822, houve um acordo de que o Uruguai não seria um estado brasileiro, mas uma região autônoma, separatista (apoiada pelos ingleses, que tinham interesse na região). A população indígena do Uruguai foi praticamente extinta pela branca, sendo então 90% da população atual formada por eurodescendentes, sendo os demais 10% mestiços e índios sobreviventes. O Paraguai era parte de Argentina, e logo após a libertação desta da Espanha, libertou-se da própria Argentina. Originalmente, o Paraguai era a terra dos índios guarani, cujo idioma é falado até hoje neste país, oficialmente. Teve a sua população (originalmente, predominantemente indígena) dizimada pela metade após a Guerra do Paraguai, e então refeita via imigração alemã e italiana.

Todos estes movimentos históricos e populacionais moldaram a América do Sul atual e, dentro dela, o Brasil. E esta moldagem foi, em todo lugar, no sentido da europeização e da diluição, mais marcada em algumas regiões do que em outras, da herança indígena e, menos, da africana, pois não havia mais jeito de devolver os afro-descententes à África.

A Europa vivia no século XIX um problema de espaço e superpopulação. Tinha gente demais e desemprego. Então, espalhou-se na Europa, em crise no século XIX, a noção de que na América os horizontes eram abertos e que todo mundo que viesse para cá se daria bem e viveria melhor do que lá. Para os EUA vieram então irlandeses, italianos e alemães, principalmente. Vieram tantos ingleses e irlandeses para os EUA no século XIX que logo surgiu um problema de excesso de gente para menos terra, e daí se iniciou a marcha para o Velho Oeste, com o apoio do governo americano, o que levou ao grande genocídio indígena que vemos retratado nos filmes de faroeste (onde o índio aparece como bandido). Os "cowboys" eram, de fato, filhos de ingleses ou irlandeses. Na América do Sul, o racismo de Gobineau, que se espalhou pelos países daqui (tendo defensores, como o presidente da Argentina Sarmiento), também estimulou a vinda de imigrantes europeus, para que ocupassem o lugar do trabalhador negro. Este, o africano, foi liberto pela Lei Áurea de 1888, por um lado, enquanto o indígena havia sido caçado e quase extinto. Este processo de favorecer o branco imigrante e desfavorecer o mestiço nativo é chamado pelos historiadores de "processo de branquização do Brasil". Este processo fazia parte dos ideais do positivismo brasileiro, que compuseram na nossa bandeira a frase "Ordem e Progresso". Se fosse um país de mestiços e negros, o Brasil seria apenas "desordem e atraso". E assim, vieram os imigrantes alemães, italianos, dirigindo-se para o sul principalmente, ocupando o Uruguai, Argentina, Chile e sul do Brasil. Depois vieram os japoneses, não muito desejados, já no século XX, outros. Eram pessoas que não estavam bem na Europa, e vinham em busca de uma condição de vida melhor. O resultado disto foi o "embranquecimento" bem sucedido, às vezes mais, às vezes menos, dos países latino-americanos, sendo um caso emblemático o Uruguai, onde 90% da população é eurodescendente:

alemã e italiana. Esta população eurodescendente, neste país, superou os descendentes hispânicos e antigos mestiços, o que faz com que a cultura uruguaia atual seja essencialmente uma cópia sul-americana da cultura do imigrante. Quem vai ao Uruguai diz "senti-me como se estivesse num país europeu". É por isto. No Brasil, acontece algo parecido nos estados do Sul e Sudeste, onde a imigração europeia foi mais intensa.

Implicações espirituais da imigração europeia

A implicação disto é que, por um lado, o europeu traz um elemento diferente que vem compor o colorido local. E foi sempre bem vindo, apesar de toda esta história. E este elemento diferente é a ligação espiritual com a civilização ocidental do hemisfério norte. Não há problema com a civilização ocidental. O problema é com a nossa civilização. Esta precisa encontrar-se, descobrir-se, perceber que é algo distinta daquela. Países como o Brasil, se tornaram, até o momento, uma civilização sul-americana com um verniz muito fino por cima de civilização europeia. Este verniz europeu é mais ou menos grosso ou fino dependendo do país sul-americano. Nos Estados Unidos o verniz europeu-ocidental é muito, muito denso. Num país como o Paraguai ou Peru, ou Bolívia, o verniz é algo mais fino. Em certas regiões do Brasil, o verniz europeu é mais denso, como nos estados do Sul e Sudeste, e em outros, como na região norte e nordeste e centro-oeste, ele é bem mais fino. Em uma aldeia indígena xinguana, ele não existe, a não ser em traços muito tênues no aparelho de rádio nas mãos de um índio, por exemplo. Num quilombo de afrodescendentes no interior de Minas, o verniz ocidental é finíssimo ou, ainda, num centro de candomblé de Salvador.

A outra implicação espiritual, nisto tudo, é exatamente esta questão da identidade do nativo. Com o tempo, o filho do imigrante se sente parte da terra para onde seus pais migraram, e esta terra o acolhe e o envolve etericamente. E ele se torna nativo também, e, consequentemente, não é mais um imigrante. Por outro lado, se este descendente de imigrante ainda mantém fortemente os laços de sua antiga origem, se ele cultua isto (o que é um direito dele, por um lado) passa a viver em dois mundos, lá e aqui, torna-se cidadão de dois planetas, pelo que isto tem de bom, e pelo que isto tem de ruim. Outra implicação é quando o descendente de imigrante e, – considerando America, todos nós o somos, em parte, uns mais, outros menos –, perde de vista o fato de que aqui, física, etérica e astralmente, não é a Europa, não é a terra de seus pais e avós. Aqui é outra terra, aqui tem outra história, outra alma, e que os nativos mais antigos, que não foram extintos, o sabem muito bem. E assim, o descendente de imigrante tem o dever espiritual de conhecer o chão que está lhe dando a sua nova alma, os mistérios deste chão, tanto quanto aquele que já se sente parte deste chão há gerações. Que ele conserve a alma do povo de sua origem, mas que tenha a sensibilidade de acolher também em si, em troca, a grande alma do povo que o acolheu.

Cabe então aos educadores, aos pais, aos formadores de opinião, a todos que pisam este chão saber do chão que pisam e repassar isto aos filhos e às gerações que se seguem.

Segundo os índios, quando nossos pés tocam a Terra, tornam-se parte dela. E também acreditam que os ancestrais do povo vivem no chão, e entram na alma de quem pisa o chão, e tornam-se parte da alma da pessoa.

7. Conclusão: afinal, a Alma Brasileira

Toda alma é um mosaico. Seja em termos individuais, seja em termos coletivos. Toda alma é uma composição de luzes e de sombras, de belezas e de feiúras. Toda alma é portadora de aspectos fascinantes, encantadores, assim com é portadora de aspectos repugnantes, abissais. Não há, no mundo, povo escolhido. Todo povo é escolhido para alguma coisa. Não há, no mundo, o povo perfeito. Não há, no mundo, o povo do mal. Todas as almas dos povos são mosaicos, cada qual ao seu modo. E quais serão, portanto, as luzes e sombras, as belezas e as feiúras da alma brasileira? Podemos analisar isto a partir da noção oculta do carma, no caso, do carma coletivo. O carma significa aqui a tendência que uma alma carrega, no sentido de lições a se aprender, no sentido de imperfeições a serem corrigidas, no sentido de culpas, de remorsos, e no sentido de algo digno, bom e verdadeiro a ser mantido, ou resgatado. Carma também significa, neste contexto, as cores e os tons da formação original da alma coletiva e, assim, as tendências culturais que se tornaram parte desta alma.

O carma ruim do massacre indígena

O jornalista indígena Ailton Krenak disse, certa vez, que o Brasil foi erguido, como nação, por cima do sangue e dos ossos dos povos indígenas massacrados. Muito sangue foi derramado. Muitas lágrimas rolaram. Muita dor foi produzida. E esta dor é uma força, uma energia ruim, que não se dispersa, mas se acumula na alma coletiva e passa a fazer parte do seu aspecto sombrio, da sua culpa. É um fantasma, um espectro. Ocultistas antigos usavam a expressão "egrégora". Um acumulado de força psíquica boa ou ruim que não se dispersa é uma egrégora. Todo genocídio gera uma egrégora ruim que dura séculos e cria um carma coletivo a ser resgatado.

Não apenas os portugueses mataram índios, logo que aqui chegaram. Os próprios brasileiros os mataram também, ou seja, os mamelucos brasileiros e os descendentes de lusitanos brasileirados. E isto até bem recentemente, até hoje, aliás. Muitas terras foram e têm sido tomadas à força de povos que viviam uma existência pacífica, até então. Terras que até hoje não foram devolvidas. E talvez nem sejam jamais, pois seus donos originais foram mortos ou expatriados. Etnias inteiras desapareceram, não por doenças ou por causas naturais, mas pela força do sabre e do arcabuz, do machado e do facão; e até do veneno atirado de aviões, ou através do vírus da gripe, inoculado através de roupas "gentilmente doadas" aos índios.

Todo mal ou todo bem que é produzido pelo homem não desaparece. Retorna. A isto se denomina por "lei do carma", no ocultismo. E se todo mal ou todo bem é compartilhado coletivamente, retorna tanto o bem quanto o mal também coletivamente. E se o mal é a culpa cármica coletiva que é carregada, de geração a geração, esta culpa engendrará sofrimentos, desafios, problemas, limitações. São consequências. E, como consequência, também é uma forma de aprendizado coletivo, através do sofrimento. Assim funciona a justiça não-humana, bem mais sábia e bem mais correta do que o fraco e frequentemente corrompido senso de justiça dos homens. O povo brasileiro, como um todo, não será um povo de luz, um povo de fato civilizado, fraterno e harmonioso, enquanto este carma da morte do índio não for redimido. A redenção desta culpa em parte cabe à sabedoria do universo e, em parte, cabe à própria consciência do homem. A mudança de mentalidade em relação ao atual índio, o sobrevivente do massacre — que, da grande parte de nós, brasileiros, é tanto parente quanto vítima — é uma das nossas tarefas em prol desta redenção. O índio não é uma figura do passado. É uma figura do presente. Ele tem o seu papel e o seu lugar na sociedade atual. A população indígena aumenta a cada ano, no Brasil e nos países latino-americanos. O índio tem algo a nos ensinar e a sociedade nacional deve algo ao índio, no mínimo, respeito. Respeito este que ainda não se manifestou na intensidade devida. O índio também não é um "outro" em nossa sociedade, ele é parte dela e, mais do que isto, nosso parente, nosso irmão ou primo. Não como "índio civilizado", mas como índio em si mesmo, em sua livre forma de expressão, usando ou não roupas. As culturas indígenas precisam ser conhecidas e reconhecidas, suas imagens, sua sabedoria e sua beleza, ensinadas nas escolas dos brancos. Temos muitas informações sobre a mitologia dos gregos antigos, um período já morto da história, por exemplo, mas o que se ensina nas escolas brasileiras sobre a mitologia viva do povo kaxinawá ou a do povo yanomami? Nestas mitologias há sabedoria, um tesouro de poesia e sabedoria. O povo guarani está nas periferias de algumas cidades brasileiras, em alguns casos mendigando. Suas terras originais foram roubadas, alguns foram mortos por fazendeiros, mas a sua dignidade e a sua cultura não conseguiram tirar-lhes. E isto é uma lição. Os povos do Parque do Xingu, em Mato Grosso, foram para lá empurrados pela expansão da sociedade nacional. São várias etnias diferentes, falando línguas diferentes, ritmos musicais e mitologias diferentes. Convivem em paz e cooperam entre si. Mais do que os países da Europa que dividem parte de um continente, cooperam entre si. Apesar disto, governos brasileiros e os empresários e proprietários gananciosos diversos têm ambicionado os recursos naturais das terras xinguanas. Muitos desejam tirar o que resta de povos já tão agredidos, em nome do "progresso" e do "desenvolvimento", às vezes usando o recurso de engabelar as lideranças indígenas, prometendo maravilhas em troca. Onde há índio vivendo, em geral, a fauna e a flora originais estão relativamente mais bem preservadas. Onde há brancos vivendo, a fauna e a flora já foram totalmente devastadas. Isto é um fato. Na verdade, a exploração gananciosa da terra, que beneficia economicamente alguns poucos, em detrimento do meio ambiente e de outros, é o objetivo maior do branco. A produção do carma ruim, portanto, continua. Não haverá harmonia coletiva enquanto esta mentalidade persiste.

O carma ruim da escravidão africana

Outra culpa que a nossa alma coletiva carrega. Uma segunda egrégora se sobrepõe à anterior. Em parte, o sofrimento de nosso ancestral da senzala, em parte, a crueldade do nosso ancestral da Casa Grande. Nunca fomos um povo verdadeiramente solidário, como querem alguns teóricos brasilistas. Um povo solidário não mata e escraviza índios, nem escraviza e chicoteia negros. Talvez, sejamos um povo com uma grande missão, ao mesmo tempo, com uma grande oportunidade de aprendizado sobre como ser solidário, como desenvolver respeito, compaixão e humanidade para com o diferente. A mentalidade ocidental colonialista, racista e escravagista não aprendeu esta lição. Formas atualizadas de escravidão, de racismo e de colonialismo ainda persistem. O problema não é o indivíduo ocidental, pontualmente, mas a cultura ocidental, em geral. Esta deu maus exemplos até recentemente, com os episódios de antissemitismo, de xenofobia e de exploração do mais forte sobre o mais fraco, do mais rico sobre o mais pobre. O capitalismo selvagem, por exemplo, cujo objetivo é a riqueza excessiva de poucos, em detrimento da pobreza de muitos, mantém esta mentalidade arcaica ainda vigente. A cultura do homem ocidental que se beneficiou economicamente com este sofrimento dos menos favorecidos também arca e arcará com este carma coletivo, haja vista a maciça imigração de ex-colonizados africanos para os países da Europa, atualmente. Provocam certa desorganização na sociedade europeia e produzem, agora dentro dela, desigualdade, desemprego, competição e revolta. Algo parecido ocorre aqui. Quem sabe o ocidental moderno, aquele das gerações mais recentes, esteja finalmente aprendendo, aprendendo o ser gente com o sofrimento, já que com sabedoria não foi possível este aprendizado? Não é diferente do brasileiro. A existência de condições menos dignas ainda atualmente para os descendentes dos escravizados, a menor oportunidade que passa de geração a geração é uma situação a ser revista. E não creio que apenas a questão de "cotas raciais" em universidades seja a questão. A ferida é mais profunda. É a reverberação da sociedade escravocrata, até hoje. É a reverberação de um falso cristianismo, que se coaduna com o preconceito, com o racismo e com a injustiça, porque fica mais cômodo assim. A escravidão no Brasil e em outras partes das Américas determinou um carma coletivo do qual ainda estamos sofrendo e sofreremos, coletivamente, por algumas gerações. Persistem, assombrando, espectros esfarrapados: o do "sinhô", o ignorante ruralista dono de engenho; o do feitor de escravos, intermediário sádico; o do escravo mesmo, submisso explorado e revoltado; o espectro da senzala em comparação com a casa-grande. A escravidão é um tipo de colonização interna em uma sociedade. Os donos de escravo são os colonizadores que mantém cativos advindos de outra sociedade, ou de outra "raça". Depois que terminou a escravidão em si, entretanto, a injustiça e a desigualdade permaneceram, assim como o sentimento recolhido do injustiçado e do oprimido. As grandes cidades brasileiras estão cercadas de favelas, habitadas, em sua maioria, por descendentes de escravos, ou por descendentes de mestiços, relegados ao subemprego pelo sistema desumano. E isto ainda é uma reverberação do que aconteceu antes, nos séculos anteriores. O brasileiro, como alma coletiva, não é inocente. Guarda consigo este carma, que lhe será cobrado, que está sendo cobrado.

O carma ruim da molecagem

Ainda se discute se teria realmente Charles De Gaulle dito que o Brasil "não é um país sério". Tenha o caudilho francês dito ou não, o Brasil não é totalmente sério. Ser ou não ser sério, eis a questão. Falta de seriedade tanto pode ser uma qualidade, quanto um defeito de caráter. E há, no brasileiro, falta de seriedade, tanto como defeito, quanto como qualidade. Há quem atribua o fato à colonização lusitana, que teria trazido para o Brasil degredados e criminosos como os primeiros formadores do povo, o que teria educado os residentes para uma postura de cinismo e de vingança em relação à autoridade e à sociedade em geral. Esta postura de cinismo, de molecagem, teria passado, então, de geração a geração, e chegado até os dias atuais. Talvez isto tenha contribuído para a postura imatura e de pouca ética, de muitos, não todos, os indivíduos brasileiros. Mas não acreditamos que seja o fator fundamental. Esta postura infantil, cínica, começa com o famoso "jeitinho brasileiro", uma característica mercurial e, portanto, boa e ruim, dependendo do contexto. Mercúrio é o arquétipo planetário da molecagem, da inteligência maliciosa de um trickster, um espírito brincalhão. Ele é um menino, um moleque, que zomba e que prega peça, daí a sua representação clássica como Maneco, o menino que faz xixi na fonte. Mercúrio também é o que tira vantagens dos incautos, através da lábia infalível, daí ser também o deus protetor dos ladrões e dos vigaristas, na mitologia grega. Por outro lado, Mercúrio é também o arquétipo da inteligência rápida e criativa, que inventa soluções não convencionais e que dá jeito quando as regras impediriam uma solução. A falta de seriedade brasileira já tirou muita gente de apuros que, num país "sério" causariam constrangimento ou sofrimento. Mercúrio é o deus da cura, da medicina, pois ele faz com que tudo flua e nada fique estagnado. Mercúrio se parece com o Exu africano (erroneamente associado com o Diabo católico-protestante). Exu é um Orixá das demandas, que faz fluir, que rege as encruzilhadas, o território de Mercúrio, ali onde tudo flui. Exu não é bom nem mau, tal qual Mercúrio. Exu não é sério, ele ri muito e debocha, conta piadas, zomba. Mas, quando precisa, Exu sabe ser sério.

O brasileiro tem muito deste arquétipo exu-mercurial, pelo que ele é bom e pelo que ele é ruim. Em grande parte, ele advém do fato do brasileiro ser um povo jovem, perto de outros povos milenares, e também pela sua história colonial, que foi constituída de episódios que, de fato, relativizam a crença em uma sociedade e em uma autoridade de fato sérias. O brasileiro, em geral, duvida da seriedade das regras, principalmente quando as regras raramente o beneficiam. O brasileiro sabe que a maior parte dos impostos e das obrigações sociais que paga, raramente retornam em benefício público, desviadas que são pela incompetência, pela burocracia estúpida ou pela corrupção. Então, ele faz um caixa dois. Isto pode ser também um elogio, pois sério é o povo que seriamente mata e vampiriza seus próprios cidadãos e, em nome das instituições, das regras, dos costumes, sacrifica a alegria e a vida alheias. As regras, e a seriedade destas, vêm em primeiro lugar, num povo sério. Um governo muito sério não ama seus cidadãos, mas ama a seriedade das suas regras de governo. O brasileiro não é assim. "Sério" é um conceito relativo. Isto significa que, por vocação, todo brasileiro legítimo é um tanto anarquista. Porque Mercúrio é o espírito inspirador da anarquia. Mercúrio-Exu também é o deus da brincadeira. E o brasileiro gosta muito de brincadeiras de todo tipo. A maior parte do conteúdo das conversas "sérias" gira em torno do brincar. "Conta uma piada, aí!", diz o brasileiro para quebrar a monotonia de uma conversa enfadonha. E o que é o carnaval senão uma grande brincadeira? E o futebol, paixão coletiva? Outra brincadeira. O brasileiro é um povo que brinca e por isto não é sério. Mas, em geral, estas qualidades arquetípicas tendem a escoar pelo lado mais fácil: e o lado mais fácil é o egoísmo, o mal de muitos para o bem de poucos. E daí surge a corrupção. A corrupção não é apenas um problema do político, da autoridade corrupta. É um problema de toda a estrutura social. É o que se manifesta, por exemplo, no dinheiro ou no objeto emprestado que não vai ser devolvido. Ou, no dinheiro que é achado na rua e não é devolvido ao dono. Ou, no troco errado que é passado e, para quem é beneficiado a coisa ficaria assim mesmo. Existe o bom Mercúrio, mas o mal Mercúrio também. E ambos geram um carma, um efeito coletivo. Oxalá, o brasileiro nunca perca o bom Mercúrio, mas amadureça, como povo, e transmute o mal Mercúrio em senso ético e seriedade (não séria) de propósitos, em civilidade e em compaixão. Se isto não puder ser aprendido por meio da vida, pela sabedoria, será aprendido, talvez, pelo sofrer. De onde vem este arquétipo Mercurial do brasileiro? Eu diria que tem três origens: do índio, que adora brincar e é desconfiado da seriedade do branco; do negro, que mais ainda é um brincalhão batuqueiro; e algo menos do lusitano, embora deste tenhamos herdado um humor poético brincalhão, ao estilo Fernando Pessoa...

O carma bom da mestiçagem

Nem tudo, porém, é notícia ruim. Vendo sob outro ângulo, o carma do confronto do branco com o índio, assim como o carma do confronto do branco com o africano, produziram também algo de bom: a mestiçagem. Não falo aqui da mestiçagem em si, da mistura. Falo da abertura da alma que permite esta mistura. Falo da possibilidade de que o outro seja não o inimigo ou o estranho, mas o parceiro, o companheiro, o marido ou a esposa. Esta facilidade, anímica para aceitar a mistura, em parte, o brasileiro herdou do português, povo misturado por si mesmo, com já mencionado aqui. Todo estrangeiro, todo estranho, em geral, é bem recebido e logo assimilado como membro da tribo. Por isto o brasileiro, quando vai ao exterior, acha antipático o formalismo, a "seriedade" e a reserva com que outras culturas geralmente tratam o estranho, em especial, as culturas europeias. A mestiçagem e a camaradagem com o estranho que caracterizam o brasileiro é uma dádiva a ser aproveitada. Pode ser vista também, se bem redimida, como a lição maior que o Brasil pode dar aos outros povos do mundo: como os diferentes se harmonizam, se misturam em paz e em perfeita dignidade. Será que o atual índio pode perdoar o branco por ter massacrado os seus ancestrais e tomado as suas terras? Será que o negro brasileiro pode se sentir agora, finalmente, em casa, na sua casa, em igualdades de condições, e não no exílio em relação à África? Será que o branco brasileiro, o filho do imigrante europeu, pode de fato sentir que está numa terra onde, diferente da sua, as diferenças são valores bons e não problemas? Será que o mestiço brasileiro, que nem sabe se é índio, negro ou branco, saberá que é justamente isto que ele é: a mistura? Ele saberá que ser mistura é bom, e não ruim, ao contrário do que diziam os racistas? Se tudo isto acontecer, a harmonia teria tudo para se instalar. Toda utopia é utópica até que se realize. Isto é um processo em andamento. Já andamos um tanto. Ainda falta.

A religião do feminino — Natureza no Brasil

O feminino é uma questão ainda por resolver, mesmo para o brasileiro, filho da índia Potyra, neto da negra Maria, casado com outra Maria, filha de lusitanos. A mulher ainda é vítima da cultura patriarcal e machista, que a vê como objeto e entidade menor que o homem. É esta questão não resolvida que explica a violência contra a mulher, algo muito presente na sociedade brasileira, e não só entre as classes mais pobres e ignorantes. Ela também explica o desrespeito do homem brasileiro vulgar às prostitutas, e a exploração sexual de meninas mestiças e índias em zonas mais ermas do país. Violência contra a mulher e exploração de meninas também ocorre em grandes cidades.

Apesar destes problemas com a mulher, aqui eles são menos intensos do que na Índia ou nos países africanos. Temos uma sensualidade aberta que na Índia não é possível, embora fosse possível numa Índia antiga, aquela do Kama Sutra e dos templos de Kajuraho. A repressão ao erótico feminino aqui é muito, muito menor. A Deusa está aqui presente, assim com está na Índia. Mas, aqui, a Deusa anda de biquíni nas ruas, e desfila seminua no carnaval. Como na África, a Orixá da beleza e da sensualidade, Oxum, está aqui. Mas, aqui a Deusa Oxum não precisa ter o clitóris amputado para que não tenha gozo sexual como na África. Aqui, o gozo da Deusa é mais livre, é um pouco mais permitido. O Brasil é a Terra de Mamãe Oxum. Aqui, todas as mulheres, mesmo as evangélicas (tão preocupadas com o pecado que as castra), todas são filhas de Mamãe Oxum, porque corre na veia de todas o sangue de Potyra, o sangue de Maria Negra e o sangue da lusitana mestiça de mouros. Maria aqui é a Pomba Celestial, o Espírito Santo feminino. Mas Maria também é a Pomba profana. Aqui, a Pomba-Gira e a Pomba-Santa podem ser uma só, sem contradição.

Ao longo dos séculos, o moralismo patriarcal do catolicismo, do protestantismo ou das confissões evangélicas – vertentes empobrecidas e exotéricas do cristianismo – negaram a Deusa, negaram Maria e negaram a Sophia, a face feminina de Deus. As religiões oficiais trazidas pelo homem ocidental negaram o culto da Deusa. Mesmo assim, ela é venerada na clandestinidade, como foi durante a época colonial, através de Maria, Maria Aparecida e de outras Marias. E o brasileiro tem como resgatar esta Deusa e sua veneração, de modo privilegiado. O catolicismo, em sua vertente popular, não em sua postura oficial, trouxe o culto de Maria, mesmo contra a vontade dos patriarcalistas da Sé. Por outro lado, durante séculos, a mulher brasileira teve que usar véu e se manter submissa ao homem ignorante, conforme os cânones machistas, vigentes desde a Idade Média na Europa. Lá, onde bruxas eram queimadas em praça pública, num gesto de ódio ao feminino.

Junte-se ao culto popular brasileiro de Maria, o espírito aberto à Mãe Natureza, herdado tanto dos índios quanto dos africanos. A natureza é uma expressão do feminino, conformem o ocultismo. É a Alma do Mundo. No mundo ocidental, a natureza é apenas espaço natural ou objeto de mercado. A natureza aqui no Brasil tem alma, e alma feminina. São as Mães da água, do mar, da mata, da pedra, dos animais, das plantas, da chuva, da vida e da morte. São tantas Yemanjás, Oxuns, Nanãs, Mães Dágua, Yaras e Cunhãs-Caraís[18], tantas Marias Aparecidas, Marias dos Prazeres, Marias das Dores, Marias da Conceição. São tantas formas arredondadas, uterinas e matriarcais de divindade, que sobram. São tantas venerações pela Deusa da Natureza, veneração por Ela, a força do vento, ou por Ela, a força da água; ou, por Ela, a força da Terra, que por aí sobram. Se as hostes patriarcalistas arcaicas não vencerem e não tomarem o poder moral e político, governando e reprimido a libido das massas ignorantes que se pelam de medo de um Deus masculino vingativo e repressor, a Deusa está e continuará presente no imaginário do brasileiro, que a adora, e que é adorado por ela. Aqui não havia, antes dos portugueses a trazerem, a noção de pecado. Só havia a noção de honra, de lealdade, de amor e da vida como palco de erros e de acertos. Assim também era na África, de onde foram trazidos os escravizados: lá não havia a noção de pecado. E esta forma de sentir a vida, mais solta, mais folgada, mais viva, menos culposa, subjaz na alma brasileira, mais no fundo, por baixo da camada culposa introduzida pela interpretação medieval do cristianismo como religião da culpa e do medo de um inferno eterno sem perdão.

É também a veneração pelo Eterno Feminino que leva a alma brasileira amar a flora e a fauna. E é também a mentalidade patriarcal que faz o homem acreditar que a natureza é apenas mercadoria, ou objeto a ser explorado. Foi a educação patriarcal sádica que ensinou aos moleques que é divertido matar passarinhos com atiradeiras ou prendê-los em arapucas. Poesia e amor à natureza requerem uma alma feminina, a anima. Quando a natureza perde a condição de Ser Sagrado, torna-se apenas objeto a ser explorado, comercializado ou sadicamente agredido. Há uma veneração pela Mãe Natureza, que jaz oculta na parte ainda sadia da alma brasileira, ainda não contaminada pela ideologia autodestrutiva do irresponsável progresso capitalista e da ganância sem fim que explora impiedosamente os recursos naturais. A Floresta Amazônica é dia a dia destruída, por conta desta ganância inconsequente. A Mata Atlântica, ao longo dos séculos, foi cruelmente exterminada, só restando fragmentos dela. Isto é consequência do império do masculino em detrimento, em desequilíbrio, com a sensibilidade do feminino. O amor à natureza, aos pássaros, às árvores, à água, às florestas, aos animais é decorrente do amor ao Eterno Feminino. É a imagem que inspira os poetas, os pintores, os escultores, os artistas e os místicos e videntes que andam pela terra. Este vínculo com a natureza verdejante e viva está na alma brasileira, ocultada, escondida, por baixo do estilo de vida urbano e pela satisfação prazerosa de viver a vida consumista e poluída das grandes cidades. Este amor à natureza é ainda cantado nas modas de viola, nos sambas do morro e é idealizado na arte naif popular. Ele está presente na religião do brasileiro, que venera os elementos e que faz procissões à beira mar e que faz rituais na mata, na cachoeira e sobre as pedras.

Quando os portugueses aqui chegaram, um imenso manto verde cobria as terras brasileiras. Este imenso manto verde, hoje, encontra-se quase que totalmente destruído. Antes, os rios eram limpos, de água transparente, ricos em peixes. Hoje, são esgotos a céu aberto, que carregam para o mar as imundices orgânicas e inorgânicas do homem urbano. Um índio jamais faz suas necessidades fisiológicas ou atira lixo num rio. Um rio, tanto para o índio, quanto para o africano, originalmente é um fluxo sagrado de vida, é mais um Nilo, ou um Ganges, ou um Amazonas. Para o homem ocidentalizado, um rio é um canal, um aqueduto natural, útil para diversas coisas, às vezes inútil. Onças, lobos-guarás, tatus, capivaras, antas, macacos, aves diversas, e uma imensa fauna nativa foram e estão sendo mortas, destruídas, sem compaixão, para que as terras – este grande investimento capitalista – sejam transformadas em campos de plantação ou em pasto para gado: o negócio do momento, já há algum tempo. A madeira, extraída de grandes árvores centenárias, é outro bom negócio. Negócios, negócios, negócios. É o que importa. Esta é a insanidade do capitalismo que contaminou a cabeça caipira do brasileiro, querendo tornar-se rico, um homem rico, um país rico, assim como ricos são os europeus. Um caipira rico que não conhece a própria alma coletiva e que, portanto, mal saberia gastar com sabedoria o dinheiro que ganha. Então, ele vai passear com sua família na Disney sem nunca ter conhecido a Amazônia ou as praias nordestinas. Primeiro vem o lucro, o bom negócio, o grande investimento, que gera progresso, que gera industrialização, que gera ganhos econômicos que produzem poder e um padrão de vida semelhante ao do mundo ocidental. Padrão de vida este questionável por parte das almas mais conscientes e que, certamente, está em decadência e em ligação direta com desastres ambientais e sociais imensos. O mundo talvez aprenda a corrigir isto, talvez, pelo sofrimento ambiental e social determinados pela desarmonia causada pela exploração insana do planeta. O Brasil, cuja bandeira tem a cor verde, o verde das matas, segue pelo mesmo caminho das potências industrializadas, nas quais há sempre o enriquecimento de uma pequena classe privilegiada e o empobrecimento de uma enorme massa da sociedade. Não serão revoluções de direita, nem de esquerda, que mudarão tal mentalidade tacanha. Somente pode mudar isto o despertar (lento) de um senso de solidariedade e de compaixão, sentimentos extensivos não só ao homem, mas a todos os reinos naturais: desenvolvimento sustentável. E este carma, o da morte da Natureza, a alma brasileira carrega consigo. A felicidade de seres humanos na terra não pode ser construída a partir da infelicidade de outros seres humanos ou da infelicidade de outros reinos naturais. É uma lei oculta do universo, lei esta que a maioria das nações ainda não aprendeu. Aliás, nenhuma nação. Quem sabe uma das tarefas da alma brasileira, portadora de uma veneração meio reprimida pela Deusa, seja a de ensinar isto ao mundo, futuramente.

A crença nos espíritos e na reencarnação no Brasil

A alma brasileira tem um pendor, uma vocação natural, para o esotérico. Enquanto a igreja e o protestantismo impunham seus dogmas exotéricos na Europa e queimavam hereges e bruxas, índios e africanos exerciam juntos aqui a sua herança espiritual, na qual cabia a noção de carma, reencarnação e de uma vida complexa após a morte física. A noção de reencarnação também carreia para o indivíduo a responsabilidade pela sua salvação, pois são os seus atos, as suas escolhas, que determinam o seu carma e não há apelação possível para uma instituição religiosa, como uma igreja, ou um clero, que possam intermediar esta salvação, ou esta condenação. Ou seja, aos olhos do homem católico medieval europeu, a alma brasileira é uma alma herege, bruxa.

Para a maioria dos povos africanos em sua origem na Mama África, a reencarnação aconteceria no contexto dos ancestrais; seus clarividentes (Babalorixás) ensinavam que numa mesma linhagem familiar as almas voltam, de forma que o bisavô reaparece como seu próprio bisneto, por exemplo. E isto porque era muito forte, entre a maioria das etnias africanas, a noção de uma ligação sanguínea que prendia as almas à reencarnação fechada na hereditariedade. Isto se chama "culto dos ancestrais" (os eguns), como já foi visto nesta obra. Para o africano, o mundo visível era visto como um fino véu através do qual os eguns e os espíritos da natureza, Orixás, se manifestavam a todo momento. E isto veio para o Brasil, mas logo foi modificado, abrasileirado. A noção africana original já ensinava uma noção que pode ser definida como metempsicose, um pouco diferente da reencarnação. Na reencarnação, o foco é o indivíduo, o Self eterno individual – em sânscrito, seu Atma – que se reencarna em outros corpos, sempre em linha direta com o reino humano. Na metempsicose, por outro lado, o enfoque é no ser humano como um todo, não apenas o seu Atma. A noção da metempsicose propõe que o ser humano se decompõe em várias partes anímicas, além de um espírito eterno (Atma, Self), e estas outras partes anímicas (o que nós denominamos de corpo astral e corpo etérico, além do duplo físico) seriam recicladas em outros seres da natureza. Os índios têm, em sua maioria, em especial, de forma bem clara, o guarani e alguns tupis, crenças semelhantes. Na reencarnação, o enfoque é que somente o Atma volta, na metempsicose, o Atma volta em outro ser humano, mas suas outras "partes" podem voltar (isto é, são recicladas) em forma de outros seres naturais. A implicação disto é um sentimento profundo de unidade entre o africano, e também o índio, e a natureza.

Pare estes, o animal, a planta e até o fenômeno natural, como um rio, um ventania, o fogo, podem encarnar almas humanas (não selves, mas partes da alma) que já viveram sob forma de indivíduos. Ou seja, os "ancestrais" estão por toda parte ao nosso redor. A natureza inteira é constituída por pedaços dos nossos ancestrais. Esta crença indígena e africana foi reprimida como bruxaria, pelos jesuítas e por outras ordens católicas, protestantes e evangélicas, até meados do século XX. Porém, eu diria que a crença se tornou um "sentimento", uma "intuição', profundamente arraigada na alma brasileira, desta unidade entre a pessoa humana, como ser anímico, e a Alma do mundo. Somente os europeus hereges, tais como os gnósticos e os alquimistas, compreenderiam a verdade e a profundidade destas crenças nativas indígenas e africanas.

O resultado disto é que oito em dez brasileiros acreditam em alguma coisa espiritual, ao contrário, por exemplo, de dois entre dez franceses, norte-americanos ou ingleses. Só se equipara tal índice aos nove entre dez da Índia ou da Indonésia, a percentagem de espiritualistas que acreditam em espírito, carma e reencarnação. Depois da Índia, o Brasil é o segundo país do mundo onde se acredita em reencarnação, igualado, na Europa, à Hungria. Seria, talvez, porque a Hungria tem arraigada em sua cultura uma tradição maniqueia reencarnacionista, presente desde a Idade Média, e que a Igreja não conseguiu extirpar?

Esta espiritualidade aberta ao esotérico mais vivo, ao esotérico que compreende o carma, a reencarnação, à dinâmica espiritual do universo que se constitui de planos, de "moradas", ao olhar do ocultista, é uma visão venerável, é algo bom, evoluído.

Aconteceu também que o europeu para cá migrado, em muitos e muitos casos, adotou a espiritualidade afro-indígena de forma consciente ou inconsciente. Isto explicaria a incrível preponderância do espiritismo kardecista no Brasil, que já começou a ser praticado aqui no século XIX, e o fato de que aquilo que chamamos "espiritismo" aqui no Brasil é muito diferente daquilo que se apresenta na Europa. O espiritismo kardecista veio da França.

Conclusão: a Alma Brasileira

Aqui, o espiritismo adquiriu autores locais e está bem perto de uma cosmovisão esotérica completa. Na sua origem francesa (Allan Kardec) era algo mais restrito ao contato mediúnico e à tentativa racional de se entender tais fenômenos. O espiritismo kardecista foi abrasileirado. Outro caso emblemático foi o de alguns europeus que se tornaram, ao longo do tempo, iniciados na espiritualidade afro-indígena. Dois casos famosos são a do Babalorixá francês Pierre Fatumbi Verger, e do "alemão índio" Kurt Nimuendaju. O primeiro, um fotógrafo francês que se tornou iniciado no candomblé, ou seja, transmutou-se em negro. O segundo, um alemão que se tornou índio guarani e acabou sendo iniciado nas tradições secretas do *Aiyu Rapyta* (a tradição esotérica oral dos guarani). O alemão que virou índio. Coisas assim acontecem no Brasil.

Não é bem o fato de que herdamos do índio e do africano uma herança mediúnica. Esta forma espiritual, que Steiner chamaria de "atávica" liga-se ao feminino da alma que se abre a toda sorte de influência sutil. A questão é mais complexa. A Alma Brasileira herdou do índio e do africano, seja culturalmente, seja via genética, uma sensibilidade feminina ao espírito, uma propensão a perceber que não é necessariamente pelo cérebro que se toca o mundo vivo e animado no entorno, mas pela sensibilidade do coração. Esta sensibilidade, também toca e é tocável através do corpo inteiro, e não só o coração. E assim, o corpo se torna o receptáculo do invisível, antes, imanifesto. Por isto, na mitologia do candomblé, foi Mamãe Oxum quem inventou a coisa de se entrar em transe e, assim, deixar o invisível falar através do corpo visível.

A corrente oculta de Mani no Brasil

Mani foi um dos grandes Iniciados da humanidade. Ele viveu no século III depois de Cristo e a sua missão foi reunir, numa síntese, a sabedoria e a espiritualidade de diferentes culturas num todo harmônico. Mani reuniu, numa síntese peculiar, a sabedoria hindu, a sabedoria persa-zoroástrica, a sabedoria budista, além da órfico-grega, da judaica, da egípcia-alexandrina e da cristã, dita gnose. Este todo harmonioso era centrado, entretanto, na figura do Logos, ou seja, do Cristo, não do Cristo da igreja exotérica, mas de um Logos ao mesmo tempo interior e um Logos Cósmico, universal, presente também nos elementos, na natureza, nos homens e nas mulheres, no masculino e no feminino, no consciente e no inconsciente, no racional e no irracional. Mani foi à Índia e aprendeu lá, no budismo, que todo ser humano carrega um boddhisatwa, ou seja, uma centelha de divindade que faz o homem ser portador de compaixão e de sabedoria, tornando-se assim um redentor dos outros seres do universo. E, este boddhisatwa interior em cada ser humano o levará a atuar, no universo, de forma a sacrificar-se pelo bem de todos os seres senscientes. O que Mani descobriu é que o Logos está presente em todas as criaturas, e em todas as tradições dos diferentes povos, sob nomes diferentes. Esta descoberta de Mani levou-o a vivenciar o Espírito Santo, ou seja, a Divina Deusa Mãe que reúne sob seu manto todos os seres, santificando-os e redimindo-os da ignorância e do carma: Maria, ou a Pomba Celestial.

Por ter realizado esta síntese, Mani criou muitos inimigos, que acabaram por matá-lo. Mani foi um peregrino, um buscador, um viajante, que ia recolhendo tudo que ia aprendendo e a partir daí realizando a sua própria síntese. Mani foi à Índia, foi à Pérsia, foi ao Egito e foi à Caldeia. Um anjo apareceu-lhe aos 12 e aos 24 anos e mostrou-lhe os abismos de luz e os abismos de trevas. Seu pai adotivo, Scitianus, foi iniciado nos mistérios egípcios de Alexandria e deixou-lhe quatro livros secretos que sintetizavam toda a sabedoria antiga. E assim, Mani fez a sua própria síntese. E nesta, o iniciado Mani também explorou o conhecimento dos abismos em contraste com o conhecimento dos céus, o mal e o bem, a treva e a luz. Mani descobriu que não se chega à luz sem que se passe antes pelo corredor de trevas, não se chega à liberdade sem que se passe antes pela escravidão. E ele viu que as trevas nada mais são do que as forças impulsionadoras para a luz.

A alma de Mani tem muitas semelhanças com a alma brasileira. Eu diria até que Mani vive aqui. Mani é também, num mito indígena, o nome tupi da criança que se sacrificou para, depois de morta, transformar-se na mandioca e assim alimentar os homens famintos. "Mandioca" etimologicamente vem do tupi "Mani + oca", que significa "a casa de Mani". Esta imagem de um ser que se sacrifica e é morto, para, através deste gesto, alimentar os outros é o arquétipo do deus solar, do iniciado do sol, ou, do boddhisatwa. A ideia de autossacrifício de Mani para o bem coletivo já estava aqui antes do catolicismo aqui chegar. A ideia faz parte da terra, da Alma coletiva. Aqui é a Casa de Mani, a Manioca.

Por outro lado, assim como em Mani, o eterno espírito buscador que quer encontrar os liames que ligam os diferentes, também aqui a missão espiritual é encontrar esta síntese crística, panenteística, entre a civilização e a natureza, entre o masculino e o feminino, entre o mongol, o negro e o branco, entre o português, o nhengatu e o yorubá.

Rabindranath Tagore, sobre o Brasil:

Na década de 1920, o poeta indiano, amigo de Gandhi, iniciado nas correntes orientais do yoga, esteve no Brasil. Movia a alma de Tagore, então, a noção esotérica hindu de Atma, o Homem Superior dentro do homem inferior, noção cantada belamente nos versos do Bhagavad Gita, nos quais Krishna é o Atma e Arjuna, o herói, é o homem inferior. Krishna é o Cristo Interno, o Deus dentro, o Logos interior. E sobre isto ele considerou. E é preciso se pensar como poeta, e como hindu, e não com a racionalidade ocidental, para se entender o que Tagore tinha a dizer. Profundamente tocado pelo etérico coletivo brasileiro, que ele sentiu, teria declarado o seguinte à imprensa nacional, antes de partir:

> "Em minha curta viagem às Américas do Norte, Central e do Sul, pude notar os sintomas das centelhas de consciência, que anunciam a chegado do Homem Superior. Há de aparecer um Homem Superior que será o denominador comum desses povos e capaz de encarnar a ideia de unidade universal. A excelência de sua voz será ouvida dentro em pouco; o povo, os senhores do mundo, deverão saber reconhecer com o desenvolvimento dado por Ele de uma transcendental cultura de origem.

Temos o direito de esperar o fruto dessa colheita do Semeador. Será Ele o Messias, o Instrutor, o Homem Superior. Aquele que vai aparecer e ser seguido por todo o Mundo. É Ele a manifestação da luz da verdade na Terra e.... Tudo isso está relacionado com o atual movimento espiritual, principalmente na América Latina com o foco no Brasil.

Ele, o Homem Superior virá como o Verbo que é a Palavra, a Luz Divina, trazendo uma nova aurora para o mundo, e derramando sobre a humanidade regenerada e livre, novas diretrizes de novos valores, baseados em conhecimentos transcendentais. Haverá um templo dedicado ao Pai Universal. Este Homem Superior e sua silhueta majestosa é do Supremo Instrutor do Mundo, para o concerto universal.

O Brasil será a capital espiritual do mundo, como o berço da nova cultura brasileira, por ser o centro espiritual ligado com outros mundos. Pois é no Brasil que se dará o evento de onde terá a origem a luz sublime da verdade com a nova obra, que o Homem Superior oferecerá aos homens."

Uma promessa, uma profecia, impressões de um poeta hindu...

Quando os nossos parentes índios de fala Tupi terminam um longo moronetá, dizem: Opap!

Notas

[1] Os nomes "Gondwana" e "Laurásia" provêm, respectivamente, do nome de uma tribo do sul da Índia, Gondarwana, e do nome de um geólogo G. Lawrence. (N.A.)

[2] O termo "enteógeno" se refere às plantas que possibilitam experiências iniciáticas subjetivas, sendo uma alternativa mais generosa ao termo "alucinógeno" porque considera a natureza cognitiva do processo.

[3] Dom Henrique era um Templário, conforme a exigência dos estatutos da Ordem, em Portugal, de que o Rei ou o Infante (o filho do Rei) seriam os grãos-mestres em terras lusitanas.

[4] Os partidários do racialismo europeu do século XIX, e os nazistas, eram poligenistas — acreditavam em mais de uma origem diferente para cada "raça" humana, o que implicava a ideia de uma não unidade entre os seres humanos. E assim, classificavam as "raças" em "superiores" ou "inferiores". A "raça branca" seria a "superior".

[5] Uma curiosidade: ojibwa é a etnia indígena que detém a maior percentagem de DNA do haplogrupo X, ou seja, que tem uma forte ancestralidade europeia remota, pré-colombiana, segundo pesquisas recentes. Também é conhecida por ter manufaturado cobre e cultivado um arroz nativo desde antes de Colombo.

[6] *Siddha* é um dos títulos sânscritos para um Iniciado de alto porte, capaz de ministrar ensinamentos.

[7] Por "anímico" refiro-me às peculiaridades psíquicas, temperamento, disposição, formas de pensar, de sentir e de agir coletivos de cada povo, determinados pelo "etérico coletivo' e pelo "astral coletivo", como já visto.

[8] Ore – nosso; Rub – pai; Ybak – céu; Ybi – terra; Rera – nome; Angaipaba – pecados.

[9] *Morená* é um lugar secreto, somente do conhecimento dos iniciados, como Sapaim. A maioria dos índios do Xingu não sabe onde fica, nunca esteve lá. Lá tudo vive numa dimensão "etérica" onde tempo e espaço são diferentes do tempo-espaço normais. Morená é um lugar-tempo repleto de espíritos, os mamaé. Perigoso.... (N. do A.)

[10] Noitu é o título da mulher, em uma aldeia kamayurá, que chefia as outras mulheres, não necessariamente a esposa do cacique. Uma das filhas de Sapaim é noitu.

[11] Se um pretendente atira uma flecha na porta da casa de uma moça, ela entende o ato como um convite ao namoro. Pegando a flecha caída, significa que ela aceita o namoro. (N. do A.)

[12] Durante um eclipse, acreditam os índios, o mundo dos vivos e dos mortos são ligados por um portal, que é o chamado Caminho do Céu. Então, é possível que um falecido apareça, ou que um vivo vá ao Além. (N. do A.)

[13] Não é coincidência que o termo Pitawa, tupi-kamayurá, se pareça com o nome científico da espécie, Pitangus. Este nome científico foi retirado do nome indígena tupi antigo.

[13] *Xerimbabo* é um termo originário da língua geral, equivale ao kamayurá *Ierembap* ("minha mascote").

[14] *Xerimbabo* é um termo originário da língua geral, equivale ao kamayurá *Ierembap* ("minha mascote").

[15] Crônica do Akasha é uma expressão do ocultismo que significa a memória da Terra, que conteria um registro áudio-visual, sensorial, de tudo que já aconteceu e que, como tal, pode ser acessado pelo ocultista.

[16] A metempsicose, ou reencarnação de humanos no reino animal, ou vice-versa, é um conhecimento sutil, profundo, e nada ingênuo, praticado no hinduísmo e no budismo, assim como nos mistérios antigos. O corpo astral é parte do ser humano, mas se este é muito intenso, muito forte, esta parte do homem volta a integrar, após a morte, o ser animal. Da mesma forma, o corpo físico volta a ser integrado à terra, e o corpo vital volta a ser integrado ao mundo etérico, que gera o reino vegetal. O Atma eterno, entretanto, vive no mundo espiritual.

[17] In: Ribeiro, Darcy. 1995

[18] O termo tupi *cunhã-caraí* significa, literalmente, "mulher sagrada" e se refere a uma mulher que seja pajé.

Bibliografia

BLAVATSKY, HELENA P. (s/d). *Glossário Teosófico*. São Paulo, Editora Ground.

CLASTRES, Pierre. (1990). *A Fala Sagrada: Mitos e Cantos Sagrados dos Índios Guarani*. Campinas, São Paulo, Papyrus.

FREYRE, GILBERTO. (2000). *Casa Grande e Senzala*. Rio de Janeiro, Record.

MARSICANO, Alberto e VIEIRA, Lourdes C. 2010. *A Linha do Oriente na Umbanda*. São Paulo, Madras editora.

MENZIES, GAVIN (2006). *1421: O Ano em que a China descobriu o mundo*. Rio de Janeiro, Bertrand Brasil.

NAVARRO, Eduardo Almeida (1999) *Método Moderno de Tupi Antigo. A língua do Brasil dos primeiros séculos*. Petrópolis, Vozes.

OLIVEIRA, R Costa de (s/d). *Genealogia Genética e Ciências Sociais, um Estudo de Caso na Ilha Terceira, Açores, Portugal*. Disponível em: http://nea.ufsc.br/files/2011/04/RICARDO.pdf

POWELL, Arthur E. (1993). *O Sistema Solar: o plano de evolução da humanidade no Sistema Solar em que vivemos*. São Paulo, Pensamento.

REICHEL-DOLMATOFF, G. (1975). *The Shaman and the Jaguar. A Study of Narcotic Drugs Among the Indians of Colombia*. Philadelphia, Temple University Press.

RIBEIRO, DARCY. (1995) O *Povo Brasileiro, a formação e o sentido do Brasil*. São Paulo, Companhia das Letras.

SCHURÉ, Edouard (1982). *A Evolução Divina da Esfinge ao Cristo*. São Paulo, IBRASA

STEINER, Rudolf (1909). *Wisdom of Man, of de Soul and of the Spirit. Berlim*. In: Rudolf Steiner Archives: http://www.rsarchive.org/Lectures/

_____ (1916). *Mistérios da Meso-America (GA 0171)*. In: *Rudolf Steiner Arquives*: http://www.rsarchive.org/Lectures/

VISÕES INTEGRADAS

Visões Integradas é uma associação de editores, iniciativas, instituições e pessoas físicas que se empenham em publicar e promover obras esotéricas e antroposóficas, culturais, pedagógicas e afins, produzidas no Brasil principalmente, atendendo à necessidade do desenvolvimento do ser humano em sua individuação e cooperação, inserindo-se como um ser útil e amoroso na vida em todos os seus âmbitos da atividade humana.

Alma Brasileira de Wesley Aragão é a primeira publicação no espírito e propósito de Visões Integradas, marcando assim o lançamento da associação.

Quem se sentir sintonizado com o nosso propósito e quiser conhecer mais, entre em contato conosco pelo e-mail:

visoesintegradas@gmail.com

Este livro foi composto em
Corbel c.11/16,
GillSans c.20/24 e impresso
em off set 75g